TRAITÉ

DES

RICHESSES.

TRAITÉ
DES
RICHESSES,

Contenant l'analyse de l'usage des richesses en général & de leurs valeurs; les principes & les loix naturelles de la circulation des richesses, de leur distribution, du commerce, de la circulation des monnoies & de l'impôt, & des recherches historiques sur les révolutions que les droits de propriété publics & particuliers ont éprouvées en France depuis l'origine de la monarchie.

Rarâ temporum felicitate, ubi sentire quæ velis, & quæ sentias dicere licet.

TACIT. *hist. Lib. I. §. 1.*

TOME SECOND.

A LONDRES,

Et se vend à LAUSANNE en Suisse,

Chez FRANÇOIS GRASSET & Comp.
Imprimeurs & Libraires.

M.D.CC.LXXXI.

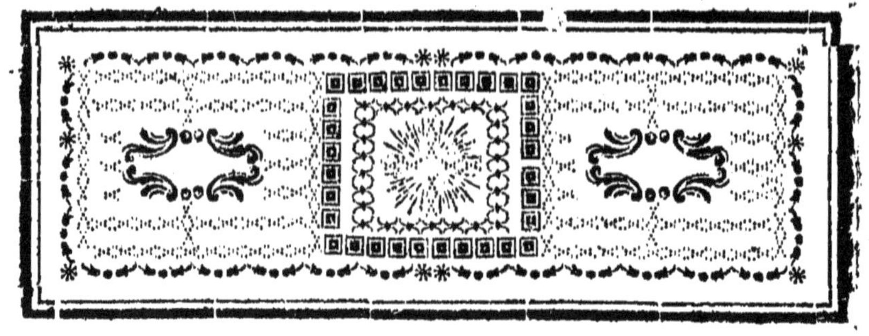

TRAITÉ DES RICHESSES.

SECONDE PARTIE.

Des richesses dans leur rapport avec les droits de propriété publics & particuliers.

QUelques auteurs ont avancé que le Souverain est co-propriétaire du produit territorial ; cette maxime est dangereuse & ne convient qu'au despotisme. Cependant il est nécessaire qu'une partie des richesses des particuliers soit employée aux dépenses publiques ; & si le Roi n'a pas un domaine particulier, destiné au faste de sa cour, il est nécessaire que les dépenses de sa maison soient prises sur les contributions des particuliers. Les regles qui doivent fixer le rapport des revenus publics aux revenus particuliers ont subi plusieurs variations dans les différens temps & dans les différens états, & les droits de propriété soumis à ces regles ont été sujets aux mêmes vicissitudes. Nous nous arrêterons seulement à celles que la propriété a éprouvées dès l'origine de la monarchie françoise, après avoir établi des principes généraux sur les impositions.

LIVRE PREMIER.

Des impôts.

CHAPITRE PREMIER.

De l'impôt sur les productions.

LA sûreté & la prospérité publique sont le but des dépenses publiques: loin de nuire à la production, ces dépenses doivent tendre à l'élever au plus haut degré qu'il soit possible; elles doivent être prises sur la masse des richesses disponibles, comme le laboureur prend une part sur la récolte pour les semailles suivantes: de même que le laboureur diminue la récolte en diminuant cette part, de même la reproduction générale des richesses est diminuée lorsque les impôts portent sur les frais de la production.

Supposons que sur une reproduction de dix-huit les frais soient de six, & les richesses disponibles de douze, & que l'on veuille lever un impôt de trois; cet impôt peut être un sixieme du tout ou un quart des richesses disponibles. S'il est pris sur le tout, les frais ne seront plus que de cinq pour la reproduction suivante, & supposant qu'elle doive être proportionnelle, c'est-à-dire, que cinq produisent quinze, comme nous venons de supposer que six produisent dix-huit, la reproduction ne sera plus que de quinze. Si l'on recommence encore la même perception, il y aura encore la même diminution proportionnelle, d'où il suit que tandis qu'il existe des causes d'augmentation progressive, il peut exister dans la maniere de percevoir l'impôt des causes de diminution progressive de la production.

Nous avons démontré que, par les valeurs générales des choses, les hommes occupés aux services & à la production générale ont des parts sur la masse des richesses disponibles; c'est donc une erreur de soutenir que les entrepreneurs de la culture, les entrepreneurs de l'industrie & du commerce, & les serviteurs doivent être exempts d'impôts, & qu'il n'y a que les propriétaires du revenu net des terres qui doivent le payer suivant le systême dè M. Quesnai & des économistes. L'impôt doit être pris proportionnellement sur toutes les richesses quelconques de la culture & de l'industrie, non pas en raison de la production totale, mais en raison de la somme des richesses, moins les richesses employées à la production. Le cultivateur, le manufacturier & le négociant après avoir fait leurs dépenses de culture, de manufacture & de commerce, font des profits qu'ils emploient à leurs besoins, à leurs jouissances ou à leurs épargnes; ces profits sont relatifs aux valeurs des baux, des denrées & des marchandises, & l'impôt doit être pris sur ces profits ainsi que sur les revenus des propriétaires des terres.

M. de Forbonnois dit (*a*) qu'*il n'est pas injuste que le nécessaire physique destiné au pauvre soit soumis à la même taxe que le nécessaire physique à l'usage du riche, parce que chaque homme, comme enfant de la république, lui doit un secours personnel & égal à celui qu'elle reçoit d'un autre homme.* On ne peut supposer que le nécessaire physique soit

(*a*) Considérations sur les finances d'Espagne, p. 47.

soumis à une taxe; car un homme dont le nécessaire physique est altéré dépérit nécessairement.

Prenons un exemple dans lequel nous représenterons la circulation générale des richesses pour reconnoître la différence des effets de l'impôt perçu sur la masse générale des richesses, en raison de la production totale ou perçu seulement sur ce qui revient à chaque producteur après avoir prélevé les frais & les dépenses de production.

Soit un système de richesses composé de 100 M, 120 M′, 150 S, 180 S′, 200 T, 240 A, 300 I, 360 F, dont la valeur totale soit 1980 A, de maniere que $M = A$, $M' = \frac{3}{2} A$, $S = A$, $S' = \frac{1}{2} A$, $T = \frac{1}{2} A$, $I = \frac{3}{4} A$, $F = 2 A$, en supposant que ces quantités & les valeurs soient conformes à l'ordre prescrit par les besoins & les demandes des consommateurs. Les M & M′ représenteront, si l'on veut, des matieres premieres, les S & S′ des subsistances, les T des travaux, les A des monnoies, les I des objets d'industrie, & lès F des richesses foncieres.

Supposons que les frais & dépenses à faire pour produire

		la val. des frais sera
100 M soient	10 M′, 20 S, 30 T, 10 A, 10 F,	80 A
120 M′ . .	10 S, 30 S′, 10 T, 10 A, 30 F,	100
150 S . .	10 M, 10 S, 20 T, 10 A, 20 F,	80
180 S′ . .	20 M, 10 S, 10 T, 10 A, 10 F,	65
200 T . .	20 M′, 40 S, 20 S′, 10 A,	90
240 A . .	30 M′, 20 S, 30 S′, 20 T, 40 F,	170
300 I . .	40 M, 20 M′, 50 T, 10 A, 30 F,	165
360 F . .	30 M, 40 M′, 60 T, 10 A,	130

La somme des frais sera 100 M, 120 M′, 110 S, 80 S′, 200 T, 70 A, 140 F, & leur valeur totale sera 880 A

La somme des richesses disponibles sera 40 S, 100 S′, 170 A, 300 I, 220 F, & leur valeur sera 1100 A.

Supposons qu'en sus des frais particuliers dont nous venons de parler, il faille encore faire des dépenses publiques pour protéger & accroître la reproduction, & que ces dépenses publiques montent à 220 A, cette somme est le cinquieme des richesses disponibles, & le neuvieme de la masse totale des richesses. Lorsque les producteurs de M seront remboursés de l'achat des denrées nécessaires à leur production, leur revenu disponible sera de 20 A, celui des producteurs de M′ sera de 80 A, celui des producteurs de S sera de 70 A, celui des producteurs de S′ sera de 25 A, celui des producteurs de T ou travailleurs de 10 A, celui des producteurs de A de 70 A, celui des producteurs de I de 235 A, celui des propriétaires de F de 590 A.

Si la perception des dépenses publiques est prise au neuvieme du produit total, les producteurs

de . . . M payeront . . . 11 A $\frac{1}{9}$
. . . . M′ 20
. . . . S . . . . 16 $\frac{6}{9}$
. . . . S′ 10
. . . . T . . . . 11 $\frac{1}{9}$
. . . . A . . . . 26 $\frac{6}{9}$
. . . . I . . . . 44 $\frac{4}{9}$
. . . . F 80

220 A

Si cette perception est prise au cinquieme du produit disponible, les producteurs de . . .

. . . . M payeront . . . 4 A
. . . . M′ 16
. . . . S 14
. . . . S′ 5
. . . . T 2
. . . . A 14
. . . . I 47
. . . . F 118

220 A

Il eſt aiſé de ſe convaincre que tous les producteurs ont des parts ſur la maſſe générale des richeſſes diſponibles dans cette ſuppoſition, & qu'ils doivent tous contribuer en raiſon de leurs profits. Il eſt évident que ce n'eſt que dans le cas où l'on prend le cinquieme des richeſſes diſponibles que les dépenſes publiques ſont payées par les producteurs en raiſon de leurs profits, parce qu'il n'y a de profits pour le producteur que lorſqu'il a prélevé les frais & la valeur de ſes avances ſur le prix du produit total: ce n'eſt que dans ce cas que la production, dirigée par les demandes & les beſoins, ne ſouffre aucune altération; les productions particulieres ſouffrent d'autant plus de la perception ſur le produit total que les producteurs font de moindres profits, parce que les productions particulieres croiſſent en raiſon des profits, & décroiſſent en raiſon de la diminution de ces profits. Il eſt encore aiſé de voir que la contribution des travailleurs, en prenant le neuvieme du produit total, excède leurs profits, & que cet excès ne peut ſubſiſter, puiſque l'on ſuppoſe que la ſomme de 90 A eſt abſolument néceſſaire à leur exiſtence: il faut donc que les valeurs de T croiſſent pour ſatisfaire à cette néceſſité abſolue, & cet accroiſſement de valeur eſt payé par ceux qui ont beſoin de travaux d'une maniere diſproportionnée.

L'impoſition, priſe même proportionnellement ſur le produit total des richeſſes, eſt contraire à la production qui convient aux demandes & aux beſoins; l'impoſition, perçue en raiſon des profits des producteurs, ne contrarie point l'ordre de productions conforme aux beſoins. Le but de l'impoſition eſt de protéger & d'accroître la production de maniere qu'elle ſatisfaſſe le plus qu'il ſoit poſſible les consommateurs ; l'imposition, prise en raison de la somme des productions, seroit donc contraire à son but.

M. Quesnay & les économistes ont avancé des propositions erronées sur l'impôt ; ils ont dit, 1°. *De quelque maniere que le revenu public soit imposé dans un royaume qui tire ses richesses de son territoire, il est toujours payé par les biens fonds* (b) : 2°. *Les profits des entrepreneurs d'industrie ne sont que les salaires de leurs travaux* : 3°. *La classe de ces entrepreneurs est stérile & ne produit rien au-delà des frais* : 4° *Tous les travaux d'industrie sont payés par les productions de la terre* : 5°. *L'impôt ne doit être payé que par les propriétaires des terres, parce que les cultivateurs ne sont que des salariés, & que leur revenu ne consiste que dans les frais de production* : 6°. *Un Etat agricole n'a de revenu réel que le produit territorial, l'impôt doit être pris à la source de la production, & il doit y avoir immunité pour le travail & l'industrie* : 7°. *Toutes les dépenses des salariés sont payées par ceux qui payent les salaires, les taxes établies sur les salariés ou sur leurs dépenses sont donc évidemment payées en entier par ceux qui payent leurs salaires* (c). Il est impossible de démontrer qu'en prenant l'imposition sur le produit net des terres toutes les classes de la société y contribueroient en raison de leurs richesses ; il n'y a que l'impôt perçu proportionnellement sur les profits de toutes les entreprises de la culture, de

(*b*) Note sur la Maxime V du gouvernement économique d'un royaume agricole.

(c) Ces principes sont extraits des différens ouvrages des économistes.

l'induſtrie & du commerce, qui ſoit conforme à l'ordre naturel; toutes les productions quelconques doivent contribuer en raiſon du produit total moins les choſes abſorbées par la production, & toutes les perſonnes doivent contribuer en raiſon des avantages qu'elles retirent de la production; leurs avantages ne conſiſtent que dans les profits qu'elles font, ou dans les richeſſes dont elles peuvent diſpoſer à chaque reproduction; or les hommes ne peuvent diſpoſer que de la différence du produit total & des frais de productions. Les économiſtes ont cru *que les productions de l'induſtrie n'étoient que des productions de la terre métamorphoſées*; leurs erreurs ſur l'impoſition proviennent de leurs erreurs ſur les productions de l'induſtrie dont nous avons déja parlé, & de leurs erreurs ſur les principes de la circulation générale des richeſſes. Le tableau économique qui leur ſert de preuve n'eſt pas exact: il repréſente la circulation entre trois claſſes de la ſociété, les propriétaires, les cultivateurs & les induſtrieux; ce tableau ne contient qu'autant de travaux induſtrieux qu'il eſt fourni de productions de la terre par les autres claſſes. C'eſt une erreur: les ouvriers manufacturiers approviſionnent les autres claſſes & s'approviſionnent entre eux. Une ſtatue de marbre peut être échangée contre un ouvrage d'orfévrerie; un ſculpteur, après avoir vendu ſa ſtatue, peut, du prix de ſa vente, acheter un ouvrage d'orfévrerie; les ſubſiſtances & les matieres premieres néceſſaires à la production de ſes ouvrages peuvent être payées par d'autres ouvrages du même art. Pour analyſer exactement la circulation, il ne faut pas claſſer toutes les marchandiſes & denrées quelconques en deux portions, ainſi qu'ont fait les économiſtes;

s'ils avoient ſeulement établi quatre claſſes, dont deux de productions, & deux de productions d'induſtrie, & qu'ils euſſent obſervé la circulation entre ces quatre claſſes, ils auroient apperçu que leurs raiſonnemens étoient vicieux, & que dans les combinaiſons qui réſulteroient des échanges de ces marchandiſes conſidérées deux à deux, les objets d'induſtrie peuvent être échangés les uns contre les autres, & que la valeur des objets d'induſtrie peut ſurpaſſer la valeur des productions de la terre néceſſaires à leur exiſtence; c'eſt ce dont on peut ſe convaincre facilement dans l'exemple que nous venons de rapporter.

Les économiſtes ont prétendu que l'impôt retomboit définitivement ſur les terres, & que c'étoit le percevoir d'une maniere indirecte que de le percevoir ſur les travaux d'induſtrie, parce que l'impôt que paye un ouvrier eſt néceſſairement payé par celui qui l'emploie; ils ont cru qu'il n'y a de richeſſes réelles que les productions de la terre, que l'induſtrie ne multiplie pas les richeſſes, parce qu'elle en conſomme autant qu'elle produit. Toutes ces erreurs ſont fondées ſur ce qu'ils ont regardé les ouvriers travailleurs & chefs d'entrepriſes comme les ſalariés des producteurs de la terre ou des propriétaires des terres; ſur ce qu'ils ont penſé que l'homme en donnant des formes aux matieres premieres ne produit point, & ſur ce qu'ils n'ont pas conſidéré dans la circulation générale les échanges des travaux d'induſtrie les uns contre les autres.

Les manufacturiers & les travailleurs d'induſtrie ne ſont pas plus les ſalariés des propriétaires des terres qu'ils ne ſont les ſalariés les uns des autres. Les cultivateurs travaillent pour les cultivateurs, les induſtrieux pour les induſtrieux, les cultivateurs pour les induſtrieux, & les induſtrieux pour les cultivateurs. La propoſition des économiſtes auroit quelque vraiſemblance ſi les artiſans étoient généralement des ſerviteurs gagés des propriétaires des terres, mais ne peut être vraie dans le cas où les producteurs & les artiſans ſont des hommes libres, & où les denrées & marchandiſes ſont expoſées en vente publique.

Les économiſtes ont penſé que l'impôt ne devoit être pris que ſur le prix des baux des propriétaires des terres & de leurs fermiers, & que les cultivateurs devoient être exempts d'impoſition, parce que les profits de ces cultivateurs ne ſont que les ſalaires de ces cultivateurs. Si les économiſtes avoient dit que l'impôt ſur les productions de la terre doit être perçu ſur le produit diſponible des biens fonds, ils auroient eu raiſon; mais le produit diſponible des biens fonds eſt partagé par les propriétaires & les cultivateurs à raiſon de leurs conventions. Les propriétaires & les cultivateurs doivent contribuer en raiſon de leur revenu, les autres en raiſon du produit total, moins le prix du bail & les dépenſes de la culture.

Les économiſtes ne ſont pas les ſeuls auteurs qui aient ſoutenu que les impôts retombent définitivement ſur les terres, Locke a avancé la même propoſition dans ſes *conſidérations ſur les effets de l'abaiſſement de l'intérêt de l'argent, & ſur l'augmentation de la valeur des eſpeces* (*d*).

Dewit dit, dans ſes mémoires (*e*), que *la navigation, la pêche, le commerce & les manufactures*

(*d*) pag. 95.
(*e*) Edition de Ratisbonne, p. 77.

ne doivent jamais être taxés, si ce n'est dans des besoins extraordinaires, passé lesquels il faut supprimer les taxes.

M. l'abbé Raynal dit (*f*) que *la forme d'imposition la plus propre à concilier les intérêts publics avec les droits des citoyens, c'est la taxe sur la terre... que l'impôt ne peut être assis que sur un revenu annuel, qu'on ne trouvera jamais de revenu que celui des terres, & qu'il n'y a qu'elles qui restituent chaque année les avances qui leur sont faites, & de plus un bénéfice dont il soit possible de disposer.* Comment un homme de génie a-t-il pu être induit à soutenir que les artisans, négocians & manufacturiers ne retirent pas de bénéfice au-delà de leurs avances?

Après avoir démontré dans la premiere partie & dans l'exemple précédent, que les chefs d'entreprise de la culture & de l'industrie ont des parts dans la masse générale de richesses disponibles, & après avoir fait observer combien les manufacturiers, les négocians & des nations entieres s'enrichissent & se sont enrichies par ces parties de richesses disponibles qu'ils ont acquises, il est inutile de réfuter davantage des maximes qui auroient pu être funestes dans un état agricole, si quelque législateur ou quelques administrateurs les eussent adoptées.

Les vices de la perception des impôts consistent non-seulement dans l'inégalité de la répartition, mais encore dans l'excès des frais de perception,

---

(*f*) Histoire Philosophique & politique du commerce des Européens dans les deux Indes, Liv. XIX. ch. X.

qui, formant des classes de mandataires dont le luxe semble embellir une capitale, ruine la nation.

CHAPITRE SECOND.

De l'impôt dans son rapport avec les profits des entrepreneurs, capitalistes & serviteurs de chaque production.

PLUSIEURS hommes contribuent à la même production, l'un comme propriétaire du terrain où elle croît, ou de la maison qui contient la manufacture; l'autre comme directeur des travaux productifs; d'autres comme prêtant les fonds nécessaires à la production; d'autres comme travaillant de leurs mains; d'autres comme fournissant leur industrie. Tous ces agens partagent le prix de la vente de la production en raison des valeurs que leurs droits ou actions acquièrent, ils doivent contribuer à l'impôt en raison de leurs profits. Si les contrats ou conventions qui reglent ces valeurs sont postérieurs à l'établissement de l'impôt; il peut être perçu indifféremment sur un des copartageans, parce que les conventions sont relatives à l'impôt: ce co-partageant peut être considéré comme le caissier, à qui tous les autres remettent, par leurs marchés & conventions, leurs parts de l'imposition. Si l'on établit un impôt en réglant qu'il sera perçu sur les chefs d'entreprise (*a*),

(*a*) En Allemagne & en Russie depuis le regne de Pierre I, le seigneur & le propriétaire sont garants du il ne nuit en aucune façon à tous les associés de l'entreprise, qui font leurs conventions postérieurement à ce statut, parce que les baux, l'intérêt des fonds, le prix des journées, des talents & des salaires, sont réglés de maniere que chacun paye sa part par les mains du chef de l'entreprise; mais une crue d'imposition, perçue de la même maniere, peut être préjudiciable au chef de l'entreprise, si elle n'a pas été prévue dans les baux, marchés & conventions.

D'où il suit que l'impôt ordinaire qui doit être payé par les salariés peut être perçu sur le maître, que l'on peut ne pas percevoir d'impôt ordinaire sur les rentiers ou sur les locataires, & qu'il est indifférent pour le propriétaire des terres que l'impôt ordinaire qui doit être perçu sur le produit de son fonds, soit payé par lui ou par son fermier.

---

tribut de tous les esclaves & employés de la culture.

En Hollande on a mis un impôt sur les maîtres à raison du nombre de domestiques; on a souvent proposé cette taxe en Angleterre & en France.

CHAPITRE TROISIEME.

Du rapport des dépenſes aux impoſitions locales.

LA dépenſe des impoſitions & les caiſſes de leurs perceptions produiſent différens avantages à la circulation.

L'adminiſtration doit répartir les dépenſes publiques & les avantages qu'elles procurent de maniere que des lieux ne ſoient pas plus favoriſés que d'autres, parce qu'elle doit une protection égale à tous les ſujets. D'où il ſuit que les impoſitions ne doivent pas être locales en raiſon des dépenſes qui ſont néceſſaires dans les différens lieux. On ſait que ſouvent les dépenſes publiques ſe font par des fonds impoſés ſpécialement ſuivant les beſoins ſpéciaux. La répartition équitable des dépenſes eſt néceſſaire à rendre aux peuples les avantages que l'on peut tirer de la conſommation locale. Ces avantages ſont d'autant plus conſidérables que la circulation des producteurs au ſouverain & du ſouverain ou de ſes mandataires au producteur eſt plus rapide. L'équité de la répartition des dépenſes doit être la même que celle de la répartition des impoſitions.

L'adminiſtration ne ſauroit calculer quels ſont les avantages que chaque pays retire d'une entrepriſe locale ou d'un établiſſement local, & ne peut être convaincue que la perception des ſommes néceſſaires aux dépenſes locales eſt relative aux avantages que chaque lieu en retire. Les lieux voiſins ſont ſans doute ceux qui en retirent les premiers & les principaux avantages ; mais le ſyſtême général des richeſſes d'une nation s'accroît par les dépenſes publiques de chaque province. Il n'eſt aucun pays qui ne ſe reſſente, par les effets de la circulation, des avantages de chaque lieu particulier. C'eſt en cherchant avec ſoin toutes les facilités & tous les moyens que préſente la nature dans le ſein d'une nation & en n'accordant aucune préférence locale que la protection ſouveraine diſtribuera avec équité ſes ſoins, qui ne différeront, dans les différens lieux, qu'en raiſon des variétés de la nature. Ce n'eſt que poſtérieurement aux dépenſes publiques que l'administration peut en être rembourſée en raiſon des avantages qu'elles procurent. Tant les dépenſes publiques produiſent, tant l'adminiſtration retire en percevant l'impoſition relativement aux productions diſponibles de chaque eſpece d'entrepriſe.

Les adminiſtrations locales & particulieres dans un grand Etat ſont contraires aux avantages qui doivent réſulter de l'unité de commandement & d'adminiſtration & de l'enſemble des opérations monarchiques. Cette unité & cet enſemble ſont néceſſaires à la proſpérité générale.

CHAPITRE QUATRIEME.

Des effets de l'impôt sur la valeur vénale & la production.

L'IMPÔT sur une marchandise tend à en accroître le prix, lorsqu'en augmentant les frais du producteur il diminue ses profits; mais l'impôt ne peut influer, abstraction faite de sa dépense, sur les prix lorsqu'il est perçu proportionnellement sur les profits ou revenus de tous les producteurs de la culture, de l'industrie & du commerce, comprenant les propriétaires des terres dans les producteurs de la culture, soit que ces propriétaires fassent valoir leurs terres, soit qu'ils les confient à des régisseurs ou à des intéressés. L'impôt perçu de cette maniere ne change point les rapports prescrits par les demandes & les besoins des consommateurs.

Lorsque l'impôt diminue les profits de la production d'une maniere disproportionnée, ou il renchérit les prix des marchandises dont les profits sont les moindres au préjudice des consommateurs, ou il diminue la production.

Les percepteurs d'impôts ont remarqué depuis long-tems que la perception diminue avec la consommation & la production lorsque les impôts croissent.

CHAPI-

CHAPITRE CINQUIEME.

De l'impôt sur les consommations.

LES impôts sur les consommations sont aussi vicieux que les impôts perçus sur les marchandises en raison de la production, & non en raison des profits qu'elles apportent.

Il est contraire à l'économie de percevoir l'imposition à la production & à la consommation entre les mains des vendeurs & entre les mains des acheteurs, ou au lieu de la production & au lieu de la vente. Une même production, en contribuant deux fois, paye des frais de perception doubles ; il est contraire à l'économie & à l'équité de faire contribuer les objets d'industrie soit entre les mains du producteur, soit entre les mains du consommateur, soit à la vente en raison de leurs valeurs, parce que les matieres premieres ayant déja contribué au lieu de la production payent de doubles impôts & de doubles frais de perception. Lorsque les impôts sont payés à la vente des denrées & des objets d'industrie, il y a des matieres premieres & des productions qui contribuent plusieurs fois à l'impôt, & qui payent plusieurs fois les frais de perception dans des rapports différens. La diversité de ces rapports trouble la justice distributive des contributions, & porte aux productions particulieres des coups qui rejaillissent sur d'autres productions particulieres & sur les richesses en général ; car toute production a besoin d'autres productions, & souffre des atteintes portées aux productions qui lui sont nécessaires.

Lorsque l'impôt est pris en général sur les consommations sans déduire les frais de production ou de fabrication, l'impôt est payé autant de fois sur la même marchandise qu'en passant depuis le premier producteur par les différens fabricateurs & commerçants jusqu'au consommateur elle rencontre de collecteurs & de percepteurs ; ce dernier fabricateur ne contribue qu'une fois, tandis que les travaux du premier ont contribué plusieurs fois ; ceux du second ont contribué une fois ; ceux du troisieme, deux fois ; ceux du quatrieme, trois fois de moins que le premier & ainsi de suite.

Cette multiplicité de contribution n'a point lieu si l'on suppose que chaque producteur ou fabricateur ne paye, sur ce qu'il produit ou fabrique, que déduction faite de ses frais. Les denrées ou marchandises que le fabricateur achete pour dépenser dans son entreprise ont déja payé entre les mains des producteurs ou des fabricateurs, par les mains desquels elles ont passé, & le dernier fabricateur ne contribue qu'en raison de l'industrie ou des talens par lesquels il perfectionne l'ouvrage ou par lesquels il lui fait remplir son but ou sa destination.

Il y a des richesses dont la consommation lente produit, pendant un long intervalle de tems, des jouissances & de l'utilité, telles que les maisons ; ce n'est pas au tems de leur construction qu'elles doivent contribuer, parce qu'une telle contribution renchériroit la construction d'une maniere nuisible au propriétaire ; mais la contribution sera moins sensible si elle est payée annuellement pendant la durée de la jouissance ou des locations.

L'impôt ſur les maiſons ne doit pas être perçu à raiſon du prix de la location ou de ſa valeur; mais il faut ſouſtraire du prix de la location la valeur des réparations & des épargnes néceſſaires ſoit à rembourſer le prix de la conſtruction, ſoit à la renouveller. Ces épargnes ſont égales au prix de la conſtruction diviſé par le tems de la durée du bâtiment (*a*).

Platon dans ſa république propoſe l'impôt ſur les conſommations. Grotius, Hobbes & Puffendorf propoſent les impôts ſur les terres, ſur les perſonnes & ſur les conſommations. L'auteur de l'article *Vingtieme* de l'Encyclopédie dit que les impôts ne peuvent porter que ſur les richeſſes, & que les richeſſes n'ont qu'une ſource dans les états dont le ſol eſt fertile, ſavoir la terre; & que dans ceux où le ſol ne produit rien, c'eſt le commerce; d'où il conclud que l'impôt ſur les marchandiſes eſt celui qui convient dans les derniers, & que l'impôt ſur la terre eſt le plus naturel & le ſeul qui convienne aux autres; le même auteur penſe que c'eſt ſur la terre que portent tous les impôts, même ceux ſur les conſommations & ſur les marchandiſes de luxe (*b*).

M. de Monteſquieu, M. de Forbonnois & l'au-

(*a*) Les Anglois ont établi un impôt non pas ſur la valeur des maiſons, mais ſur les fenêtres; c'eſt ce qui a fait dire qu'en Angleterre il y a des impôts ſur l'air même que l'on reſpire. Cet impôt ne peut être relatif à la richeſſe, mais à divers hazards & à des circonſtances locales; autrefois on percevoit l'impôt ſur les cheminées.

(*b*) On croit que cet article eſt tiré des papiers de M. Boulanger, & mis en diſcours ſuivi par M. T. C. G.

teur de l'éloge de Colbert, ont été très-partisans des impôts sur les consommations. M. de Montesquieu les regarde comme les plus naturels à la liberté, & comme les moins sensibles. M. de Forbonnois pense que cette contribution est imperceptible, & qu'elle est réglée sur les principes de la justice distributive. Les impôts sur les consommations sont imperceptibles & insensibles peut-être pour ceux qui n'ont pas goûté les charmes de l'exemption de ces contributions; les impôts sur les consommations paroissent insensibles relativement au consommateur; mais le producteur ou le négociant doivent mettre à part de grosses sommes pour payer les droits; ces épargnes sont souvent estimées au quart du prix. Mais croit-on que si au sein de la liberté & de la justice distributive on établissoit des impôts sur les consommations, les consommateurs ne ressentiroient pas le poids de ces impôts, & qu'ils les payeroient d'une maniere imperceptible; nous avons vu combien ils sont contraires à la justice distributive.

Ces auteurs ne regardent pas l'impôt sur les consommations comme devant être unique; ils y ajoutent l'impôt sur les terres.

M. de Montesquieu a des idées particulieres sur l'impôt & sur la justice & la nature des impôts: il donne pour regle générale que *l'on peut lever des tributs plus forts à raison de la liberté des sujets*; c'est une regle que ce législateur tire de quelques faits particuliers & de quelques exemples nationaux qu'il cite: mais cette regle est erronée & contraire à l'ordre naturel; plus les sujets seront libres, moindre sera l'impôt relativement aux richesses nationales, parce que les pays où la liberté des citoyens est assise sur le trône à côté de l'autorité &

de la puiſſance ſouveraine ont plus de moyens d'acquérir des richeſſes & moins de moyens de les perdre. M. de Monteſquieu penſe *qu'un peuple dominateur, tel qu'étoient les Athéniens & les Romains, peut s'affranchir de tout impôt, parce qu'il regne ſur des nations ſujettes, & que ce peuple eſt un monarque.* Des faits ne ſont pas des principes : le regne & la monarchie du peuple Athénien & du peuple Romain étoient-ils légitimes?

M. Pinto prétend (*c*) que les droits ſur les conſommations ſont les ſeuls favorables à l'induſtrie, en ſuivant deux regles générales; la premiere, d'augmenter le droit à meſure que la denrée eſt d'une néceſſité moins abſolue; la ſeconde, de proportionner la valeur du droit ſur les marchandiſes de premiere néceſſité avec le prix des ſalaires le plus bas. Le même auteur dit dans les mêmes principes, *qu'il faut impoſer les vignes plus que les champs.*

L'auteur de l'éloge de Colbert a mis plus de ſubtilité dans ſes obſervations ſur cette eſpece d'impôt; il a reconnu que cet impôt n'étoit qu'une répétition des impôts ſur la production; mais il dit 1°. que *l'art de cacher aux hommes ce qui leur déplaît n'eſt pas un art à dédaigner*; 2°. il eſt des impôts ſur les conſommations qu'il regarde comme propres à l'exécution des prohibitions, dont il ſoutient la légitimité, & qu'il regarde comme tenant à la richeſſe nationale: il convient que les impôts ſur la conſommation des denrées de néceſſité peuvent être remplacés ſans inconvéniens par une addition d'impôts ſur la terre; mais il dit que les

(c) Traité de la circulation & du crédit.

impôts ſur les conſommations particulieres aux riches ſont dans un cas bien différent.

La liberté des ventes & des achats regle ſeule d'une maniere équitable les portions dues à chaque individu en raiſon de ſon travail ſur la richeſſe générale, ſans quoi toute loi de propriété eſt détruite. Il faut toujours remonter aux premiers principes & aux loix fondamentales pour redreſſer les erreurs des écrivains politiques; ils prennent pour guides des principes d'humanité qui les égarent dans les voies de l'adminiſtration politique. Diminuer le prix des denrées néceſſaires à la ſubſiſtance en augmentant ceux des conſommations propres aux riches, c'eſt ôter aux riches les biens qu'ils ont obtenus par leurs travaux, leurs ſoins & leurs dépenſes, ou que leurs ancêtres leur ont tranſmis pour en inveſtir le pauvre: attenter à une partie de la propriété même des riches en faveur des pauvres, c'eſt détruire les loix de la propriété (*d*).

Pluſieurs perſonnes conviennent qu'il ſeroit

(*d*) La charité, cette vertu qui honore l'humanité, doit avoir autant de bornes dans les principes de la politique que ceux de la morale lui donnent d'étendue. La charité particuliere dictée par la morale pourvoit aux beſoins réels de la ſubſiſtance; la charité publique entretient la pareſſe. L'adminiſtration ne doit s'occuper que de la ſubſiſtance des infirmes & des eſtropiés; ſous le regne de la liberté des profeſſions & des ventes, & de la protection publique, des hôpitaux qui enléveroient des hommes aux travaux, & qui leur offriroient les ſubſiſtances que les travaux leur procurent, ſeroient contraires à la richeſſe publique. Si l'on obligeoit les communautés à entretenir les pauvres, ce ſeroit donner aux hommes ſains des droits ſur la richeſſe de la communauté.

avantageux de supprimer les droits sur les consommations intérieures & sur le commerce intérieur; mais ils confinent les douanes aux frontieres d'un Etat, & proposent de percevoir des droits sur l'importation & l'exportation étrangeres, afin de restreindre celles qui sont contraires à la population intérieure, ou même dans la vue d'augmenter la richesse nationale par la contribution des richesses étrangeres. Les frontieres d'un Etat doivent être aussi libres que les frontieres de ses provinces; plus le commerce est avantageux, moins on doit lui donner d'entraves: il ne doit en éprouver d'autres que celles qui lui sont communes avec la culture & l'industrie; il ne doit contribuer qu'en raison des profits qu'il procure. Si la loi qui défend purement & simplement l'entrée ou la sortie des marchandises est ruineuse, ainsi que nous l'avons démontré, celle qui restreint l'entrée ou la sortie des marchandises par des droits est doublement vicieuse, car tous les droits sur le commerce étranger sont contraires à la production & à la consommation intérieures. Nous avons démontré que les prohibitions étoient nuisibles à la richesse nationale, & qu'elles devoient être abolies, quelque favorables qu'elles aient semblé devoir être à la population, 1°. parce que la population considérée relativement au travail productif n'est qu'un moyen de la richesse publique, & que les moyens les plus simples sont les meilleurs, suivant les principes de l'économie publique & particuliere; 2°. parce que la population considérée ainsi ne peut être favorisée au préjudice des droits de propriété, quelque avantage qu'il y ait pour une société d'être composée de beaucoup de membres. La loi naturelle ne permet pas d'admettre dans une ſociété de nouveaux membres qui prétendroient y prendre place contre les droits des citoyens. La nature a pourvu elle-même à la multiplication & à la reproduction des ſociétés, lorſque les membres qui la compoſent concourent à entretenir l'aiſance & la richeſſe, & qu'ils conſervent aux générations futures & améliorent les moyens de ſubſiſtance & de jouiſſance que leurs ancêtres leur ont préparés.

Il eſt aiſé de démontrer d'ailleurs que les douanes des frontieres ſont nuiſibles & doivent être détruites. Il faut conſidérer le commerce étranger ſuivant ſa nature; c'eſt l'échange des denrées ou marchandiſes nationales contre les productions ou marchandiſes étrangeres. Si le droit de douane frontiere eſt établi ſur la ſortie des marchandiſes, il porte préjudice au producteur & nuit à ſa richeſſe & à la reproduction. S'il eſt établi ſur l'entrée des marchandiſes étrangeres, il nuit au conſommateur. *Il ne faut pas faire la guerre à ſes dépens*, dit un proverbe, cependant c'eſt ce qui arrive lorſque l'impôt établi ſur l'importation ou ſur l'exportation, en nuiſant aux étrangers, nuit aux producteurs ou aux conſommateurs nationaux (*e*).

(*e*) Le Roi d'Eſpagne indigné en 1604 de ce que les vaiſſeaux François faiſoient le commerce pour le compte des Provinces Unies impoſa un droit de 30 pour cent ſur les marchandiſes de France débarquées en Eſpagne, & ſur toutes celles embarquées en Eſpagne pour la France. Le Roi de France crut devoir ſe venger de cette inſulte en ordonnant une interdiction de commerce entre les deux nations.

Boiſguillebert rapporte que „ Philippe III, par une „ infraction du traité de paix de Vervins, hauſſa dans

Si l'on ſuppoſe que deux pays, commerçant entre eux, ont établi intérieurement la taxe générale ſur les profits des producteurs, & que l'un d'eux, ou l'un & l'autre, par repréſailles, établiſſent des droits ſur leur commerce réciproque, il s'enſuivra néceſſairement, 1°. que les producteurs & conſommateurs nationaux des denrées conſommées ou produites chez l'étranger contribueront davantage aux revenus de l'état que les producteurs & conſommateurs nationaux de denrées nationales:

„ ſes ports tous les droits d'entrée & de ſortie, & que „ la France en ayant fait autant comme par repréſailles, „ bien qu'on n'eût point augmenté le prix de la ferme, „ cependant les fermiers firent banqueroute à cauſe de „ la diminution que cela apporta à la conſommation & „ au commerce.

Il ajoute que „ la même choſe eſt arrivée dans une „ ville de France où l'impôt ſur l'exportation des eaux „ de vie étant exceſſif, & le ſous-fermier des aides de „ cette ville n'ayant eu aucun produit la premiere année „ de ſon bail, parce que ce commerce ſe faiſoit en contre- „ bande, il fit ſavoir l'année ſuivante qu'il ſe contente- „ roit de la moitié du droit permis par ſon bail, ce qui „ lui fit un profit conſidérable & remit l'abondance ".

Le même Auteur dit encore que „ il y avoit autre- „ fois une fort bonne manufacture de chapeaux fins en „ Normandie qui valoit une très-grande ſomme au Roi, „ ſoit par droit d'entrée des matieres qui venoient du „ dehors ou par la ſortie lorſqu'elles étoient ouvragées, „ & qu'auſſi tôt qu'on eut doublé le droit, les ouvriers „ paſſerent en pays étranger ; qu'il en eſt arrivé de même „ à l'égard des cartes à jouer, du papier, du tabac & „ des baleines ſur leſquels ayant mis des droits qui „ fatiguoient les marchands, les manufactures ont été „ tranſportées en d'autres endroits ". (*Teſtament politique de M. de Vauban*).

ce premier effet eſt contraire aux droits civils des producteurs & conſommateurs nationaux de denrées conſommées ou produites chez l'étranger, & à la juſtice diſtributive des impoſitions : 2°. le commerce réciproque éprouvera néceſſairement une diminution par la diminution de production & de conſommation réciproques, qui eſt une ſuite néceſſaire de l'augmentation des prix ou des frais produite par l'impôt diſproportionné avec l'impôt général.

Les Anglois ont reconnu dans des objets de commerce particuliers, tels que le charbon, l'avantage d'alléger le poids des droits ſur les conſommations étrangeres. Le charbon qui entre à Londres paye dix ſols ſterlings par meſure ; celui porté par eau dans le royaume paye cinq ſols, & celui qui eſt exporté en paye trois. Cependant les marchands étrangers & non naturaliſés payent en Angleterre de plus gros droits ſur leurs marchandiſes que les marchands nationaux.

Les Anglois ont affranchi de tous droits d'entrée une partie des matieres premieres propres aux manufactures nationales, telles que pluſieurs drogues, graines, ingrédiens propres à la teinture.

Le Roi de France a exempté, le 13 Octobre 1743, de tous droits d'exportation différentes étoffes & tapiſſeries du royaume, des ouvrages de bonnéterie & les toiles du cru. C'eſt ainſi que l'on pourvoit aux beſoins des étrangers, en favoriſant des producteurs nationaux au préjudice de la production générale.

Le chevalier Deker a remarqué que le petit taux des droits de douane en Hollande eſt une des cauſes du grand commerce de cette nation, & que cette cauſe auroit beaucoup plus d'énergie dans un pays riche de productions. Si les nations de l'Europe diminuoient ou abolissoient leurs droits de douane, cette république perdroit les avantages qu'elle a pour les entreprises de commerce.

Le même auteur pense que sans les droits de douane la Grande Brétagne seroit un magasin universel. Les avantages naturels de ce royaume ont à lutter continuellement contre les loix & l'administration pour l'enrichir.

La contrebande est un serpent que les prohibitions & les restrictions entretiennent au sein des nations, & qui en corrompant le cœur des citoyens les expose à la rigueur des loix positives, contre le gré des loix naturelles. Non-seulement les contrebandiers fraudent les droits du souverain, mais encore ils obtiennent, par la diminution des prix, une préférence nuisible aux marchands de bonne foi. Les nations qui rendront au commerce la liberté qui convient à sa propriété banniront ce crime de la société; & en rendant aux citoyens les facultés de travailler suivant les moyens naturels, raméneront au commerce & à la pureté des mœurs des ouvriers que l'arbitre des souverains a rendu criminels.

CHAPITRE SIXIEME.

De la dixme en nature.

M. DE VAUBAN a proposé de prendre une dixme royale sur toutes les denrées en nature pour remplacer la taille, les aides, les douanes provinciales, les décimes du clergé & toutes autres opérations onéreuses, à la réserve de la gabelle, réduite à la moitié ou aux deux tiers de ce qu'elle est; des douanes qu'il faudroit reléguer sur les frontieres, en diminuant beaucoup leurs droits ou tarifs; des vieux domaines de nos rois & de tous autres revenus fixes & de raison.

Le projet de dixme royale consistoit à l'établir en deux fonds, dont l'un comprît la dixme de toutes les denrées en nature; l'autre, la dixme du revenu des maisons des villes & gros bourgs, des moulins d'industrie, des rentes sur le roi, des gages, pensions, appointemens, & de toute autre sorte de revenu non compris dans le premier fond.

Le projet de M. de Vauban n'est point équitable, en ce que, dans la perception d'une dixme en nature (*a*), on ne soustrait point les frais & les dépenses de production, parce que les propriétaires ou producteurs des terres ne contribuent pas en

(*a*) M. de Vauban fonde l'établissement de la dixme en nature sur la difficulté d'estimer les terres : cette difficulté ne peut déterminer à établir l'impôt sur les terres d'une maniere disproportionnée.

raiſon de leurs profits ou de leurs revenus libres. Le ſecond fonds a encore des vices ſemblables. D'ailleurs, M. de Vauban propoſoit de conſerver une partie des impôts ruïneux, tels que les gabelles, les douanes, l'impôt ſur le papier timbré, le contrôle des actes, les poſtes, & *certains impôts ſur le luxe.*

M. Linguet (*b*), en renouvellant le projet de la dixme royale en nature, a fait pluſieurs changemens ſur celui du maréchal de Vauban. La dixme ſur les terres doit être la même, ſelon M. Linguet, que celle dont nous venons de parler, ſi ce n'eſt qu'il propoſe de rendre par-tout les communautés fermieres de leurs propres dixmes, *afin qu'elles aient tout à la fois, dans le dépôt où elles en placeront le produit, un frein pour emmuſeler l'adreſſe meurtriere des ſpéculateurs en grains, & un fonds aſſuré pour la nourriture de leurs pauvres.*

M. Linguet propoſe, pour équivalent à la dixme royale dans les villes, un impôt à raiſon du pied quarré de bâtimens, cours & jardins. Un tel impôt ſeroit de la plus grande injuſtice ; car on ſent bien que les profits que font les habitans des villes ſur le commerce & l'induſtrie peuvent être très-diſproportionnés avec la ſuperficie de leurs habitations, cours, jardins & dépendances. M. Linguet a prévu les objections que l'on pourroit lui faire contre un tel impôt ; mais il y a répondu par des raiſonnemens très-contraires aux principes que nous avons établis. M. Linguet a prévu qu'on lui objecteroit que quiconque, en faiſant un grand commerce, ſaura ſe contenter d'une maiſon fort

---

(*b*) Annales Pol. du dix-huitieme ſiecle, 6e. vol. n°. 48.

petite, échappera à l'impôt: cet écrivain répond que dans l'état actuel des choses les gens à portefeuille ne donnent pas prise sur eux aux impositions arbitraires dont leurs voisins sont accablés, que s'ils jouissent de leur opulence sans l'ébruiter ou sans l'afficher ils braveront la capitation elle-même, qui cependant peut seule avoir le droit de s'assujettir cette espece de fortune, & qu'il n'arrivera dans le cas proposé que ce qui arrive dès-à-présent. Il ajoute: „ Tant que cet homme com-„ mercera, il pourra augmenter sa richesse sans „ augmenter en même temps l'opulence générale; „ & s'il veut la réaliser, il faudra bien qu'il achete „ des fermes à la campagne, & des maisons à la „ ville; en choisissant une habitation à la ville, „ s'il en augmente l'étendue, il augmente le tribut „ de la patrie; s'il ne fait que la décorer, son „ argent, répandu dans la main de différens ou-„ vriers, fournit à leurs besoins, & les met en „ état de payer, pour leur propre logement, „ l'impôt qu'il n'a pas laissé accroître sur le sien „. Il y a des hommes sans doute dont les richesses sont difficiles à connoître, tels que les rentiers & négocians, & sur-tout les spéculateurs & banquiers; l'opinion publique des compatriotes seroit encore un plus sûr garant de l'opulence des négocians d'une ville que l'arpentement des pieds quarrés de son habitation, d'autant que le négociant est intéressé lui-même, pour son crédit, à soutenir cette opinion publique.

M. Linguet répond encore à une autre objection que l'on peut lui faire sur l'inégalité des valeurs des terrains dans les différens quartiers d'une même ville. Il doute du fait, & il pense qu'à terrain égal il y a quatre maisons habitées par cinq ou ſix ménages à la barriere des Gobelins à Paris, & un château habité par une ſeule famille à la place des Victoires. D'ailleurs, il croit que les maiſons vers la porte St. Jacques coûtent infiniment moins à bâtir que dans la rue St. Honoré, & que le propriétaire, qui n'y fait pas de ſi fortes avances, & qui en retire un plus fort loyer, eſt en état de ſupporter la même taxe. Suppoſons la vérité de ces faits : M. Linguet détruira-t-il par des faits locaux une objection qui détruit entiérement un ſyſtême qu'il propoſe à tous les gouvernemens.

Le chevalier Deker (*c*) propoſe une eſpece de capitation relative à chaque objet de luxe que les particuliers conſomment ou dont ils jouiſſent. Cette capitation ſeroit moins diſproportionnée avec la richeſſe & les facultés des particuliers que l'impôt relatif à un ſeul objet de dépenſe. Cet auteur propoſe en même temps la franchiſe des ports de commerce & de n'impoſer aucun droit d'entrée & de ſortie : mais cet auteur penſe que la taxe doit être double ſur les célibataires, ſimple ſur le chef d'une famille, d'un quart ſur les femmes, d'un huitieme pour chaque enfant non majeur ; cette repartition eſt une extravagance.

Les Anglois ont établi des impoſitions de cette eſpece ſur le luxe, comme ſur les voitures ; ſi l'on ſuppoſe une contribution proportionnelle, le luxe eſt taxé, ainſi que toutes les eſpeces de dépenſes. Lorſqu'un particulier eſt impoſé au dixieme de ſon revenu, il faut qu'il retranche un dixieme de toutes

---

(*c*) Eſſai ſur les cauſes du déclin du commerce étranger de la Grande Brétagne.

ſes dépenſes s'il veut les conſerver toutes, ou bien il eſt à préſumer qu'il retranchera moins ſur les dépenſes de premiere néceſſité. C'eſt ſans doute pour encourager la production des objets de néceſſité & la multiplication des ſubſiſtances en faveur de la population que l'on propoſe de taxer les objets de luxe ; or nous avons vu que le pouvoir arbitraire de taxer des objets particuliers au préjudice des autres, ainſi que toutes les loix arbitraires en général, ſont contraires à la diſtribution naturelle des richeſſes qui contient le luxe dans de juſtes limites, & qui doit porter la population à ſon dernier période.

CHAPI-

CHAPITRE SEPTIEME.

De la capitation.

L'IMPOSITION doit être perçue ſur les profits que font les riches, ſoit par la culture, ſoit par l'induſtrie, ſoit par le commerce. Une impoſition répartie en portions égales ſur les perſonnes eſt contraire à l'équité, & même à la production. Dès que l'on ſuppoſe que les citoyens profitent des dépenſes publiques pour acquérir des richeſſes & jouir en liberté du fruit de leurs travaux ou des travaux de leurs ancêtres, il ſeroit injuſte qu'ils ne contribuaſſent pas en raiſon de leurs richeſſes & des avantages qu'ils retirent des ſoins de l'adminiſtration publique: cependant on a imaginé des taxes perſonnelles, & celles qui ſont ou qui pourroient être établies ſur des conſommations dont tous les hommes ont des beſoins égaux, ou à peu-près égaux, tels que le pain, le ſel & le tabac, peuvent être regardées comme perſonnelles.

Cependant pour percevoir une partie proportionnelle des profits des producteurs, il eſt néceſſaire qu'ils contribuent perſonnellement en raiſon de ces profits, & ſi pour réduire l'impôt à ſa plus grande ſimplicité, on veut ſubſtituer un impôt unique à la multitude de charges dont tous les peuples de l'Europe ſont écraſés, il ne peut y avoir d'impôt unique, équitable, économique, & qui ne ſoit point contraire à la production qu'une capitation relative aux profits que font tous les citoyens; ſur quoi il faut obſerver que l'impôt ordinaire peut porter ſur tous les chefs de productions particulieres & propriétaires de biens-fonds productifs & non productifs, & peut ne pas porter ſur les ſalariés, les rentiers, les fermiers & les locataires, mais que les impôts extraordinaires ou crues d'impoſitions doivent porter ſur tous les citoyens quelconques, même ſur les mandataires du ſouverain.

Cette impoſition eſt la ſeule par laquelle les riches & les productions ne contribuent qu'une fois; c'eſt la ſeule qui ne peut faire élever ou baiſſer le prix des denrées par des crues, ou du moins c'eſt celle dont l'accroiſſement ou la diminution doit faire éprouver les moindres variations dans les prix, ſi l'on penſe qu'il en peut réſulter de ce que les dépenſes ne ſont pas toujours proportionnelles lorſque les facultés diminuent ou croiſſent.

Le chevalier Deker a prétendu qu'un impôt ſur les profits des marchands hauſſe les prix & nuit au commerce, c'eſt une erreur; car tous les prix hauſſeroient à la fois ſi l'impôt étoit général, & l'on ne peut ſuppoſer que tous les prix hauſſent à la fois, ſi ce n'eſt lorſque l'on change le numéraire, en ſuppoſant, par exemple, que ce qui a été appellé précédemment une livre ſera appellé déſormais deux livres. Le même auteur s'eſt beaucoup étendu ſur le renchériſſement des prix occaſionné par les impôts ſur les conſommations; ce renchériſſement n'a lieu que lorſque l'impôt porte ſur des objets particuliers, ou lorſqu'il eſt établi d'une maniere diſproportionnée. Nous avons vu dans le chapitre premier que l'impôt ſur les objets rangés dans la claſſe des frais & propres à des productions uſuelles ne porte que ſur les profits des producteurs de ces objets, ou ſur la part qu'il obtient dans la masse générale des richesses disponibles.

L'auteur de l'article vingtieme de l'Encyclopédie pense, d'après les principes de M. de Montesquieu sur la capitation, que celui qui a cru trouver les richesses de l'état dans un seul impôt capital proposoit pour sa nation les taxes de la servitude : cela pourroit être si la taxe proposée étoit la même par tête ou par personne ; mais la taxe proportionnée aux revenus personnels est la plus naturelle à la liberté.

Une telle capitation paroît difficile à établir : 1°. on a pensé qu'un cadastre général étoit une base essentielle de l'impôt unique, & l'on regarde le cadastre comme une opération couteuse, difficile & sujette à laisser des inquiétudes sur l'équité de la répartition de l'impôt. 2°. On pense qu'il est impossible d'apprécier avec exactitude les profits des négocians & artisans. On craint de se livrer à une entreprise couteuse, incertaine & périodique, en faisant exécuter un cadastre qui contienne un arpentement général de toutes les terres des particuliers & des possessions particulieres (*a*), & il seroit contraire à la liberté & à l'immunité qui sont dues au commerce & aux entreprises & travaux de l'industrie que de fouiller dans les livres & comptes, les registres & les bordereaux de leurs profits.

On peut renouveller dans les états modernes un usage dont les Romains se sont servis dans les

(*a*) L'Auteur de l'éloge de Colbert propose de percevoir l'impôt sur l'arpent de terre, au lieu de le percevoir sur une opinion variable ou arbitraire de sa valeur ; ce seroit une injustice manifeste.

ſiecles où la vertu, la juſtice & la liberté, préſidoient encore à l'adminiſtration de la république (*b*), en le rectifiant cependant & en le rendant propre aux temps préſens. On peut renouveller le *cens* des Romains ou la deſcription générale de tous les citoyens libres & poſſeſſeurs avec l'état joint à chaque nom de leurs biens & de leurs proprietés. Le cens des propriétaires des terres & des cultivateurs eſt le plus facile, parce que l'on peut juger par les baux (*c*) des revenus du propriétaire & par les richeſſes productives du cultivateur

---

(*b*) Servius Tullius avoit diſtribué les citoyens en ſix claſſes ſelon leurs richeſſes, & l'impôt étoit proportionnel à ces richeſſes.

La république d'Athenes avoit une deſcription des citoyens diviſés en quatre claſſes: la premiere compoſée des *pentacoſio medimnes* qui jouiſſoient d'un revenu de 500 medimnes, la ſeconde compoſée des chevaliers qui jouiſſoient de 300 medimnes, la troiſieme compoſée des Zeugites qui ne jouiſſoient que de 200 medimnes, enfin la quatrieme étoit compoſée des Thetes qui avoient moins de 100 medimnes de revenu. La premiere claſſe payoit un impôt d'un talent, la ſeconde un demi talent, la troiſieme le ſixieme d'un talent, la quatrieme ne payoit rien; d'où l'on voit que les Athéniens ne contribuoient que ſur le ſuperflu au delà de leur ſubſiſtance.

(*c*) On craindra peut-être que les propriétaires ne produiſent des baux ſimulés, mais une telle mauvaiſe foi pourroit être réprimée par la loi, en n'admettant un propriétaire à exiger que le prix des baux produits & contrôlés dans les regiſtres du cens.

La république de Hollande regarde comme indignes de la protection publique ceux qui ne payent pas les taxes; elle fait enlever la porte de leurs maiſons ou habitations & la fait vendre; elle récompenſe par des rabais ceux qui payent dans les premiers délais accordés.

de la portion colonique, ou des profits du colon. Dans l'état des biens du propriétaire des terres qui fait valoir lui même, il est nécessaire de comprendre l'étendue & la valeur du terrain ; on peut se fier à la déclaration du propriétaire quant à la superficie en ne l'admettant par les loix à réclamer que le nombre de mesures consigné dans les registres du cens & en admettant les communautés à obtenir la confiscation à leur profit du surplus de ce qui est déclaré dans le cens. La valeur doit être estimée par une comparaison des récoltes à l'expertage, ou simplement par expertage ainsi que dans les pays de taille réelle.

Le cens des entrepreneurs d'industrie & du commerce est moins facile à exécuter, & il leur est aisé de cacher à l'administration leurs profits & leurs richesses: mais le moyen le plus facile est de classer dans les villes ceux du même mêtier ou de la même profession, & de subdiviser ces classes générales en plusieurs classes particulieres suivant la différence des profits. Si l'appât d'une moindre contribution peut faire désirer de rester dans les classes inférieures d'un mêtier, l'émulation & l'espoir de la vogue & du crédit engageront naturellement les contribuables à passer dans une classe supérieure.

On craindra peut-être que l'artisan ne fasse que peu de dépenses pour être dans une classe moyenne, afin d'en contribuer d'autant moins ; cet esprit de lésine ne seroit que trop commun : mais la production gagnera nécessairement tôt ou tard à ces épargnes, & l'état retrouvera dans des accroissements de production ou dans de nouveaux établissemens de nouveaux produits.

L'administration souveraine & l'administration municipale doivent concourir à l'établissement de ces classes : la description du cens doit contribuer à les aider dans la répartition générale & dans les répartitions particulieres, & à juger de la richesse particuliere de chaque classe. Le cens doit comprendre les richesses immobiliaires & mobiliaires, & les salariés employés aux travaux, non pour asseoir l'impôt sur les richesses productives, mais pour porter un jugement sur les profits de ces richesses. Une observation peut aider à porter un jugement sur ces profits, c'est que les profits de toutes les entreprises différentes de productions tendent à être entr'eux dans un même rapport avec les dépenses productives, ainsi que l'intérêt des richesses avec les capitaux. Le cens doit comprendre à l'article des grandes entreprises le nombre des mètiers & leurs valeurs, les magasins, les machines, les vaisseaux, les voitures, les ouvriers, leurs chefs & leurs manouvriers.

Le cens général & les cens particuliers d'un état doivent être consignés dans un dépôt public où chacun puisse connoître ses charges & celles des autres contribuables, & redresser les abus que la mauvaise foi peut introduire ; c'est le moyen d'éviter les répartitions arbitraires.

Il est nécessaire qu'une province puisse juger de l'équité de sa contribution en la comparant avec celle des autres provinces : il est nécessaire que la comparaison puisse se faire des villes aux autres villes, des communautés aux communautés, & des particuliers aux particuliers.

L'administration doit présenter aux yeux inquiets non seulement les détails de la répartition, mais encore des tableaux généraux & des récapitulations où ils puissent reconnoître rapidement l'ordre & l'équité de la répartition.

Lorſqu'un tel impôt ſeroit établi, il ne coûteroit pas plus à percevoir qu'un ſeul des impôts différens qui forment chacun des branches d'adminiſtration particulieres.

Il n'y a que l'équité des répartitions & le bon ordre de l'adminiſtration des dépenſes qui puiſſent alléger les impôts, perſonne ne peut ſe plaindre d'un impôt ou d'une contribution publique lorſqu'il eſt conſtant qu'elle eſt établie pour le bien général, & que chaque citoyen contribue en raiſon de ſon bien & de ſes richeſſes. Tout homme qui réfléchira ſans prévention ſyſtématique ſera convaincu que les richeſſes annuelles dont les hommes ſont maîtres de diſpoſer en faveur de leurs jouiſſances ou de l'amélioration de la production ne conſiſtent que dans les profits qu'ils ſont ſur la culture, l'induſtrie & le commerce au-delà des frais.

Les dépenſes publiques de l'adminiſtration doivent être regardées généralement comme propres à accroître les jouiſſances, le bonheur & la production.

Un impôt-général relatif aux richeſſes générales doit être accru en raiſon de ces richeſſes, & le ſouverain intéreſſé trouve dans une part de la richeſſe générale de ſes ſujets un motif de les accroître; c'eſt par la proſpérité générale qu'un ſouverain doit accroître ſes revenus. Les appâts que l'on préſente aux régiſſeurs pour les accroître ſont contraires à cette proſpérité. Malheur à l'état dont le ſouverain tend à augmenter ſes revenus lorſqu'il n'a pas pour but de ſatisfaire les beſoins publics des contribuables.

L'impôt dont nous parlons peut être accru facilement dans des beſoins extraordinaires tels que ceux d'une guerre légitime, mais la ſanction des représentans ou députés généraux d'une nation est nécessaire à prévenir des accroissemens arbitraires.

On peut supposer qu'il y a en France environ 24 millions d'habitans, que le nombre des ménages est le quart du nombre des habitans, qu'il n'y a que le chef de chaque ménage marié ou célibataire qui tire des revenus de ses terres, de son commerce, de son industrie ou de ses talens, & que les richesses sont distribuées suivant cette table.

Nombre de chefs de ménage.	*Revenu annuel de chacun.*	*Richesse totale de chaque classe.*
1400000	200 livres.	280 millions.
1200000	300 . .	360 . . . .
1000000	400 . .	400 . . . .
800000	500 . .	400 . . . .
600000	800 . .	480 . . . .
400000	1200 . .	480 . . . .
300000	1800 . .	540 . . . .
200000	2400 . .	480 . . . .
100000	3000 . .	300 . . . .
20000	5000 . .	100 . . . .
10000	10000 . .	100 . . . .
5000	20000 . .	100 . . . .
600	50000 . .	30 . . . .
300	100000 . .	30 . . . .
100	200000 . .	20 . . . .
6036000		4100 millions.

Il résulte de cette supposition que l'état pourroit tirer des peuples, en une seule imposition portée au dixieme du revenu de chaque contribuable, quatre cent dix millions.

Cette supposition ne paroîtra pas exagérée en

considérant le nombre des habitans des villes de France, & comparant leurs richesses à celles que nous avons supposées.

Il y a 612 villes (*d*) en France qui contiennent plus de 6000 habitans, & il y en a un très-grand nombre qui en contiennent moins. On peut croire qu'il y a une ville de 600 mille habitans, deux de 200 mille, six de 100 mille, 10 de 50 mille, 20 de 20 mille, 40 de 15 mille, 200 de 10 mille & 332 de six mille. Il y a donc plus de sept millions d'habitans des villes. En supposant que ceux qui tirent plus de deux mille livres de revenu des terres, de l'industrie ou du commerce, habitent dans les villes, on verra qu'ils forment moins de la vingtieme partie des habitans des villes.

Nous pouvons encore faire quelques observations pour prouver que la somme des richesses des François monte à plus de quatre milliards (*e*).

(*d*) Nous comptons 28 villes de Picardie, 9 du comté d'Artois, 24 de la Flandre Françoise, 40 de Normandie, 47 de l'Isle de France, 27 de Champagne, 18 d'Alsace, 13 de Lorraine, 35 de Brétagne, 10 du Maine & du Perche, 9 de l'Anjou, 16 de l'Orléanois, 16 du Poitou, 3 d'Aunis, 9 de la Saintonge & de l'Angoumois, 6 de la Marche, 9 de la Touraine, 10 du Berry, 6 du Nivernois, 6 du Bourbonnois, 23 de Bourgogne, 5 de la Bresse & du Bugey, 12 de Franche-comté, 10 du Limosin, 13 d'Auvergne, 14 dans le Lyonnois, le Forès & le Beaujolois, 22 de Dauphiné, 31 dans le Bordelois, 28 en Gascogne, 4 en Béarn, 3 dans la basse Navarre, 64 dans le Languedoc, 5 dans le pays de Foix, 5 dans le Roussillon & 32 en Provence.

(*e*) Il n'y a que le produit disponible de toutes les richesses qui monte à cette somme; car le produit total des richesses, dont une partie est consommée pour la

Nous pourrions, à l'exemple de quelques auteurs, faire un total des richesses de chaque espece de culture ou de production particuliere : mais comme ces conjectures sont d'autant plus incertaines qu'elles se multiplient d'avantage, & que d'ailleurs il seroit difficile de distinguer dans le total la partie des frais & la partie disponible, nos observations ne porteront que sur deux objets principaux de dépenses, savoir le bled & les maisons.

Si l'on suppose encore la même population en France, & que chaque maison soit habitée par trois ménages ou par douze personnes, il y a en France deux millions de maisons tant dans les villes que dans les bourgs, villages & campagnes. Il y en a dans les villes & dans les campagnes dont la valeur annuelle peut être estimée à plus de trois ou quatre mille livres ; mais de même que les richesses des gros propriétaires ne sont qu'une petite partie de la masse des richesses, la valeur de leurs maisons est dans un très-petit rapport avec la valeur de toutes les maisons du royaume, ainsi nous nous contenterons de prendre un moyen entre les maisons dont la valeur est de (*f*) 400 livres & celles de 7 à 8 mille livres, & nous supposerons que toutes les maisons de France valent

---

production en frais de machines, d'outils, de magasins, de voitures, de charrues, de bestiaux, d'animaux &c. est beaucoup plus considérable.

(*f*) Il y a des maisons de boue & de chaume qui ne valent pas 400 livres, mais on ne peut supposer qu'elles contiennent 12 personnes ; ainsi on doit en compter 3 pour 12 personnes, ou pour la valeur fonciere de 400 livres.

annuellement 200 livres (*g*) ; les deux millions de maiſons valent à ce prix 400 millions.

Or tout le monde ſait que tous les locataires deſtinent à leurs logemens environ le dixieme de leur revenu, & que la valeur annuelle des maiſons ou logemens habités par les propriétaires eſt très-ſouvent beaucoup au-deſſus du dixieme, ſur-tout lorſqu'ils ont maiſon à la ville & à la campagne. On peut donc ſuppoſer que le revenu de la France égale dix fois la valeur annuelle des maiſons, & en conclure que le revenu diſponible de la France eſt annuellement de quatre milliards.

(*g*) On peut ſuppoſer cette table de la valeur des maiſons.

Nombre des maiſons.	*Valeur annuelle de chacune.*	*Total pour chaque claſſe.*
500000	20 livres.	10 millions.
400000	50 . .	20 . . . .
300000	100 . .	30 . . . .
250000	160 . .	40 . . . .
200000	200 . .	40 . . . .
150000	400 . .	60 . . . .
100000	600 . .	60 . . . .
60000	1000 . .	60 . . . .
20000	1200 . .	36 . . . .
10000	1500 . .	15 . . . .
6000	2000 . .	12 . . . .
3000	3000 . .	9 . . . .
600	5000 . .	3 . . . .
300	10000 . .	3 . . . .
100	20000 . .	2 . . . .
2000000		400 millions.

Si l'on obſerve que nous ſuppoſons qu'un chef de famille nourrit quatre perſonnes, on ne peut ſuppoſer que le moins riche jouit de moins de 200 livres de revenu. 1°. On peut ſuppoſer qu'il y a 200 jours de travail dans l'année; le pere, la mere & les enfans gagneront bien peu par leurs travaux s'ils ne gagnent enſemble que 20 ſols par jour de travail. 2°. Il faut remarquer qu'un homme qui a 200 livres de revenu pour lui, une femme & deux enfans, conſommeroit tout ſon revenu en froment s'il nourriſſoit ſon ménage de cette eſpece de grain, en ſuppoſant que le froment valût 20 liv. le ſeptier, & que chaque perſonne mangeât deux livres & demi par jour.

Nous avons dit que la France produit en froment & en menus grains la valeur de 1296 millions: en ſuppoſant que le ſeptier de froment vaut 18 livres, & celui des menus grains 9 livres; c'eſt la moindre valeur que l'on puiſſe ſuppoſer actuellement. Une partie de ces grains ſort du royaume, & une partie des menus grains eſt conſommée par les chevaux, volailles &c.

On peut ſuppoſer qu'il n'y en a que pour la valeur d'un milliard conſommé en France. Or la dépenſe de chaque particulier en grains peut bien être regardée au moins comme le quart de ſon revenu, ſi l'on conſidere que les manœuvres chargés de famille dépenſent plus de la moitié de leurs profits en bled, mais que la plus grande partie de la nation dépenſe beaucoup moins du quart des revenus en bled: on peut donc en conclurre, ſans exagération, que le revenu annuel de la France eſt de quatre milliards (*h*).

(*h*) Si l'Angleterre doit près de 157,500,000 livres

Nous n'avons pas fait entrer dans notre calcul les richesses des colons des différentes possessions des François. En supprimant tous les droits perçus sur le commerce des colonies, il est naturel qu'ils contribuent dans le même rapport que les métropolitains, mais il y a lieu de présumer que les revenus publics des colonies seront absorbés par les dépenses de protection (*i*).

On a voulu établir en Hollande une seule taxe qui n'a pas réussi. Le 28 Mars 1742, les Etats-Généraux établirent une capitation, mais elle n'étoit pas proportionnelle aux revenus, & l'on peut dire même qu'elle étoit arbitraire; car l'accroissement de la taxe, à raison de l'accroissement des revenus, ne suivoit point de progression. Les citoyens étoient divisés en classes de possesseurs dont les moindres jouissoient de 700 florins de revenu.

Les possesseurs de 700 florins payoient $\frac{1}{175}$ ou 8 florins, ceux de 800 florins payoient plus du 66e ou 12 florins, ceux de 1000 florins plus du 66e ou 15 florins, ceux de 1200 florins plus du 66e ou 18 florins, ceux de 1500 florins le 60e ou 25

---

tournois d'intérêt annuel, ainsi que nous l'avons déja vu, & si l'on suppose que ce royaume ait trois cinquiemes d'habitans de moins que la France, & que la distribution des richesses ne soit en Angleterre que dans le même rapport que celle que nous avons supposé en France, le dixieme du revenu des Anglois seroit de 164 millions tournois, & l'intérêt de la dette nationale à trois & demi pour cent n'en différeroit que de six millions & demi.

(*i*) Nous avons vu que les revenus publics des colonies ne sont pas le but de leur établissement.

florins, ceux de 2000 florins plus du 61e ou 32 florins, ceux de 2500 florins plus du 61e ou 40 florins, ceux de 3000 florins payoient le 60e ou 50 florins, ceux de 3500 florins plus du 58e ou 60 florins, ceux de 4000 florins plus du 53e ou 75 florins, ceux de 4500 florins le 50e ou 90 florins, & ainſi de ſuite, & pour les gens très-riches, la taxe étoit augmentée de 50 florins pour 2000 florins de revenu; une telle répartition étoit arbitraire & ne pouvoit ſubſiſter.

Il y a des perſonnes qui penſent que *ceux qui vivent de leurs talens, de leurs emplois, de leurs charges & de leur induſtrie, ne ſeroient pas dans le cas d'être taxés dans la proportion requiſe pour trouver l'équivalent de la ſuppreſſion des droits ſur les conſommations* (k). C'eſt une erreur, car ces impôts ſont payés réellement, & excedent conſidérablement les dépenſes de l'adminiſtration par les frais de perception. Il eſt impoſſible de ne pas concevoir que les propriétaires, cultivateurs, induſtrieux & négocians peuvent être taxés de maniere à remplacer, par une moindre contribution, celles qu'ils payent réellement.

Il eſt certain qu'une telle taxe & la ſuppreſſion de tous les impôts ruineux cauſeroient un bouleverſement dans les prix ſi on les établiſſoit tout d'un coup; les maux ne peuvent être réparés dans un ſeul inſtant. Il eſt néceſſaire qu'en ſupprimant ces impôts leur produit rentre dans la main des riches de maniere à leur procurer les moyens de payer la taxe unique, & pour que la circulation n'éprouve pas une ſecouſſe trop violente par une

---

(k) Traité de la circulation & du crédit.

discontinuité subite, la nouvelle taxe dont nous parlons ne doit être établie que par crues successives à mesure que l'on supprimera les anciens impôts, en commençant par ceux dont la répartition & la perception sont les plus onéreuses, & par crues égales à la valeur de l'impôt supprimé moins la valeur des frais de perception.

On craint qu'*une telle imposition n'enleve trop d'argent à la circulation dans un même terme, & ne rende l'argent trop rare* (*l*); *ce qui n'arrive pas, dit-on, quand il passe successivement par les filieres multipliées de la consommation.* Il est aisé de rassurer les esprits craintifs à cet égard, car l'administration qui ne paye que par termes pourroit admettre les contribuables à payer de même, si l'on ne savoit que leur lenteur est bien propre à répartir naturellement la perception pendant tout le cours de l'année.

De toutes les nations de l'Europe, la Hollande est celle qui doit reconnoître la derniere les avantages d'une taxe unique sur les profits des producteurs; car la Hollande tire ses richesses de l'industrie, & c'est sur l'industrie qu'il est le plus difficile d'asseoir cette taxe, mais il n'est pas étonnant que le projet en ait été conçu au sein de la liberté. La république de Hollande est, ainsi que les nations de l'Europe les moins libres, sujette aux entraves que l'inégalité & l'excès des frais de perception apportent aux droits naturels de propriété & de liberté.

Les Hollandois perçoivent des impôts sur les maisons & sur les terres à raison du louage. Il y

(*l*) Traité de la circulation & du crédit.

a en Hollande des capitations perſonnelles par les droits perçus ſur le pain, le ſel, le ſavon, le caffé & le thé; il y a des taxes par domeſtique, par cheval & par bétail. On prétend que l'impôt ſur le pain y double le prix du pain, il y a beaucoup de taxes ſur les conſommations, & les rentes de l'état n'en ſont pas exemptes. Ces rentes ou obligations de l'état ſont ſujettes à des centiemes deniers qui différent de la taxe appellée *verpoding*, c'eſt-à-dire *tant par livre*, en ce que le centieme denier eſt une taxe extraordinaire.

En 1749 l'Eſpagne fit les préparatifs d'un impôt unique, le Roi ordonna un cadaſtre général : mais ce cadaſtre eſt devenu pour les Eſpagnols un objet de dépenſe & non un objet d'économie; on a employé plus de 20 mille hommes à ſon exécution, il a coûté plus de ſix millions par an, & l'on n'en a pas encore tiré de grands avantages.

L'Eſpagne avoit l'exemple du cadaſtre exécuté en Catalogne & qui avoit produit de grands avantages dans la répartition & dans la ſimplicité de la perception. Les terres y contribuent en raiſon de leurs valeurs annuelles; les fermiers, les maitres des arts mécaniques, les chefs des manufactures & les négociants ſont taxés à raiſon des bénéfices qu'ils font dans leurs entrepriſes & des bénéfices que font leurs ſalariés.

On a déja propoſé depuis longtemps en France d'établir une capitation par claſſes. M. de Boulainvilliers en 1716 & M. de Fougerolles en 1711 propoſerent au conſeil d'établir une telle impoſition qui devoit ſelon eux rapporter plus de 220 millions ſans être à charge.

Différens auteurs ont propoſé des moyens & des projets d'impôts uniques, mais il n'y a que l'impôt perçu

perçu proportionnellement ſur le produit des terres & ſur les bénéfices des fermiers & entrepreneurs de l'induſtrie & du commerce, qui ſoit conforme aux principes fondamentaux de l'impoſition. Il n'y a qu'une impoſition ſur les revenus annuels des richeſſes qui puiſſe remédier aux maux dont eſt ſurchargée la propriété par les impoſitions arbitraires & perſonnelles, par les taxes établies ſur les conſommations journalieres ou ſur les têtes, par les exemptions & privileges de toute eſpece & par tous les moyens qu'ont inventés les particuliers pour ſe décharger des impoſitions particulieres au préjudice de la richeſſe générale.

Un financier Eſpagnol a propoſé le projet d'établir un impôt unique à percevoir ſur les farines au ſortir du moulin; un tel projet ſeroit dangereux, il établiroit une capitation perſonnelle ou un impôt dont chaque eſtomac payeroit à peu près une part égale, c'eſt une injuſtice manifeſte. D'autres ont propoſé un impôt unique ſur le ſel. On a propoſé dans l'aſſemblée des notables en 1596 d'établir un impôt d'un ſol pour livre ſur toutes les denrées excepté le blé. On a propoſé au conſeil d'établir un impôt d'un ſol par jour ſur les aiſés. Tous ces impôts tiennent plus ou moins à la capitation perſonnelle, & ſont contraires à l'équité néceſſaire à la conſervation des propriétés & à la proſpérité des richeſſes.

LIVRE SECOND.

Recherches historiques sur les droits de propriété publics & particuliers des François depuis l'origine de la monarchie.

On peut regarder la monarchie Françoise comme fondée par le concours de trois peuples, les Gaulois, les Romains & les Barbares.

Les Gaulois civilisés sans constitution politique; les Romains, dont la législation avoit tous les défauts qui doivent se rencontrer dans une république souveraine, & dont les mœurs éloignées du calme social sur lequel sont fondées la prospérité & la félicité durables aspiroient à cet excès de jouissance & de splendeur, à ce sommet vers lequel les peuples étant parvenus ont toujours décliné insensiblement vers leur ruine; & les Francs, dont la simplicité barbare tendoit plutôt à la propriété & à une constitution sociale qu'à la domination, ont été, par une suite d'événemens, les premiers élémens de la monarchie. C'est de la réunion des loix, des mœurs & des usages de ces peuples, qu'a résulté la constitution premiere de la monarchie.

CHAPITRE PREMIER.

De la propriété des Barbares antérieurement aux invasions qui les ont établis dans les Gaules.

NOUS pouvons suivre les Germains depuis la simplicité premiere de leurs mœurs sauvages telles que César les a décrites (*a*).

Les Germains, du temps de César, n'avoient ni Dieu ni prêtres; ils ne connoissoient de principes suprêmes que ceux qui leur procuroient les biens de la terre & qui les en faisoient jouir, le soleil, la lune & le feu. Ils ne s'occupoient point de l'agriculture; ils nourrissoient des troupeaux & chassoient pour vivre de lait & de chair; le but de leur association étoit la vie & non la jouissance; leur système politique consistoit dans l'égalité. Ils nommoient un chef appellé *chieftain* en temps de guerre, mais ils n'avoient pour magistrats, en temps de paix, que des arbitres.

Jusques-là l'état de la propriété est bien simple, les droits de chacun étoient les droits de deux êtres qui s'associent pour vivre ensemble des produits de leur chasse & de leurs troupeaux.

Au temps de Tacite la civilisation avoit fait des progrès; les Germains avoient négligé la chasse & cultivé les terres. L'inégalité des richesses & des rangs s'étoit introduite; on distinguoit un roi, un général, des princes, *principes civitatum*, des nobles, des prêtres & le peuple (*b*).

(*a*) *De Bello gallico*, lib. VI.

(*b*) On distinguoit *ger-mann* les gens d'armes, *ada*-

Les prêtres y avoient déja pénétré ; ils avoient profité de quelques temps d'oisiveté pour raconter des fables & interpréter des traditions anciennes. Ces peuples simples ajouterent foi à leurs discours ; ils furent d'abord engagés par la persuasion, ils furent retenus ensuite par la terreur. Ces peuples prirent souvent les armes à la vue des usurpateurs armés, mais ils ne reconnurent pas ceux-ci pour des ennemis ; comment pouvoient-ils reconnoître leurs armes ? Ils étoient trop innocents encore & savoient assez peu pénétrer dans le dédale de l'esprit humain pour s'appercevoir que le sanctuaire étoit l'attelier, que l'autel étoit la forge où l'on fabriquoit leurs chaînes, que les traits redoutables étoient cachés sous les langues dorées de leurs ennemis, & qu'ils portoient pour bouclier impénétrable le masque de l'hypocrisie.

Le prince persuadoit plus qu'il n'ordonnoit (*c*) ; mais à cet égard le crédit des prêtres devoit souvent l'emporter, eux dont la bouche étoit l'organe de la volonté de Dieu, & dont le bras étoit l'instrument de sa vengeance ; car il n'étoit permis qu'aux prêtres de punir & de frapper, non par ordre du roi ou du général, mais de la part de Dieu.

Le prince avoit, ainsi que tous les souverains, des peuples tant soit peu civilisés, une cour autour de sa personne. Cette cour étoit composée de nobles, que César a appellés *clientes*, *ambacti* ; que

---

linges les nobles, *fridlinges* les libres, *lazzes* les serfs, *fri-lazzes* les affranchis.

(c) *Reges ex nobilitate, duces ex virtute sumunt nec regibus infinita aut libera potestas..... Autoritate suadendi magis quam jubendi potestate.* (Tac. de moribus Germanorum).

Tacite & les Romains ont appellés *comites*, *fortes*, *palatini*, & qui s'appelloient dans la langue de quelques Germains *leudes*, *paladins*.

La distinction des rangs est une preuve de l'inégalité des fortunes, & ce que Tacite rapporte des successions est une preuve des propriétés & des patrimoines (*d*). Cependant il y avoit des biens communs appartenant à la république, lesquels se partageoient en raison du nombre de (*e*) cultivateurs ou de métairies, suivant le mérite & le rang, entre les princes, les nobles & les prêtres. Il y avoit parmi les Germains des serfs, mais ils n'avoient pas tous les caracteres des serfs des Romains & des autres nations, qui réduisoient les prisonniers en servitude. Tacite compare les serfs des Germains aux colons des Romains. Les serfs avoient chacun leur manoir particulier; ils cultivoient les champs, & travailloient de maniere à payer au propriétaire du fond une redevance en grains, en bétail & en vêtemens (*f*). Les Germains n'avoient point de serviteurs domestiques, les femmes & les enfans faisoient toutes les fonctions du ménage; cependant quelques-uns d'entr'eux jouoient leur liberté, mais les gagnans vendoient leurs esclaves.

(*d*) *Hæredes successoresque sui cuique liberi & nullum testamentum si liberi non sunt, proximus gradus, in possessione, fratres, patrui, avunculi.* (Tac. de mor. Germ.)

(*e*) *Agri pro numero cultorum ab universis per vices occupantur quos mox inter se secundum dignationem partiuntur. Facilitatem partiendi camporum spatia præstant.* (Tac. de mor. Germ.)

(*f*) Quelques auteurs ont cru que les serfs ou colons des Germains sont la source de nos main-mortables.

Les Germains ne payoient pas d'impôts ni de tributs. Tacite juge que deux tribus dont il parle n'étoient pas originaires de Germanie, parce qu'elles payoient des tributs (*g*). Il paroît que les ſoldes des ſervices publics étoient payées par le partage des terres communes, dont nous avons parlé. La dépenſe du ſouverain étoit priſe ſur le revenu de ces terres, d'ailleurs les cités donnoient annuellement au prince des dons gratuits (*h*).

(*g*) *Gothinos gallica, os os pannonica lingua coarguit non eſſe Germanos & quod tributa patiuntur.* Tacite dit ailleurs, *nam nec tributis contemnuntur, nec publicanus atterit.*

(*h*) *Mos eſt civitatibus ultro ac viritim conferri principibus vel armentorum, vel frugum, quod pro honore acceptum etiam neceſſitatibus ſubvenit.* (Tac. de morib. Germ.)

CHAPITRE SECOND.

De la propriété chez les Gaulois avant les conquêtes des Romains.

LES Gaulois étoient des peuples très-anciennement civilisés (*a*); mais cette civilisation n'avoit pas fait les progrès néceſſaires à conſtituer un peuple aſſez puiſſant pour réſiſter au joug des conquérans. Les Gaules étoient diviſées & ſubdiviſées, & chacune de ces diviſions & ſubdiviſions formoit une république.

Des Druides très-puiſſans, des chefs de république, des magiſtrats, des nobles, & un peuple très-ſuperſtitieux, tel eſt l'aſpect ſous lequel on peut conſidérer les Gaulois.

Les Druides étoient les juges des conteſtations. Les provinces des Gaules étoient ſubdiviſées en diſtricts & en cantons; chaque diſtrict avoit dans ſon enceinte une ville capitale où réſidoit le ſénat & les magiſtrats qui gouvernoient la ville & ſon diſtrict.

Les Gaules étoient diviſées en trois parties, *Gallia togata*, *Gallia braccata* & *Gallia comata*.

(*a*) Un Auteur de ce ſiecle prétend que les peuples des Gaules ſont les premiers peuples du monde qui ſoient ſortis des forêts pour ſe réunir en ſociété ſur la premiere terre découverte de bois par le feu, *ur-ops* ou *Europe*, & que le premier homme qui a découvert le feu eſt le premier homme célébré ſous différens noms dans les différentes langues; cet Auteur développe ſon ſyſtême par l'analogie des noms avec le feu.

La premiere a pris son nom de la toge ou robe longue que portoient les habitans, elle étoit située entre les Alpes & la riviere de Rubicon. La seconde a pris son nom d'une espece d'habit large, fourré & de couleurs variées (*b*) que portoient les habitans; cette partie est devenue la province Narbonnoise, elle étoit séparée de l'Italie par les Alpes & la riviere de Var, & du reste de la Gaule vers le nord par les monts Jura & les montagnes d'Auvergne. La troisieme partie a pris son nom du soin que prenoient les habitans d'entretenir leur longue chevelure; cette partie étoit divisée en trois autres, la Belgique, la Celtique & l'Aquitaine. La Belgique étoit située entre l'Escaut & la Seine; la Celtique, depuis la Seine jusqu'à la Garonne; & l'Aquitaine, depuis la Garonne jusqu'aux Pyrénées.

Les nations s'assembloient pour délibérer des affaires générales, & il étoit défendu de parler des affaires publiques hors de l'assemblée, de peur que le peuple ne fût épouvanté par de faux bruits, & ne se portât à des excès dangereux; cette précaution convient assez dans les républiques où l'entousiasme décide plus souvent que la sagesse.

Il y avoit des serfs chez les Gaulois; ces peuples réduisoient les vainous en esclavage & s'en attribuoient la propriété; d'ailleurs César rapporte que plusieurs se livroient en servitude aux nobles lorf-

---

(*b*) Cet habillement étoit celui des Scythes, suivant Ovide.

Pellibus & sutis arcent mala frigora braccis. (Eleg. 10, liv. III, Trist.)

Iidem in curiâ Galli braccas deposuerunt, latum clavum sumpserunt. (Suet. in Cæsar.)

qu'ils étoient accablés de dettes ou de l'excès des impôts & d'autres vexations (*c*). Un homme manquant de tout achetoit les moyens d'existence aux dépens de ses services corporels & du pouvoir sur sa vie.

César & Tacite parlent des esclaves des Germains & des Gaulois. Tacite regarde les agriculteurs des Germains plutôt comme des fermiers que comme des esclaves. César dit que le peuple fait à-peu-près les fonctions d'esclave (*d*); mais ces historiens ne rapportent point les loix de cette espece d'esclavage des agriculteurs. Lorsqu'on a prétendu que cette espece d'esclavage étoit la source de l'esclavage de la glebe, qui a subsisté dans les temps postérieurs, & de la main-morte, on a supposé gratuitement chez ces peuples des loix dont on n'a point de preuves, & dont il n'est point fait mention.

Les Gaulois étoient sujets aux tributs; mais César rapporte que les Druides en étoient exempts. Les traces qui nous restent de l'histoire des Gaulois avant la conquête des Romains donnent lieu de croire qu'il y avoit des propriétés publiques & des propriétés particulieres (*e*): les bois, les rivieres, les pâturages que nous appellons maintenant les communaux, n'avoient point dès ces temslà de propriétaires, ce n'est que la culture qui a

---

(*c*) *In hos eadem omnia sunt jura quæ dominis in servos*. (Cæs. de Bell. gall. l. VI.)

(*d*) *Populus pene servorum habetur loco*. (Cæs. comm. l. I.)

(*e*) *Si de hæreditate, de finibus controversia est*. (Cæs. de Bell. gall. l. VI.)

déterminé les premieres propriétés (*f*); nous verrons par la ſuite comment ces domaines publics ſont devenus des domaines particuliers, & quels ſont les droits qui y ont été attachés.

CHAPITRE TROISIEME.

De l'état de la propriété chez les Gaulois après la conquête des Romains.

CE ſont les habitans de Marſeille, iſſus de la ville de Phocée (*a*), qui ont ouvert le premier accès dans les Gaules aux Romains vers l'an de Rome 628. C'eſt par cette ville que les Romains introduiſirent dans les Gaules les premieres armées, dont une, ſous la conduite de C. Sextius, fonda la ville d'Aix. Les Romains, ſous la conduite de Martius, ſoumirent la Gaule Narbonnoiſe, & la réduiſirent en province trois ans après la victoire de Fabius, qui ſoumit les Allobroges (*b*) & les Salluviens : Martius établit une colonie à Narbonne.

(*f*) Le premier propriétaire ne s'eſt pas écrié, comme dit J. J. Rouſſeau après avoir clos un champ, *ceci eſt à moi*; mais les premiers propriétaires ont dit : *ceci a été cultivé par moi, les fruits de ces champs ſont les fruits de mes ſueurs & de mes peines, vous ne prendrez point mes fruits, je ne prendrai point les vôtres*; & ils ont dit enſuite chacun, *ceci eſt à moi.*

(*a*) Cette ville étoit ſituée en Ionie, province de l'Aſie mineure.

(*b*) La Savoie & le Dauphiné.

Ce ne fut que ſoixante ans après que Céſar pénétra dans les Gaules, & y porta cet eſprit de domination & de conquête qui l'a élevé ſur les premiers degrés du trône impérial.

Céſar trouva une province conſidérable des Gaules conquiſes; il reſtoit à conquérir la Gaule Celtique & la Gaule Belgique. Deux factions diviſoient la premiere; l'une ayant été vaincue demanda du ſecours à Arioviſte, qui avoit formé ſur les Gaules le projet que Céſar exécuta. Ce chef des Barbares ſubjugua l'autre & lui impoſa un tribut; mais il n'en fit pas moins ſupporter un joug de fer aux Séquanois, pour qui il avoit fait la guerre aux Eduens. Les deux factions ſe réunirent pour demander du ſecours à un autre maître; Arioviſte fut chaſſé, & la Gaule Celtique fut conquiſe par Jules Céſar. La Gaule Belgique, plus voiſine des nations du nord, conſerva encore quelque temps une eſpece d'entouſiaſme pour la liberté; mais il ne régna pas aſſez de concert dans la ligue qui fut formée pour réſiſter à Céſar; les petites nations qui la compoſoient ſe diviſerent, & toutes furent ſoumiſes les unes après les autres.

Céſar & les Romains éprouverent encore quelques ſéditions parmi les Gaulois, ſous les ordres de Vercingétorix & d'autres généraux barbares; mais le conquérant parut, & les Gaulois mirent bas les armes.

Avant cette conquête, les Romains ont ſouvent tremblé à l'approche des Gaulois (c). Il manquoit à ces peuples, nés ſous un climat heureux, l'unité

(c) *Galli, ſi non diſſenſerint, vix vinci poſſunt.* (Tac.)

de commandement, ſous laquelle le corps politique des Gaulois ſeroit devenu redoutable aux Romains; ils auroient réſiſté aux brigands, qui, le fer à la main, ont étendu leur empire juſqu'aux limites les plus reculées: mais toutes les nations particulieres des Gaules & les cités étoient diviſées; les unes ſe ſont rangées ſous le joug, d'autres ſe ſont alliées; il y en eut qui ne ſe rendirent qu'à la force; mais tout fut conquis & réduit ſous la domination romaine.

Ces différences dans la maniere de conquérir établirent des différences dans la conſtitution des Gaulois. Les villes furent municipales ou vectigales (*d*); les unes s'allierent aux Romains de bon gré, ou firent une ſi légere réſiſtance qu'elles furent regardées comme alliées, les autres furent ſoumiſes les armes à la main.

Les Romains laiſſerent à leurs alliées, ou à celles qui ſe ſoumirent volontairement, leurs loix, leurs uſages & leurs officiers, & ſe réſerverent l'autorité principale qu'ils confierent à un proconſul ou à un prêteur. Les villes ainſi conquiſes furent appellées *municipales* (*e*).

Les Romains traiterent les autres en vainqueurs; ils regarderent le pays conquis comme appartenant aux vainqueurs; ils réduiſirent les cultiva-

(*d*) Suet. in Jul. Cæſ.

(*e*) Pluſieurs villes conſerverent des noms analogues à la maniere dont elles avoient été conquiſes, telles que *Arverni-liberi*, les Auvergnats; *Bituriges-liberi*, les habitans de Bourges; *Leuci-liberi*, les Luxembourgeois; *Santones-liberi*, les Saintongeois; *Hervii-liberi*, les habitans de Tournay; *Sueſſiones-liberi*, les habitans de Soiſſons; *Treviri-liberi*, les habitans de Treves.

teurs en ſervitude en les attachant, eux & leurs deſcendans, au ſol; & ils exigerent, ſur le revenu, une part appellée *vectigal* ou *tribut*. Les villes ainſi ſubjuguées furent appellées *vectigales* (*f*).

Les villes municipales & les provinces alliées furent regardées comme étant *juris Italici*; elles obtinrent les droits italiques, qui conſiſtoient dans différens privileges, dont le principal étoit de ne point payer de tribut de conquête; mais elles ne furent pas pour cela exemptes du cens général qui ſe levoit dans toute la république romaine, & dont les eſclaves ſeuls étoient exempts. Auguſte fit faire un cadaſtre général dans toutes les Gaules pour la perception de ce cens qui différoit du tribut de conquête.

La république & les empereurs envoyerent des co-

(*f*) Lors du ſiege d'Alexia fait par les Romains, un des aſſiégés, dans la vue de ranimer le courage de ceux qui conſentoient à ſe rendre, repréſente à ſes concitoyens la ſervitude où ſont réduits les pays que les Romains ont déja ſubjugués, & quel eſt le ſort des pays réduits en province romaine; il leur repréſente les peuples tremblans à la vue des faiſceaux & des haches, & combien ces malheureux gémiſſent ſans entrevoir la fin de leur eſclavage. (Cæſ. comm. lib. IV.)

Lorſque les Romains ſubjuguoient une ville par la force, ils en conſervoient les habitans, mais ils leur ôtoient les droits de s'aſſembler, & d'avoir des magiſtrats & un ſénat. Les Romains conſerverent des habitans dans la ville de Capoue qu'ils prirent après qu'elle eut embraſſé le parti d'Annibal; mais ils ſtatuerent qu'elle ne formeroit plus un corps de cité, & qu'il n'y auroit plus ni ſénat, ni aſſemblée du peuple, ni magiſtrats, & qu'il y feroit envoyé tous les ans un préfet de Rome. (Liv. hiſt. l. XXVI. c. XVI).

lonies dans les terres qu'ils s'étoient appropriées (*g*). Auguste après avoir ordonné l'état des Gaules, après les avoir divisées en provinces, après avoir divisé les provinces en peuples, les peuples en cantons, & les cantons en villages, châteaux & bourgs, partagea les Gaules en trois lots, en consulaires, prétoriennes & présidentales; il laissa le premier au sénat, le second au peuple, & retint le troisieme; le revenu des provinces présidentales appartenoit au prince, celui des deux autres à la république.

Les droits de souveraineté consistoient dans la perception des impôts ordinaires, dans le droit d'établir des impôts (*h*), dans un droit de propriété sur les terres vectigales & sur les colons attachés à la glebe, dans le droit de nommer des gouverneurs dans les provinces & de faire présider à l'assemblée générale des Gaulois (*i*), dans le droit de nommer les officiers des villes subjuguées, dans la propriété des bois & des terres vagues & incultes, & dans tous les autres droits que nous appellons aujourd'hui régaliens (*k*).

(*g*) Plusieurs villes ou colonies conserverent le nom de César telles que *Cæsaro-magus*, Beauvais; *Cæsaro-dunum*, Tours; *Julio-magus*, Angers; *Julio-dunum*, Loudun; *Julio-Bona*, Lislebonne. Auguste établit des colonies à Treves, à Soissons, à St. Quentin, Senlis, Poitiers, Troyes, Clermont, Autun & dans d'autres villes.

(*h*) Le droit d'imposer est compté entre les droits de régale. (Feud. lib. II. T. LVI).

(*i*) Les Gaulois tenoient un conseil suprême qui fut transféré, du temps de César, à Paris ou dans d'autres villes suivant la décision de ce général, sur le consentement duquel ces assemblées avoient lieu, & qui y assistoit souvent lui-même. (Cæs. comm. l. V. c. VII.)

(*k*) Voyez le livre des fiefs. (Feud. lib. II. T. LVI.)

Les droits des particuliers consistoient, pour les hommes libres, dans la propriété des biens appellés *prædia*, & pour les hommes attachés à la glebe, dans la jouissance des fruits, après avoir prélevé le tribut auquel ils étoient astreints.

Nous avons vu que les peuples vaincus par la force des armes étoient réduits en esclavage dans les conquêtes que les Romains ont faites pour s'arroger l'empire ; les conditions qu'ils faisoient aux vaincus étoient proportionnées à la résistance qu'ils avoient éprouvée. Tantôt ils ont réduit ceux qu'ils ont pris les armes à la main dans la servitude personnelle, tantôt ils se sont emparés des terres, ou du moins ils n'ont accordé aux agriculteurs que des conditions telles que des vainqueurs pussent être regardés comme les vrais propriétaires (*l*) ; les uns ont été sujets à un tribut

---

(*l*) Les conditions des peuples vaincus étoient très-différentes.

Les colons Thraces ont été exempts de la capitation, mais non pas du tribut de la terre ; ils étoient néanmoins attachés à la glebe. (C. liv. XI. T. LI).

Les colons Illiriens n'étoient point tributaires, mais ils étoient attachés à la glebe (Idem). *Divus Vespasianus Cæsarienses colonos fecit non adjectu ut juris italici essent, sed tributum his remisit capitis : sed divus Titus etiam solum immune factum interpretatus est.* (ff. 1. L. T. XV.)

Les colons des pays subjugués étoient attachés à la glebe quoique nés ingénus. (C. l. XI. T. I. & LI.)

Les Romains se sont quelquefois emparés des terres des peuples vaincus en leur laissant une espece de jouissance. *Omnes jam barbari vobis arant, vobis serunt, illis sola relinquimus arva, nos eorum omnia possidemus* (Lettre de l'empereur Probus au sénat.)

par tête, les autres à un tribut ſur le fonds, d'autres ont éu les droits italiques, & leur ſol a été exempt du tribut. Veſpaſien exempta les Céſariens, peuples d'Ionie, de la capitation; mais ils n'eurent pas pour cela les droits italiques, ce ne fut que l'empereur Tite qui rendit le ſol franc. Si le ſol étoit exempt de tribut, ſuivant le droit italique, il n'étoit pas exempt de cens, qui du temps de ces empereurs étoit rétabli dans l'Italie, ainſi que les autres impoſitions (*m*); pluſieurs auteurs ont cru, parce que l'Italie a été exemptée d'impôts pendant plus de cent ſoixante ans, que les provinces auxquelles l'on accordoit les droits italiques étoient exemptes d'impôts; ces provinces étoient ſeulement exemptes du tribut annuel, ſoit par tête, ſoit ſur les terres que payoient les peuples vaincus (*n*). Le tribut de conquête & le cens différoient

(*m*) Paul Emile, après avoir vaincu Perſée roi de Macédoine, porta au tréſor public des ſommes ſi conſidérables que les citoyens ne payerent plus aucune impoſition juſqu'au conſulat d'Hirtius & de Panſa, l'année qui ſuivit la mort de Céſar, de Rome 709. (*Hiſt. Rom. de Rollin an.* 586; *Grandeur & décad. des Rom. de M. de Monteſquieu*, *ch. XVI. Plut. Cic. de off. lib. II.*)

(*n*) On peut voir l'énumération des provinces qui ont joui des droits italiques dans le digeſte. (lib. L. T. XV).

Le tribut de conquête étoit impoſé ſur les fonds & ſur les têtes: les loix Romaines diſtinguent, ainſi que nous l'avons vu, les peuples aſſujettis à la capitation & ceux aſſujettis au tribut du fonds, & dont les champs devenoient *agri vectigales*. Les peuples jouiſſant des droits italiques étoient ceux dont les perſonnes étoient libres & les fonds poſſédés librement, mais les indictions étoient payées par tous les ſujets de l'empire:

différoient ſenſiblement; l'un étoit le produit des terres dont la république s'étoit attribué la propriété ou la contribution perſonnelle des vaincus; l'autre étoit la contribution de tous les citoyens Romains.

On ſait qu'avant Servius Tullius le cens n'étoit autre choſe qu'une capitation, c'eſt-à-dire, un impôt par tête, ſans diſtinction de rang ni de condition; ce fut ce roi qui fit faire un dénombrement du peuple par claſſes de citoyens, & fit joindre au nom de chaque citoyen l'état de ſes biens: depuis ce dénombrement, l'impôt fut perçu en raiſon des biens.

M. l'abbé Rollin rapporte que lorſque les Romains avoient ſoumis un peuple par la force, ils ne laiſſoient les terres aux citoyens qu'en ſe ré-

---

munera quæ patrimoniis publicæ utilitatis gratiâ indicuntur ab omnibus ſubeunda ſunt. (Cod. lib. X. t. XLI.)

Omnes omnino ad oblationem functionum publicarum debet urgeri. (Cod. lib. X. t. XVI.)

Le titre du code *de cenſibus* diſtingue les peuples dont les têtes & ceux dont les fonds ſont exempts du tribut de conquête, & ceux dont les perſonnes & les fonds ſont libres. *Leodicæ in Syriâ & Beritos in Phœnice juris italici ſunt & ſolum eorum.*

Per univerſam diœceſim Thraciarum, ſublato in perpetuum humanæ capitationis cenſu, jugatio tantum terrena ſolvatur; & ne forte colonis tributariæ ſortis nexibus abſolutis vagandi & quolibet recedendi facultas permiſſa videatur, ipſi quidem originario jure teneantur, & licet conditione videantur ingenui, ſervi tamen terræ ipſius cui nati ſunt exiſtimentur, nec recedendi quo velint aut permutandi loca habeant facultatem. (Cod. lib. XI. t. L.)

On voit dans ce paſſage les différens degrés de ſervitude.

ſervant un produit appellé *decumæ* ou *decimæ* (*o*), d'où l'on pourroit conclu..e que le tribut de conquête étoit égal à la dixme, ou à la dixieme partie du produit (*p*).

Lorſque les Romains ſe ſont attribué la propriété des terres qu'ils ont conquiſes, il leur fallut impoſer des loix aux colons, telles qu'ils fuſſent obligés de reſter attachés au ſol, & que les droits que les vainqueurs s'étoient approprié ne puſſent être aliénés en leur abſence; ce n'eſt que par ces loix qu'ils pouvoient s'aſſurer de conſerver leurs propriétés dans des provinces étrangeres & éloignées. Ces cultivateurs, aſſervis par la conquête, furent appellés, ſuivant les différentes circonſtances (*q*),

---

(*o*) (Hiſt. Rom. digr. ſur les publ.)

(*p*) Outre ces tributs, la république Romaine tiroit un revenu des paturages appellé *Scriptura*, elle tiroit un revenu ſur les marchandiſes appellé *portorium*, & elle tiroit un revenu ſur les eſclaves appellé *viceſimæ manumiſſorum*.

Portoriis Italiæ ſublatis..... quod vectigal ſupereſt præter viceſimam. (Cic. ep. ad Att.)

Les Romains faiſant vendre le ſel au profit de la république: cet impôt, qui commença l'an de Rome 548, devint ſucceſſivement une des branches conſidérables du revenu de la république.

Les Romains faiſoient exploiter les mines au profit de la république. Polybe cité par Strabon apprend que de ſon temps il y avoit quarante mille hommes occupés aux mines de Carthagene (*Rollin*, *hiſt. Rom. dig. ſur les publ.*)

(*q*) *Coloni cenſiti*, *coloni cenſibus duntaxat adſcripti*, inſcrits ſur les regiſtres du cens. (Cod. l. XI. t. XLIX).

Dans le titre du code, *de agricolis & cenſitis & colonis*, on diſtingue les agriculteurs libres & attachés à la glebe; ces derniers faiſoient partie du fonds ou de

censiti, *adscriptitii*, *coloni*, *glebæ addicti*, *inquilini* (*r*), *arimanni*, *conditionales*, *originarii*, *tributales*.

M. l'abbé Dubos a démontré que les cités Gauloises avoient deux especes de revenus (*s*), celui qu'elles tiroient de leurs biens patrimoniaux ou des biens de la commune, & celui qu'elles tiroient des octrois que le prince leur permettoit de lever, ainsi que l'attestent les loix des empereurs concernant ces octrois; & l'on voit, dans les lettres de Pline à Trajan, que les villes employoient leurs revenus, soit à acquétir, soit à construire des bâ-

---

l'immeuble dans le cadastre, & sont distingués des serfs domestiques qui faisoient partie du mobilier.

Agricolarum alii sunt adscriptitii & eorum peculia dominis competunt, alii vero tempore annorum triginta coloni fiunt liberi manentes cum rebus suis. (Cod. l. XI. t. XLVII).

Adscriptitii ne s'entend pas seulement des serfs attachés à la glebe; ce mot s'entendoit de tous les serfs inscrits sur les registres du cens. Cependant Budée l'entend des serfs attachés à la glebe: *adscriptitii dicuntur illi quos villanos vocamus quod villæ adscripti & colonariæ conditioni addicti aut ipsi sunt aut eorum majores fuerunt. Adscriptitius*, dit le même Auteur, *non multum a servo differebat qui scilicet cum terrâ & possessionibus vendi poterat ut servi cum peculio.*

Coloni censiti licet respectu aliorum sint liberi, tamen quod ad personas dominorum quibus tributa præstant quâdam servitute tenentur adscripti. (Cod lib. XI. t. XLIX.)

Servus qui coloniæ adscriptus est ad periculum coloni pertinebit. (Juris. Paul.)

(*r*) *Inquilinus* signifioit *louager*.

(*s*) Hist. crit. de l'étab. de la monarchie Françoise, liv. I. ch. III.

timens & des monumens publics, soit à donner des spectacles.

Les cités gauloises avoient des milices auxquelles les empereurs eurent plusieurs fois recours dans leurs guerres particulieres. Ces cités eurent des guerres à soutenir entr'elles, même pendant le temps où elles étoient sous la domination romaine, suivant le rapport de Tacite (*t*).

M. l'abbé Dubos a fait des recherches intéressantes sur les revenus que les empereurs tiroient des Gaules (*u*). Il a reconnu que tout le pays des Gaules étoit sujet à l'impôt sous Auguste & ses successeurs; mais il n'a pas remarqué la différence dont nous venons de parler entre les cens que payoient, ainsi que toute l'Italie, les provinces qui en dépendoient, & le tribut de conquête auquel ont été assujetties les villes vectigales.

Les revenus des empereurs & de la république de Rome consistoient dans le produit des terres envahies, dans le produit de la taxe sur les terres & de la capitation ou de la taxe personnelle, à laquelle les vaincus ont été assujettis; dans le produit des charges publiques, telles que les corvées pour le transport des denrées, pour l'entretien des chemins, & les obligations de prêter aux voyageurs ou aux émissaires du gouvernement, & de fournir des hommes pour recruter les troupes; dans le produit des gabelles, des douanes & des mines, enfin dans quelques revenus casuels.

Tous les historiens rapportent que les Romains

(*t*) Hist. liv. II.

(*u*) Hist. crit. de l'étab. de la mon. Fr. liv. I. ch. XI & suivans.

s'appropriolent une partie des terres conquises; ces terres étoient divisées en deux lots, dont l'un servoit à rembourser les frais de la guerre, & dont l'autre faisoit partie du revenu public.

Les terres du domaine public étoient affermées moyennant une redevance, ou concédées aux cultivateurs sous les conditions serviles dont nous avons parlé. On percevoit un droit appellé *scriptura* sur le bétail qui étoit nourri dans les pâturages dépendans de ce domaine.

Les métaux & les pierres appartenoient de droit à l'état, qui tiroit un revenu de l'extraction de ces minéraux.

Tout propriétaire de fonds de terre étoit sujet, à raison de ce fonds, à la taxe appellée *jugeratio*, que l'on présume avoir été égale au vingtieme du produit. Cette taxe étoit sujette à des augmentations qu'on appelloit superinductions, & qui étoient réglées à la fin des indictions ou des révolutions de quinze années.

La taxe sur les terres étoit celle que les Romains appelloient *indiction*, parce que les rôles & dénombremens sur lesquels on faisoit la perception se renouvelloient tous les quinze ans. Ces dénombremens contenoient, à l'article du nom de chaque propriétaire, l'état de toutes ses propriétés foncieres, de leur situation & de leur valeur, des champs, des vignes, des vergers, des oliviers, des prés, des pâturages, des bois, des serfs & de leur âge, de leur pays & de leur capacité, enfin des colons & des fermiers (*x*).

L'indiction étoit le terme de quinze années;

(*x*) ff. l. L. t. XV.

l'impoſition prenoit tantôt le nom d'indiction de ce terme, tantôt celui de cens du nom des dénombremens.

Pluſieurs loix parlent des ſuperindictions ou des crues d'impoſition ordinaire. Une loi de Théodoſe le grand porte que les ſujets ne pourront être contraints à payer aucune ſuperindiction ſur de ſimples ordres du préfet du prétoire, ſans un ordre émané de l'empereur (*y*).

Une loi d'Honorius & de Théodoſe le jeune porte que les ſuperindictions ſeront payées conformément aux droits du canon, c'eſt-à-dire, au marc la livre de l'impôt ordinaire (*z*).

Une loi de Théodoſe le jeune & de Valentinien III porte que les terres dont jouiſſoient les ſoldats ou les bénéfices ne ſeront point exempts de ſuperindictions (*a*), *cum omni jure ſuo*, avec toutes leurs dépendances, beſtiaux, &c.

M. l'abbé Dubos a conclu de cette loi que les bénéfices étoient ſujets aux impôts; il me ſemble au contraire que c'eſt parce qu'ils étoient exempts de l'indiction qu'il a été rendu une loi exprès pour les aſſujettir aux impôts extraordinaires. Lorſque le ſouverain concede une ſolde, il n'eſt pas naturel qu'il impoſe ordinairement une taxe ſur cette ſolde, ce ſeroit retirer d'une main ce qu'il donne de l'autre; mais dans les beſoins extraordinaires, il faut que tous les ſalariés du ſouverain contribuent, ainſi que tous les producteurs.

D'ailleurs, pluſieurs loix portent poſitivement

(*y*) Cod. l. X. t. XVIII.
(*z*) Cod. l. X. t. XVII.
(*a*) Cod. lib. XI. t. LXXIV.

(*b*), que les terres possédées par les guerriers romains seront exemptes des charges publiques.

L'indiction étoit levée non-seulement sur les immeubles (*c*), & en raison des richesses (*d*), mais encore sur l'industrie (*e*), sur les meubles (*f*) & sur les rentes (*g*).

Une loi de Théodose le jeune & Valentinien III porte: „ Nous vous enjoignons de notifier aux „ provinces avant le temps de l'échéance du pre- „ mier terme de chaque indiction, à quoi se mon- „ te la taxe que chacune d'elles doit supporter „ durant l'indiction, afin que les propriétaires des „ fonds puissent apprendre d'avance, & non par „ un commandement odieux, ce qu'ils auront à „ payer par chaque année ".

Une loi du digeste porte que les champs doivent payer l'impôt dans leur territoire (*h*). Les pays vaincus payoient la capitation, toutes les cotte-parts étoient égales. Les esclaves qui payoient la capitation, & qui ne payoient point le cens, étoient appellés *capite censiti*, parce qu'ils n'étoient

---

(*b*) Cod. lib. XI. t. LIX. Novel. Theod. de Ambitu & locis limit. t. XXXI.

(*c*) ff. l. L. t. XV. Cod. l. IV. t. XLVII.

(*d*) *Civilia munera per ordinem pro modo fortunarum sustinenda sunt* (Cod. l. X. t. XLI.) *Pro modo substantiæ* (Cod. l. VII. t. LXI.) *Pro portione suæ possessionis jugationisque.* (Cod. l. X. t. XLVIII.) *Indictiones non personis sed rebus indici solent.* (Cod. l. X. t. XVI.)

(*e*) *Pro viribus singulorum.* (Cod. l. VIII. t. XII.)

(*f*) *Tributa præterea quæ vel pro prædiis aut moventibus deberi & reddi necesse est.* (ff. l. XXXIII. t. II.

(*g*) ff. l. L. t. I. t. IV.

(*h*) ff. l. L. t. XV.

inſcrits ſur le regiſtre du cens qu'à raiſon de leurs perſonnes, & non à raiſon de leurs biens. Chaque contribuable ne payoit point une tête, mais le nombre des têtes impoſé étoit réparti entre les contribuables, ainſi que le nombre des têtes remis par les empereurs, & pluſieurs perſonnes payoient une tête.

Outre le ſervice des corvées & des recrues il falloit ſouvent fournir des chevaux pour ſuppléer au ſervice des maiſons de poſte établies ſur les grandes routes.

Les empereurs & la république percevoient des droits ſur les ventes de province à province; il y avoit des douanes établies aux frontieres & aux paſſages des fleuves & des rivieres, pour l'acquittement de ces droits; on croit que la perception étoit du huitieme du prix des denrées. Toutes les productions vendues dans les marchés étoient taxées au quarantieme denier. Les eſclaves mêmes étoient compris dans les objets dont la vente étoit taxée.

Outre les bureaux de douanes impériales, le Souverain accordoit encore aux cités la permiſſion d'en établir de particulieres pour la perception des octrois dont nous avons déja parlé. Enfin les revenus caſuels des empereurs conſiſtoient principalement dans les dons gratuits des villes & dans les produits des confiſcations & des ſucceſſions.

Quoique dans l'origine de la république romaine l'impôt ait été perçu avec la plus grande ſimplicité ſous le nom du cens ou de l'indiction, qui étoit exigée de tous les ſujets en raiſon de leurs richeſſes, les guerres & les dépenſes extraordinaires dont les Romains furent accablés leur firent imaginer d'intervertir l'ordre établi dans cette perception par leurs ancêtres en créant divers impôts qui vers la fin de la république avoient déja constitué, ainsi que parmi nous, un systême de finances.

Les Romains paroissent avoir été les inventeurs des méthodes de percevoir les revenus publics de la maniere la plus indirecte, la plus disproportionnée & la plus contraire aux droits de propriété. Le trésor public & celui de l'empereur étoient enrichis du produit des gabelles, des mines d'or, d'argent & de plomb exploitées en Espagne, des douanes, des riches butins que les armées rapportoient de leurs brigandages, des subsides énormes de froment, de graines, de comestibles & de consommations que l'empire tiroit de la Sicile, de l'Afrique, de Barbarie, d'Egypte & des autres provinces conquises. Le trésor s'enrichissoit encore des tributs sur la vente & l'affranchissement des esclaves, du centieme denier des biens vendus, du vingtieme des successions collatérales exigé par Auguste (*i*), qui ordonna que les testamens n'auroient point d'exécution s'il n'y avoit pas un legs pour l'empereur, & d'une multitude d'impôts, dont César dit ce qu'on peut appliquer aux regnes financiers de notre monarchie, *qu'il suffisoit d'avoir trouvé des noms* ou des prétextes *pour tirer de l'argent des peuples* (*k*).

Les personnes pouvoient être divisées chez les Gaulois en propriétaires des fonds appellés *prædia*,

(*i*) Suet. vie d'Auguste.

(*k*) *Cæs. de bello civil. l.* III.
In capita singula servorum ac liberorum tributum imponebatur: colonaria, ortiaria, frumentum, milites, remiges, arma, tormenta, vecturæ imperabantur. (idem)

en officiers romains jouissans de bénéfices, en colons envoyés par la république, & en esclaves attachés à la terre & domestiques.

Les propriétaires étoient divisés en trois ordres de citoyens; le premier ordre étoit composé de sénateurs; le second étoit composé des curiales & possesseurs, c'est-à-dire des propriétaires qui entroient dans les assemblées de la curie (*l*), & des simples possesseurs sans fonction publique; le troisieme étoit composé des artisans, ce dernier ordre s'appelloit *collegia opificum.* Ces ouvriers & artisans avoient été institués en corps de communauté par Alexandre Sévere (*m*).

On envoyoit les pauvres citoyens en colonie dans les domaines publics, ou bien on affermoit ces domaines avec les esclaves qui en faisoient partie, moyennant une redevance que l'on appelloit ainsi que le tribut de conquête *vectigal.*

Les esclaves n'étoient inscrits dans le cens que comme faisant partie du fonds ou comme domestiques. Ceux qui ne s'y faisoient pas inscrire étoient faits esclaves (*n*). Il étoit juste que des

(*l*) On nommoit dans les curies un décurion qui étoit chargé de la rédaction du canon ou du rôle des impositions, & de sa perception sous l'inspection des officiers du prince qui ont été appellés comtes. Les Romains à l'instar des peuples de la Germanie avoient regardé les grands de la cour comme compagnons du prince, *a comitatu principis*, suivant l'expression de Tacite: les grands envoyés dans les provinces conserverent ce nom qui devint le titre de leurs fonctions & de leur dignité. L'empereur Adrien avoit nommé un conseil dont les membres avoient le nom de comtes.

(*m*) Lamprid. in al. sev.

(*n*) Den. d'Halicarn. liv. IV. *Cic. in orat. pro Cæcinnâ.*

citoyens qui auroient voulu éviter de contribuer aux dépenses nécessaires à la protection générale perdissent leurs droits de citoyens. Si l'on renouvelloit dans les états modernes un cens ou une description générale constatant l'état & la propriété des citoyens pour régler les contributions, il seroit juste que les propriétaires ne pussent réclamer la protection souveraine qu'en faveur des biens déclarés & décrits dans le cens, & qu'ils n'obtinssent des officiers publics que la conservation de ces biens.

Les fonds publics appellés *fiscalia* étoient donnés à titre de bénéfice aux soldats romains ou aux officiers publics, & les citoyens envoyés en colonie n'étoient souvent eux-mêmes que de vieux soldats auxquels on accordoit une portion de ces fonds pour récompense.

Il y avoit dans les Gaules trois especes de terres, les terres patrimoniales, les terres vectigales & les terres fiscales.

Les terres patrimoniales étoient possédées en pleine propriété.

Il y avoit différentes especes de terres vectigales : les unes étoient celles que les Romains laissoient aux vaincus sous différentes charges (*o*), les autres étoient celles que le domaine cédoit à des cultivateurs ou à des colons à charge d'une

---

(*o*) M. Rollin dit dans son histoire romaine que *les Romains s'emparoient des terres conquises, & les bailloient moyennant une redevance.* C'étoit sans doute à l'ancien propriétaire que cet historien entend qu'ils les bailloient ; les Romains rendoient tributaires les terres conquises.

rente annuelle (*p*) ; les propriétaires de ces dernieres étoient appellés dans le droit romain emphitéotes.

La loi 12 du code *de fundis patrimonialibus* dit que les possesseurs sont *fundorum domini*, & parle *de emphiteuticariis patrimonialibus*, des emphitéoses dépendans du domaine du prince qui différoient des autres emphitéoses en ce que le bailleur avoit la propriété & le prince la rente, & en ce que les terres pouvoient être aliénées sans le consentement du prince sauf la rente due (*q*), au lieu que les autres emphitéotes ne pouvoient aliéner leurs droits que du consentement du prince (*r*), d'où il suit qu'il y avoit dans les domaines publics des *colons libres tributaires* & des *colons assujettis*, ces derniers étoient sans doute les colons des terres conquises.

Le tribut *vectigal* différoit du prix des baux appellé *pensitatio*, *seu auraria*, *seu frumentaria*.

Les fonds tributaires ne différoient en rien quant à la propriété d'avec les fonds qui étoient *juris italici* (*s*) ; la propriété de ces fonds étoit sujette à prescription, mais le tribut n'y étoit pas sujet. Ce tribut peut être regardé comme un revenu domanial, il différoit donc du cens que les Romains percevoient sur toutes les personnes en

---

(*p*) *Agri civitatum alii vectigales vocantur, alii non. Vectigales vocantur qui in perpetuum locantur, id est hâc lege ut tamdiu pro his vectigal pendatur, quamdiu neque ipsis qui conduxerint, neque his qui in locum eorum successerunt auferri, eis liceat.* ff. l. VI. t. III.

(*q*) Cod. l. XI. t. LXI.

(*r*) Cod. l. IV. t. LXVI.

(*s*) Institut. l. II. t. I.

raiſon de la valeur de leurs biens ou de leurs revenus.

Les empereurs avoient différens officiers dans les Gaules. Avant Conſtantin le ſénat nommoit des proconſuls, & l'empereur des préſidens pour le gouvernement des grandes provinces. Les gouverneurs des petites provinces s'appelloient *procuratores* (*t*).

Les gouverneurs des provinces gauloiſes recevoient tous les ordres du préfet du prétoire ou du chef des cohortes prétoriennes qui pouvoit être regardé comme le premier miniſtre de l'empereur. Ces gouvernemens étoient en même temps civils & militaires.

Depuis Conſtantin l'office de préfet du prétoire fut diviſé, & chacun des préfets eut pour département une partie des provinces de l'empire. Les offices dans les provinces furent diviſés en civils & militaires; il y eut des comtes, des généraux de la cavalerie & des généraux de l'infanterie diſtribués dans les différens diſtricts: ces généraux étoient appellés ducs (*u*). Il y avoit dans les villes ou diſtricts des comtes civils ou militaires ſubordonnés aux proconſuls & aux ducs, les comtes commandoient aux tribuns, quelquefois les comtes avoient une puiſſance proconſulaire.

L'office de préfet du prétoire étoit la premiere dignité civile pour la juſtice, la police & les finances; le préfet des Gaules étoit auſſi appellé le

(*t*) Cod. l. VII. t. XXXIX.

(*u*) On avoit cédé aux ducs & aux comtes des terres autour de leurs quartiers. (Hiſt. du bas Empire. T. I.)

vicaire des dix-ſept provinces, dont ſix étoient proconſulaires & onze préſidentales.

L'empereur envoyoit dans les provinces des officiers extraordinaires pour des miſſions particulieres: ces officiers étoient appellés *legati cæſaris*, *legati imperiales*, *judices diſcurrentes* (x).

Il y avoit dans les différens diſtricts des tréſoriers, des directeurs des monnoies & des manufactures d'armes, d'étoffes de ſoie, d'étoffes de laine & de toile.

Les Romains avoient envoyé des préfets pour rendre la juſtice dans les villes qui avoient été ſubjuguées & à qui on avoit ôté les droits municipaux.

Tel étoit l'état des Gaules lorſque les barbares firent des incurſions dans leurs pays.

(x) Code Théodoſien.

CHAPITRE QUATRIEME.

De la propriété des François après l'invasion des barbares.

TRois peuples barbares ſe ſont introduits dans les Gaules; les Viſigots au midi, les Bourguignons à l'orient & les Francs dans le nord-oueſt. Ces peuples ſont-ils entrés en conquérans, ou ont-ils été appellés par les Gaulois pour les délivrer de la tyrannie romaine? ou ont-ils été admis par les Gaulois-Romains pour les préſerver des perſécutions & des incurſions des autres peuples barbares?

Il eſt conſtant que leurs chefs ont eu les droits de ſouveraineté, & que les barbares eurent des terres dans les Gaules. Les barbares n'ont pas pénétré dans les Gaules pour y ſubir le joug des Romains. Si leurs chefs ont été quelques inſtans officiers de l'empereur romain, c'eſt parce qu'il répugnoit à des peuples encore imbus des premiers principes de la morale la plus ſimple de n'avoir d'autre titre que l'uſurpation: d'ailleurs leurs expéditions n'étoient pas toujours auſſi heureuſes qu'ils le deſiroient; leurs guerres ont été longues, leurs attaques ont été multipliées & répétées; s'ils étoient ſouvent vainqueurs, ils étoient quelquefois repouſſés. Pour terminer ces guerres, la politique des chefs barbares les détermina à accepter des conditions que la foibleſſe des empereurs les détermina à offrir en attendant que le temps ou des circonſtances plus heureuſes les rendiſſent maîtres de l'autorité indépendante.

En confidérant l'hiftoire de l'Europe on peut jouir du fpectacle de la civilifation des peuples, on voit les hommes commencer leurs premieres fociétés & fe procurer leur fubfiftance par la chaffe. C'eft dans ces temps de courfes, de fatigues, d'attaque & de défenfe, que l'homme s'endurcit & prépare fes forces aux expéditions qui doivent l'engager dans un autre genre de vie. Les petites guerres particulieres que les chaffeurs foutiennent entre eux ou avec les fociétés voifines les accoutument infenfiblement à étendre l'effet de leurs armes, & à porter leurs forces vers des lieux où la civilifation a fait plus de progrès. Là ils trouvent des agriculteurs, & ils uniffent leur fort avec ces nouvelles fociétés : bientôt après les peuples agriculteurs fe portent vers des pays plus civilifés ; ils attaquent des provinces éloignées & dépendantes d'un fyftême régulier d'adminiftration, enfin ils pénetrent jufqu'au fein même de l'empire. Dans ces différentes invafions les barbares ont apporté chez les peuples civilifés leurs mœurs premieres, leurs vertus & leurs vices : ils avoient les vertus auxquelles l'ambition & l'intérêt ne portent point atteinte dans la fimplicité des premieres fociétés, & ils avoient les vices que la foif du fang, l'ardeur du carnage & l'habitude des combats, infpirent à des fociétés guerrieres.

M. Robertfon, dans fon introduction à l'hiftoire de Charles Quint, compare les mœurs des Germains à celles des fauvages de l'Amérique, & trouve des reffemblances frappantes dans leurs conftitutions morales. Les hommes placés dans les mêmes circonftances doivent avoir en effet les mêmes mœurs & fe montrer fous la même maniere d'être. On retrouve chez les Américains le *fachem* ou chef d'une d'une tribu, le conseil du sachem; on retrouve le même goût pour la chasse & pour la pêche dans les hommes, & le même goût pour les occupations sédentaires & champêtres dans les femmes, le même esprit de liberté & d'indépendance, la même autorité limitée dans le chef de chaque tribu & dans les magistrats civils, la même ardeur (a) pour la vengeance des injures & les mêmes compositions qui avoient lieu chez les Germains.

Lorsque les Romains, les Gaulois, les barbares & leurs différentes tribus, parlant des langues ou des idiomes différens, se sont réunis, & qu'ils ont désigné les mêmes choses par des noms différens, ou des noms qui n'avoient que des différences de prononciation, la langue générique s'est trouvée le résultat de toutes ces expressions particulieres. Ce

---

(a) Cet esprit de vengeance que les nobles seuls avoient droit d'exercer s'est soutenu avec beaucoup de vigueur dans les premiers siecles de la monarchie, & a donné lieu à toutes ces guerres particulieres que les vassaux & arriere vassaux soutenoient entre eux, & à ces combats singuliers que le prince étoit obligé de permettre. Les guerres particulieres diminuerent insensiblement soit par l'effet des compositions, soit par la publication des révélations, soit par le moyen des ligues politico-superstitieuses formées par les prélats & les barons sous le nom de confrairies de Dieu, soit par les ordonnances des rois qui d'abord en retardoient l'exécution, ensuite les ont interdites dans quelques circonstances, comme lorsqu'on étoit en guerre avec les ennemis de l'état, & enfin les ont abolies. Les combats singuliers subsistent encore parmi nous, & sont tolérés par l'autorité, quoiqu'ils aient pris source dans la barbarie de nos ancêtres, ainsi que dans celle des sauvages dont on nous a décrit les mœurs.

mêlange de langues ou d'idiomes n'a pas peu contribué à induire plusieurs auteurs en erreur sur les significations & par une suite inévitable sur les faits, & à couvrir de ténebres l'histoire des premiers temps de la monarchie françoise. Cependant on est souvent parvenu à découvrir la vérité parmi ces ténebres; nous allons faire ensorte d'y découvrir le plus de lumieres qu'il nous sera possible.

Nous diviserons le temps de la monarchie en trois époques: la premiere comprendra depuis l'invasion des barbares jusqu'à l'établissement du systême féodal; la seconde depuis cette époque jusqu'au renouvellement des impôts; dans la troisieme époque nous traiterons du renouvellement des impôts.

PREMIERE ÉPOQUE.

Depuis l'invasion des barbares jusqu'à l'établissement du systême féodal.

LES chefs des barbares se sont-ils emparés des pays où ils ont fait des incursions, ou se sont-ils emparés seulement des droits de souveraineté que possédoient les empereurs (*b*)? Cette question de

(*b*) Charlemagne regardoit les François comme vainqueurs des Gaulois; car voyant un jour des Francs qui portoient des habits appellés *braccæ*, il s'écria: *en liberos Francos qui eorum quos vicere vestimenta in auspicato usurpant*, & il défendit à ces Francs de continuer à porter ces habits.

ſait tient à une queſtion générale du droit des gens : les terres conquiſes appartiennent-elles ſuivant le droit de la guerre au chef des vainqueurs ou aux vainqueurs ; ou ce chef n'a-t-il ſeulement que les droits qui appartenoient au Souverain précédent ? Pour réſoudre cette queſtion ſuivant le droit, il faut ſuppoſer d'abord que la guerre eſt fondée ſur des cauſes légitimes ; le droit des gens ne peut traiter que des guerres légitimes. Si les vaincus ſouffrent que tout ſoit mis à feu & à ſang, & qu'il n'y ait pas de conventions générales entre les nations, tout appartient aux vainqueurs : ſi les vaincus ſe rendent, les droits dépendent de la capitulation. Si les pays conquis appartiennent aux vainqueurs, la diſtribution entre le chef & les ſoldats dépend de l'autorité du chef ; ſi ce chef eſt deſpote, tout lui appartient ; mais le deſpotiſme eſt une uſurpation, & les droits uſurpés ſont nuls.

Le but de la guerre ne doit être que d'ôter aux attaquans (*c*) les droits de ſouveraineté dont ils ont abuſé ; l'intérêt des vainqueurs ne conſiſte qu'à reprendre les droits du ſouverain qu'ils dépoſſedent ; la ſouveraineté ne proſpere que par la proſpérité des richeſſes particulieres, & les richeſſes particulieres ne proſpérent que par la conſervation des droits particuliers. L'intérêt du vainqueur eſt de conſerver le pays qu'il ſoumet dans l'état le plus floriſſant ; s'il détruit tout pendant la conquête, ou s'il s'empare de tout après la victoire, il regne ſur des déſerts, ou monte ſur le trône en deſpote. La puiſſance

(*c*) Dans toutes les guerres il n'eſt pas toujours conſtaté quel eſt l'attaquant.

du despote sera toujours inférieure à celle du monarque.

Les peuples ont établi une différence entre subjuguer & conquérir. Les Romains, dont les droits de conquête n'étoient fondés sur aucune raison légitime, ne cherchoient qu'à subjuguer ou à réduire sous leur domination. Leurs guerres n'étoient fondées que sur l'ambition d'aspirer à l'empire universel. Ils se présentoient en maîtres, & sur le refus de plier sous leur joug ils se présentoient en conquérans, alors ils s'emparoient des terres & des hommes, ou ils leur imposoient des loix en raison de la résistance qu'ils avoient éprouvée; les Romains s'attribuoient les droits de conquête lorsque l'on refusoit de plier sous leur joug. Les barbares se sont répandus dans l'empire romain dans le dessein de s'établir & de posséder, & leurs chefs dans le dessein de régner sur les cantons qu'ils habiteroient. Ces chefs n'étoient point des despotes suivant le témoignage de Tacite (*d*), c'étoient des monarques élus par le peuple, & qui présidoient comme le premier magistrat civil plutôt qu'ils ne dominoient en maîtres.

Les barbares firent leurs invasions dans l'intérieur des Gaules vers le cinquieme siecle. Les Bourguignons passerent le Rhin & s'établirent sur la rive de ce fleuve vers l'an 413 sous l'empire d'Honorius. Aétius, général romain, traita avec eux, & leur abandonna la jouissance de la premiere Germanique. Ils s'étendirent ensuite dans les Gaules; ils s'emparerent de la premiere Lyonnoise, &

(*d*) *De minoribus rebus principes consultant, de majoribus omnes.* (Tac. de mor. Germ.)

ils conquirent la province marseilloise sur les Visigots. Les Bourguignons furent dans la suite soumis par les enfans de Clovis, Childebert, Clotaire & Théodebert, qui partagerent les états du roi Gondemar.

Les Bourguignons eurent des terres qu'ils posséderent en qualité d'hôtes de l'empire (*e*); il y eut un partage de terres (*f*) qui fut fait & réglé par les principaux Bourguignons d'une part, & par les sénateurs des cités gauloises de l'autre, l'an 456 (*g*); la loi des Bourguignons démontre qu'ils eurent les deux tiers des terres, & le tiers des serfs (*h*) lors du premier partage; mais il fut statué par un nouvel article que les Bourguignons transplantés depuis le premier partage ne prendroient que la moitié des terres, & que les Romains conserveroient l'autre moitié avec tous les esclaves (*i*).

Les Gots se répandirent dans le midi, les Visigots vers le couchant, & les Ostrogots vers l'orient en Italie. Ce fut sous différens rois que les Visigots parvinrent à s'établir dans les Gaules méridionales, & par différens traités de paix qu'ils obtinrent la Narbonnoise premiere & les trois Aquitaines, le Toulousain, le Bordelois, le Périgord, la Saintonge, l'Aunis, l'Angoumois & le Poitou. Les états d'Euric (*k*), septieme roi depuis Alaric I qui s'in-

---

(*e*) Proc. de bell. got. l. I. c. XIII.

(*f*) Nous verrons bientôt quelles étoient les terres qui furent ainsi partagées.

(*g*) Mar. avent. chr. ad ann. 456.

(*h*) Loi des Bourg. t. LIV. §. I.

(*i*) Add. à la loi des Bourg. art. XI.

(*k*) Ce fut sous le regne de ce prince que fut rédigée la loi des Visigots en 470.

troduisit le premier dans les Gaules, étoient bornés par la Loire, le Rhône, la Méditerranée, les Pyrénées & l'Océan.

Les Visigots eurent, ainsi que les Bourguignons, les deux tiers des terres & le tiers des serfs (*l*) dans un partage qu'ils firent avec les Romains. Ceux-ci conserverent le tiers des terres & les deux tiers des serfs, & ces parts furent distinguées en *sortes romanæ* & *sortes gothicæ*.

Les Visigots régnerent jusqu'en 507 où Clovis conquit l'Aquitaine & la ville de Toulouse capitale de leur royaume. Les Visigots établirent leur capitale à Narbonne, mais ce qui restoit fut chassé par les Sarrasins qui le furent eux-mêmes par Eudes duc d'Aquitaine & par Charles Martel & ses descendans.

Les premiers rois des Francs, des Saliens & des Ripuaires, firent plusieurs expéditions & plusieurs établissemens dans les Gaules, mais on ne date la fondation de la monarchie que depuis le regne de Clovis. La victoire que ce prince remporta sur Siagrius, général romain en 486, celles qu'il remporta sur les Allemands, les Visigots & les Bourguignons & sur les rois des autres tribus, le rendirent maître des Gaules; cependant ce prince ne fut pas tellement indépendant de l'empire qu'il n'en eut reçu d'Anastase, empereur d'Orient, le titre & les ornemens de patrice, de consul & même d'auguste (*m*); si ces titres ne lui accordoient pas

(*l*) Loi des Visig. l. X. t. VIII.

(*m*) Ces ornemens consistoient dans un bâton surmonté de l'aigle romaine, & les habits consulaires tels qu'on les voit au portail de St. Germain des Prés (*Mon. de la monarch. franc.* t. I.)

la pleine & indépendante souveraineté des états dont il avoit été proclamé roi, ou dont il avoit acquis la couronne par le sort des armes, ils étoient au moins des signes certains & des garants de la foiblesse des empereurs qui, ne pouvant chasser les barbares des pays de leurs invasions & forcés d'abandonner les droits réels de la souveraineté, cherchoient à conserver quelques monumens de leur vaine supériorité.

Il n'est pas démontré que les Francs aient fait de partage dans les terres des Gaulois; ce partage n'est démontré que relativement aux Bourguignons, aux Visigots, aux Vandales & aux autres barbares qui s'établirent sur les débris de l'empire romain; mais il y a lieu de croire que les Francs ne furent pas à cet égard plus modérés que tous les peuples du nord, & qu'en s'établissant dans les Gaules ils y ont réellement possédé des biens héréditaires, outre les parts que les officiers ou soldats eurent à titre de solde annuelle sur les terres fiscales: cela paroît d'autant plus certain qu'il seroit difficile de se persuader que les Francs qui occuperent les premieres places de la couronne n'eussent été que des salariés, tandis que les Gaulois & les Romains étoient des propriétaires de terres.

Les barbares n'avoient pas une propriété pleinement libre sur les lots qu'ils eurent dans les partages, ainsi qu'il est démontré par deux articles de la loi des Bourguignons. Le premier article (*n*) excepte des biens dont on peut disposer les terres acquises *titulo sortis*, & confirme à ce sujet le régle-

(*n*) Loi des Bourg. T. I. art. I.

ment d'une loi antérieure que nous n'avons plus. Le second article, fondé sur ce que les Bourguignons disposoient trop facilement de leurs lots, leur défend de les vendre, si ce n'est à un Bourguignon ayant déja une possession ou un lot (*o*), ou à un Romain déja établi dans les Gaules.

Les propriétés des barbares furent distinguées en biens propres, en biens cédés héréditairement à charge du service militaire, & en biens cédés annuellement à titre de solde des emplois civils & militaires.

Les biens propres furent appellés *alleux* (*p*); ces biens furent distingués des biens concédés héréditairement que l'on appelloit *sortes* chez les Bourguignons & les Visigots, & *terres saliques* chez les Francs (*q*), & des biens du fisc donnés annuel-

---

(*o*) *Nisi illi qui alio loco sortem aut possessionem habet.* (Lex. Burg. t. 84.)

(*p*) *Allodium est cujus possessor nemini leudes est.*

Dans la Loi Salique les termes *allodium* & *patrimonium* sont synonimes. Bollandus définit ainsi l'alleu: *est allodium, prædium seu quævis possessio libera jurisque proprii & non in feudum clientelare accepta.*

La Loi Salique a un titre exprès *de alode*, où elle statue sur la maniere de succéder aux alleux, c'est-à-dire, aux biens propres & héréditaires.

Possessor ob allodium nemini fidem & clientelam debet. (ex Hottomano.)

Aprisiones étoient des terres concédées héréditairement, & qui différoient des alleux en ce que les héritiers demandoient au prince la confirmation de leur possession; c'étoient sans doute les lots des partages.

(*q*) La Loi Salique fait une distinction des alleux & des terres saliques. Les mâles & les femelles sont appellés à la succession des alleux, & les mâles seulement à celle des terres saliques. (*Loi Salique*, t. 62.)

lement en bénéfices moyennant le service d'un emploi public (*r*).

M. l'abbé Dubos pense que les terres saliques furent des bénéfices (*s*); cette opinion n'est pas exacte; les terres saliques ne peuvent être confondues avec toutes sortes de bénéfices; la loi statue

---

(*r*) Suivant la maxime, *Beneficium datur propter officium.*

On lit dans les capitulaires: *quicumque ex his qui beneficium principis habent, parem suum contra hostes in exercitu pergentem dimiserit & cum eo ire vel stare noluerit, honorem suum & beneficium perdat.* (Cap. Car. mag. l. III. c. LXXI.) On en a conclu que *honor* étoit synonime de *beneficium*: il y a plus de vraisemblance que *honor* signifioit la dignité ou l'emploi, & *beneficium* le salaire de l'emploi. *Honos* chez les Latins a souvent été employé comme synonime de *magistratus*. Les biens fiscaux étoient donnés en propriété ou à titre de jouissances. (For. Marc. XVII. l. 1.)

Grégoire de Tours fait la distinction des alleux & des bénéfices. (L. IX. c. XXXVIII.)

Le comte Everard, gendre de Louis le Débonnaire, dans son testament distingue ce qu'il possede *proprietate & beneficio* (Aub. mir. diplom. lovan. 1723. p. 19.)

Jérome Bignon expliquant ces paroles de Marculphe, (qui vivoit du temps du Roi Dagobert) *aut super proprietate, aut super fisco*, dit: *his verbis duæ notantur bonorum species & maxima rerum divisio quæ eo sæculo recepta erat, quod ex cap. 33 colligi potest; omnia namque prædia aut propria erant aut fiscalia: propria seu proprietates dicebantur quæ nullius juri obnoxia erant sed optimo jure possidebantur, ideoque ad hæredes transibant: fiscalia vero beneficia seu fisci vocabantur, quæ a rege ut plurimum, posteaque ab aliis ita concedebantur ut certis legibus servitiisque obnoxia cum vitâ accipientium finirentur.* (Big. sur Marc. l. I. c. II. apud. cap. Bal. T. II. p. 875.)

(*s*) Hist. crit. de l'ét. de la mon. fr. l. VI. ch. XIII.

ſur l'hérédité de ces terres, & l'on ne jouiſſoit du bénéfice que pendant la durée du ſervice.

De ce que *Sala* ſignifioit maiſon (*t*), M. le préſident de Monteſquieu conclut que la terre ſalique étoit le terrain qui environnoit la maiſon; il vaudroit peut-être autant en conclure que la loi ſalique eſt la loi des maiſons. Tacite décrit les cabanes iſolées des Germains & les clos que chacun avoit autour de ſa cabane. M. de Monteſquieu tranſporte ce tableau de la Germanie dans les Gaules, & les terres ſaliques ne ſont autre choſe ſelon lui que ce clos. M. de Monteſquieu fait enſorte de prouver que la loi ſalique n'exclut pas indiſtinctement les filles de la terre ſalique, mais dans le cas ſeulement où des freres les excluroient; ſes preuves ſont dénuées de fondement, la loi ſalique ſtatue ſur les alleux & ſur les terres ſaliques chacune en particulier; M. de Monteſquieu veut que les nouvelles propriétés acquiſes après la conquête ſoient des terres ſaliques. En confondant ainſi les alleux & les terres ſaliques M. de Monteſquieu découvre des uſages qui contrediſent l'article de la loi ſalique, mais *il fait taire la loi*. Les articles ſur l'hérédité des alleux appellent indiſtinctement les mâles & les femelles, enſuite la loi porte : *de terrâ vero ſalicâ in mulierem nulla portio hæreditatis tranſit, ſed hoc virilis ſexus acquirit, hoc eſt filii in ipſâ hæreditate ſuccedunt* (*u*) M. de Monteſquieu regarde la ſeconde partie de la phraſe comme une reſtriction de la loi, & il en conclut que les filles ne ſont exclues que par leurs freres. Dans la loi des

---

(*t*) Eſp. des Loix, l. XVIII. ch. XXII.
(*u*) T. LXII. §. VI.

Saxons les filles ne ſont appellées qu'après leurs freres à la ſucceſſion des alleux ; M. de Monteſquieu veut que cet article de la loi des Saxons concernant les alleux interprete l'article de la loi ſalique concernant les terres ſaliques. M. de Monteſquieu dit : „ ſi les filles par la loi ſalique avoient „ été exclues généralement de la ſucceſſion des „ terres, il ſeroit impoſſible d'expliquer les hiſtoi„ res, les formules & les chartres qui parlent con„ tinuellement des terres & des biens des femmes „ dans la premiere race ". Si M. de Monteſquieu ſe fut rappellé que dans le même chapitre il avoit rapporté l'article de la loi où les femmes ſont appellées à la ſucceſſion des alleux ainſi que les mâles, ſes hiſtoires, ſes formules & ſes chartres auroient été expliquées.

M. le préſident Hénault dit (*x*) que les terres ſaliques furent les terres envahies, & qui furent données héréditairement : cette opinion eſt beaucoup plus probable que celle de M. de Monteſquieu ; mais à qui ces terres furent-elles envahies ?

M. le ch. de Ch. dit (*y*) qu'en France quelques terres ont été cédées comme paye ſous le nom de *terres ſaliques* ou *d'alleu*, & que les plus riches *poſſeſſions* étoient données, repriſes, prodiguées, arrachées ſous le titre de *bénéfices*, & il ajoute qu'on a troqué ſes biens en *alleu* ou autrement dit ſes biens fonds contre des *bénéfices amovibles*. C'eſt confondre les notions d'une maniere d'autant moins

(*x*) Notes ſur la ſeconde race, Abrégé chron. de l'hiſt. de France.

(*y*) De la félicité pub. S. III. ch. I.

pardonnable que l'ouvrage est fait d'ailleurs de maniere à inspirer plus de confiance.

Il me paroît que les bénéfices furent donnés pour solde des emplois civils & militaires, & que les terres saliques, ainsi que les lots des Bourguignons & des Visigots, étoient les terres du fisc romain destinées à la solde des armées romaines, qui lors de la conquête avoient été partagées & dont les mâles jouissoient à charge du service militaire en général. Ces terres étant publiques il n'est pas surprenant qu'elles aient été assujetties à des réglemens en faveur du service public ; c'est pourquoi les Bourguignons n'en pouvoient disposer, & elles devoient toujours être possédées par des guerriers.

Il étoit à présumer que de pere en fils les mâles dussent rendre les mêmes services à la guerre, c'est pourquoi l'on avoit accordé l'hérédité des terres saliques de mâles en mâles, & le retour au fisc à défaut d'hoirs mâles (z): il en étoit de même des lots des autres barbares; ceux qui en jouissoient n'en disposoient pas à leur gré. La loi qui statuoit sur l'hérédité des lots a été perdue, mais on en peut juger ainsi par les deux articles que nous avons déja cités, & dont le premier défend de disposer des terres acquises *titulo sortis*, & statue que l'ordre établi par la loi antérieure sera conservé ; il y a lieu de croire que la loi avoit

(z) Ce retour au fisc est démontré dans la Loi des Bourguignons, puisque l'on ne pouvoit en disposer, mais il ne l'est pas également dans la Loi Salique; il est seulement présumable, puisque cette Loi porte que les terres dont il s'agit ne passeront dans les familles que de mâles en mâles.

réglé ces lots, ainſi que les Francs ont réglé ſur les terres ſaliques.

Les terres ſaliques & les lots étoient différens des bénéfices annuels ou à vie dont jouiſſoient les officiers ou mandataires du Souverain, & ne retournoient au fiſc qu'à défaut d'hoirs mâles: mais c'étoient des eſpeces de bénéfices héréditaires & reverſibles. Nous pouvons remarquer ici que lorſque les bénéfices devinrent héréditaires avec les emplois pour leſquels ils étoient accordés, l'eſprit des loix qui ſtatuerent ſur l'hérédité fut le même que celui de la loi ſalique qui avoit ſtatué ſur l'hérédité des terres ſaliques.

Juſqu'à préſent tous les auteurs ont dit que les Bourguignons & les Viſigots ont partagé les terres avec les Romains lorſqu'ils ſe ſont établis dans les Gaules. Cette opinion ne me paroît pas pouvoir ſe ſoutenir, lorſque l'on fait avec attention l'examen de l'état des biens que les Gaulois poſſédoient, quand les barbares firent leurs incurſions.

Ce partage, tel qu'on le ſuppoſe, ne feroit préſumable que ſous un point de vue très-reſſerré: mais il faut conſidérer quel étoit l'état de la propriété lors de ces incurſions. On ne peut ſuppoſer l'égalité de la répartition des richeſſes, & que tous les Gaulois Romains aient eu chacun une maiſon & des champs de même valeur & de même étendue pour recevoir un barbare, ainſi qu'on le prétend. On ſait que le luxe de Rome avoit étendu ſes rameaux juſques dans les Gaules: on a découvert & l'on découvre ſouvent, en creuſant la terre pour de nouvelles fondations, des monumens précieux, des édifices magnifiques dont les Gaulois avoient puiſé le goût dans les monumens de Rome & de l'Italie; on ne peut réfléchir ſur ces monumens ſans ſe convaincre de la différence qui devoit exiſter entre les cabanes & les palais, & ſans ſe repréſenter tous les bâtimens intermédiaires que les facultés des propriétaires leur permettoient de faire conſtruire; en un mot, il eſt impoſſible de ne pas ſe faire un tableau des différentes propriétés des Gaulois, des différentes maiſons & des différentes eſpeces de biens & de poſſeſſions. Lorſqu'on nous dit que chaque barbare fut placé chez chaque Romain, croit-on que l'on fit une diſtribution proportionnelle des Bourguignons & des Gaulois ſuivant leurs rangs, afin de placer les barbares puiſſans dans les palais & les ſoldats dans les cabanes. Plus on réfléchira ſur un tel partage, plus on y trouvera d'obſtacles, d'inconvéniens & de contradictions; on ne reconnoîtra plus la diſtinction des alleux & des lots; on trouvera les biens fonds des Gaulois Romains ou leurs alleux morcelés en deux parts, dont l'une prendra le nom de *ſors romana*, & dont l'autre ne ſera plus proprement héréditaire. On dira peut-être que les palais n'ont pas été partagés, mais où aſſignera-t-on les limites des maiſons partagées. D'ailleurs la loi des Bourguignons porte que les Bourguignons tranſplantés, depuis le premier partage, n'auront que la moitié des terres d'un Romain, & que le Romain conſervera l'autre moitié avec les eſclaves: or ce ſeroit ſuppoſer une injuſtice ſi l'on croyoit que, lors de l'invaſion & du premier partage, les Bourguignons ont pris les deux tiers des biens fonds d'une partie des habitans & n'ont rien pris aux autres, & que ce n'a été qu'une loi ſubſéquente qui a ravi aux ſeconds la moitié de leurs fonds.

Abandonnons cette opinion, & nous trouverons toutes les contradictions évanouies, & les citations interprétées avec probabilité : nous verrons que les barbares n'ont point attenté aux droits de propriété des biens fonds, qu'ils ont laissé les Gaulois Romains jouir de leurs alleux & de leurs possessions foncieres : mais nous verrons que les barbares se sont emparés des terres publiques, ou des biens fonds appartenans aux empereurs ou à la république. Les empereurs avoient distribué les terres que l'on appelloit *fiscales* aux guerriers ; ce sont ces terres que ces guerriers ont été obligés de partager avec les nouveaux guerriers lors de l'invasion, & c'est dans les habitations des guerriers romains, qui faisoient partie du domaine public avec le fonds, que les guerriers Bourguignons & Visigots ont été placés. Ces terres partagées ont été appellées *tertiæ sortes :* elles furent concédées sous l'obligation de servir ; les loix d'hérédité de ces terres furent réglées ; lorsque l'héritier n'étoit point guerrier ou propre au service militaire la terre devoit rentrer au fisc.

Tout prouve que les terres appellées *tertiæ* appartenoient au fisc: nous pouvons encore en confirmer la preuve par un passage dont l'interprétation, conforme à notre opinion, décidera un procès qui subsiste, ainsi que nous le verrons par la suite, entre M. l'abbé Dubos & M. de Montesquieu sur l'interprétation de ce passage.

Tel est l'article de la loi des Visigots dont il s'agit (*a*) : *judices singularum civitatum villici atque præpositi tertias Romanorum ab illis qui occupatas tenent auferant, & Romanis suâ exactione*

(*a*) L. X. t. I. l. XVI.

ſine aliquâ dilatione reſtituant ut nihil fiſco debeat deperire. M. de Monteſquieu dit que la loi porte que les juges obligeront les barbares qui ſe ſont emparés des terres des Romains de les vendre à des Romains, afin que le fiſc ne perde pas les droits de l'impôt qu'il prétend que les terres des barbares ne payoient pas (*b*). M. l'abbé Dubos prétend que la loi porte ſeulement que cette reſtitution ſera faite à condition que les impôts que les barbares payoient, pendant leur occupation, ſoient également payés par les Romains (*c*). Pour moi, tandis que ces deux athletes interprêtent chacun cette citation de la maniere la plus avantageuſe à leur ſyſtême, je l'interprête ſans ſubterfuge, mot à mot, & je ſoutiens que quelques particuliers jouiſſant des lots de quelques guerriers romains d'une maniere contraire aux loix des terres fiſcales, & le fiſc ſe trouvant ainſi fruſtré des terres qui lui appartenoient, la loi porte purement & ſimplement que les juges rendront ces terres à des guerriers romains pour que le domaine public ne ſoit point altéré & ne dépériſſe point, d'où il ſuit qu'il n'eſt pas queſtion de tribut dans cet article de la loi des Viſigots.

Avant l'invaſion des barbares il n'y avoit que les ſoldats romains qui euſſent des terres en bénéfices, les propriétaires ou les colons n'étoient pas tenus au ſervice militaire à raiſon de leurs alleux. Les barbares étoient tous ſoldats ou guerriers; tous les Francs eurent des terres ſaliques, tous les Viſigots & les Bourguignons eurent des lots.

(*b*) Eſp. des Loix, l. XXX. ch. XII.
(*c*) Hiſt. crit. de l'état de la mon. Fr. l. VI. c. XIV.

lots. Les Romains qui avoient conquis les Gaules devoient y entretenir des troupes ſoudoyées pour maintenir la dépendance des Gaulois. Ces peuples ſubjugués ne prenoient intérêt à leur Souverain que de la même maniere dont toutes les provinces conquiſes prennent intérêt au Souverain d'une métropole éloignée. Sous le regne des François les Gaulois eurent une adminiſtration intérieure; ils étoient trop foibles pour ſe la procurer par eux-mêmes ſans le ſecours des barbares: mais lorſque ceux-ci l'eurent établie, les Gaulois furent unis d'intérêt avec les barbares pour la conſerver. Les barbares ne ſe tinrent plus ſous les armes, & ils s'adonnerent à la culture ainſi que les naturels du pays, & ces guerriers cultivateurs furent chargés de la défenſe commune. Il fut réglé par les loix des barbares que les hommes libres & affranchis ſeroient tenus de prendre les armes lorſqu'ils ſeroient convoqués, & que chacun méneroit à la guerre le dixieme de ſes ſerfs bien armés (*d*).

Il paroît que les Viſigots & les Bourguignons, plus voiſins de l'Italie, avoient quelque intérêt à s'aſſurer davantage des ſoldats romains, en plaçant chaque guerrier barbare chez chaque ſoldat romain; car on pouvoit aſſigner des cantons aux Romains & des cantons aux barbares, comme il ſemble qu'il a été pratiqué chez les Francs à qui l'on a aſſigné les terres ſaliques. Il ne paroît par aucun monument hiſtorique que les Francs aient été répartis ainſi que les Bourguignons & les Viſigots; il eſt à préſumer que les terres ſaliques (*e*)

(*d*) Loi des Viſigots, l. IX. t. II. §. IX.

(*e*) Les terres du fiſc appellées terres ſaliques avoient

étoient des cantons ou des terres entiérement destinées aux Francs, & qu'il n'y eut point chez ces peuples de mêlange semblable à celui des Visigots & des Bourguignons avec les soldats romains. D'où l'on peut conclure en général que les barbares s'emparerent de toutes les terres appartenantes aux empereurs ou à la république romaine, & de tous les droits du fisc sur ces terres, mais que les Gaulois-Romains conserverent leurs propriétés foncieres (*f*).

On peut voir dans Procope, sur l'histoire des guerres des Gots & des Vandales, que ces peuples eurent pour lot des terres qu'ils ôterent aux anciens possesseurs, mais il est aisé de voir que ces terres n'étoient que les terres des soldats ou les bénéfices, par un passage de cet auteur contempo-

---

beaucoup de rapport avec les terres qui ont pris, par la suite, le nom de fief, & dont les possesseurs ont joui à charge du service militaire. Bodin disoit que dans le seizieme siecle il y eut un ancien titre produit dans un procès au parlement de Bordeaux, où le pere divise à ses enfans la terre salique que tous interprêtent les fiefs. (Bod. rép.)

(*f*) *Nam agri ex hoste capti partim in publico vel principi, partim veteri possessori relinquebantur, partim militibus & veteranis in præmia assignabantur* (Pithou ad leg. sal. apud cap. Baluz. t. II. p. 704.)

On conclut de ce passage que toutes les terres furent envahies, & que les Gaulois ne conserverent qu'un tiers de leurs possessions. *Partim* ne signifie pas un tiers ni une part égale; ce passage ne contredit pas notre systême: on doit entendre que le prince prit le domaine du prince, que les particuliers conserverent leurs alleux, & que les guerriers eurent des parts dans les terres du fisc destinées à la solde des troupes.

rain (*g*) : „ Les Romains, ayant été obligés de „ prendre des troupes auxiliaires tirées des Alains, „ des Scirres & de quelques nations gothiques, „ pour s'oppofer aux forces d'Attila & d'Alaric, „ par qui ils avoient déja été plufieurs fois vain- „ cus, ajouterent beaucoup à la réputation des „ milices barbares ; mais les milices romaines en „ fouffrirent beaucoup, & ces étrangers ne crai- „ gnirent pas de les opprimer en prétendant qu'ils „ devoient avoir le tiers des terres dans toute „ l'Italie....... Ce fut d'après le mécontentement „ de ces troupes, fur le refus que leur en fit „ Oreftès, pere d'Auguftule, qui adminiftroit „ l'empire avec une prudence diftinguée, que ce „ miniftre fut tué par ces étrangers, & qu'Odoa- „ cer, leur compatriote, commandant de la garde „ de l'empereur, leur ayant perfuadé de le re- „ connoître pour leur roi fous condition de leur „ faire donner ce tiers, fit dépofer Auguftule, „ & s'empara de la fouveraineté dont il jouit pen- „ dant dix ans...... Lorfque Théodoric, roi des „ Oftrogots, tua Odoacer, il ne fit d'autre tort „ aux Romains que de partager entre les Gots les „ terres qu'Odoacer avoit fait diftribuer à fa „ faction ".

Il feroit abfurde de croire qu'une faction de milice étrangere eût prétendu obtenir & eût obtenu pour falaire des fervices rendus aux Romains le tiers des propriétés de toute l'Italie ; il eft évident que les milices étrangeres vouloient partager avec les milices du pays les terres deftinées aux milices.

Nous avons déja dit qu'il n'eft pas préfumable que les barbares n'aient été que des falariés, &

(*g*) Procop. de bel. got. l. I. c. I.

qu'occupant les premieres places de la couronne les Francs & les autres barbares n'aient pas été propriétaires des terres, d'autant que leurs loix ſtatuent non ſeulement ſur les terres qu'ils tenoient du fiſc, mais encore ſur les alleux. Ces peuples reſpecterent les loix de la propriété fonciere, mais ils n'eurent point la même modération dans la rapine & le pillage, ainſi qu'il eſt prouvé par les partages dont il eſt fait mention dans l'hiſtoire. L'échange des meubles & des richeſſes mobiliaires leur procura bientôt la propriété des immeubles. Il paroît que les barbares reſpecterent la propriété fonciere avec d'autant plus de vraiſemblance qu'il eſt conſtant que les barbares après le pillage laiſſerent aux Romains leurs loix, & que s'ils ſe fuſſent emparés des propriétés toutes les loix euſſent été détruites.

Lorſque l'on ſera convaincu que les terres partagées étoient des terres dépendantes du fiſc, & ſur leſquelles les poſſeſſeurs n'avoient que des droits conditionnels & obligatoires, on ne ſera plus étonné que l'on ait réſervé des cantons pour y recevoir les nouveaux barbares qui ſe tranſplanteroient dans la ſuite. Le fiſc diſpoſe de ſes terres de maniere à recevoir le plus de guerriers qu'il ſoit poſſible; au contraire, ſi les Bourguignons ſe fuſſent approprié les deux tiers des alleux, il n'y auroit pas eu de cantons épargnés.

Les lots des Viſigots & des Bourguignons & les terres ſaliques avoient la plus grande analogie avec les bénéfices des Romains. On fait remonter l'origine des terres données en place de paye, *ſtipendium* ou *feod*, juſqu'à Alexandre Sévere (*h*).

(*h*) Hiſt. du bas empire, t. V. p. 279.

On voit par le témoignage de Lampride (*i*) que ces terres étoient, ainsi que les lots, & les terres saliques, héréditaires à charge du service militaire. Tout particulier ne pouvoit les posséder ou succéder aux possesseurs, ainsi ces terres n'étoient pas données en toute propriété, mais Alexandre Sévere avoit réglé que si leurs héritiers rendoient le même service ils seroient habiles à succéder.

Outre les terres concédées héréditairement le fisc distribuoit encore des terres aux officiers de la couronne, ou aux mandataires du Souverain. Ces bénéfices étoient annuels ainsi que les emplois civils & militaires.

On peut donc distinguer trois especes de terres dans l'origine de la monarchie; les biens propres ou alleux, *propria*, *prædia* (*k*); les bénéfices héréditaires, *aprisiones*, *sortes*, *terres saliques*; & les bénéfices concédés annuellement pour la solde des emplois, *feod*, *stipendia*, *fiscalia*, *fisci*, &c.

Nous avons dit qu'entre les terres possédées en propre les Romains distinguoient les terres possédées *optimo jure* sans aucune redevance, & les terres vectigales; les premieres étoient celles qui

---

(*i*) Lampride dans la vie d'Alexandre Sévere dit : *Sola quæ de hostibus capta sunt limitaneis ducibus & militibus donavit, ita ut eorum ita essent, si hæredes illorum militarent nec umquam ad privatos pertinerent; dicens attentius hos militaturos si etiam sua rura defenderent.*

(*k*) *Prædium* signifioit chez les Romains toutes les possessions de la ville & de la campagne de quelque nature qu'elles soient, les champs, les prés, les vignes, les jardins, les oliviers, les pommiers, les saules, les bois, les viviers. *Fundus est rustica possessio, prædium urbana & rustica.*

avoient été laiſſées aux cités municipales; les terres vectigales étoient celles ſur leſquelles les Romains avoient impoſé un tribut annuel lors de la conquête (*l*): nous retrouvons chez les François des veſtiges de ces terres vectigales ou cenſitaires.

Les biens du fiſc furent ſous la domination romaine les biens appartenans à la république: ils étoient diſtingués du domaine des empereurs par les mots *ſacrum* & *privatum patrimonium* (*m*); c'étoit un principe généralement admis dans la république romaine que le domaine public fût ſacré & inaliénable; mais il n'en étoit pas de même du domaine particulier que les empereurs & nos rois ont appellé *res juris noſtri*, *res proprietatis noſtræ* (*n*).

(*l*) Il paroît que l'on a compris ſous le nom d'alleu les terres poſſédées en propriété patrimoniale, ſoit qu'elles ſoient tributaires ou qu'elles ne le ſoient pas, & que l'uſage a appellé franc alleu celles qui étoient exemptes du cens ou du tribut dont elles avoient été chargées.

Nous avons en France un petit pays qui a conſervé ſes droits de franc alleu; il eſt ſitué entre l'Auvergne & le Limoſin: ce pays a été qualifié *prædium optimâ conditione*. Il y en a un ſemblable entre la Brétagne & le Poitou.

(*m*) C. l. IV. t. LXI. l. I. t. XXXIII.

(*n*) Le domaine des empereurs Romains étoit preſcriptible au bout de quarante ans, & il étoit aliénable.

Pontanus, vivant en 1439, diſtingue deux ſortes de domaines, celui du prince & celui de la couronne: il dit que le domaine de la couronne eſt inaliénable, & que les rois n'en ont que l'adminiſtration. (*Comm. ſur la cout. de Blois.*) C'eſt des biens fiſcaux dont le Souverain n'avoit que l'adminiſtration.

La diſtinction du domaine public & du domaine du prince eſt démontrée relativement au royaume des Gots,

C'est par une erreur manifeste que la jurisprudence a établi que le domaine du roi est inaliénable, cette erreur est une suite de la maxime romaine qui n'avoit lieu que pour des objets qui n'existent plus. Dans l'origine de la monarchie

---

dans une loi de Receeswinde. (Conc. de Labbe, t. VI. p. 414.)

M. le président Hénault distingue le domaine qui appartenoit, suivant l'expression de Dumoulin, à la personne organique des rois, *jure proprietario*, & que les rois appelloïent *res juris nostræ*, *proprietatis nostræ*, du domaine de la couronne, (*abrégé chron. de l'hist. de Fr. rem. part.*) l'un étoit aliénable suivant cet Auteur, l'autre ne l'étoit pas. Ce ne fut que par l'ordonnance de Moulins de 1566 qu'il fut ordonné que le domaine particulier du prince montant sur le trône seroit réuni de droit à la couronne au bout de dix ans, ce qui prouve qu'auparavant il y avoit des domaines particuliers, & qu'ils n'étoient pas réunis à la couronne.

Il y a des jurisconsultes qui ne reconnoissent pas l'autorité de l'édit de François I, du 30 juin 1539, relativement à l'imprescriptibilité du domaine particulier du roi. (Chap. tr. du dom. L. III. t. IX.)

Le domaine du roi consiste en France non seulement dans les immeubles de la couronne qui lui sont transmis lorsqu'il monte sur le trône, mais encore dans les immeubles dont il hérite par droit patrimonial, & qui sont réunis à la couronne au bout de dix ans: les revenus du domaine consistent encore en différens droits casuels qui tiennent à la souveraineté, tels que le droit d'aubaine ou le droit de succéder aux biens des étrangers morts dans le royaume sans avoir été naturalisés, & des étrangers naturalisés qui n'ont point de parents ou qui n'ont pas fait de testament, le droit d'épaves, les droits de lais & relais de la mer, des isles, islots, attérissemens & alluvions, le droit de batardises & ceux de confiscations & d'amende.

le Souverain étoit le dispensateur des biens du fisc, qui de leur nature n'étoient aliénables que sous des conditions de reversion; il étoit naturel que la loi eût prévenu la dissipation des fonds publics, & qu'elle eût mis un frein aux usages que les souverains ou leurs officiers eussent pu en faire contre l'intérêt public & la destination de ces fonds. Les rois disposoient de ces fonds conformément à la loi; la puissance royale ni le temps ne pouvoient les aliéner, mais les rois disposoient de leurs domaines privés ainsi que les sujets (*o*).

Actuellement il n'y a plus d'autre domaine public que les communes, mais comme elles ne sont telles qu'à défaut de culture, comme il y a des fonds publics destinés aux dépenses publiques, & que les officiers publics sont salariés en argent, il n'y a plus de domaine qui soit inaliénable par sa nature suivant le principe des Romains & des premiers François.

On sait combien le principe de l'inaliénabilité & le rachat perpétuel sont contraires à l'amélioration de la culture dans les terres dépendantes du domaine du roi, & combien ces terres sont sujettes à la détérioration sous l'administration de ces domaines; ce principe est une suite de l'erreur, & il est la source du délabrement des biens domaniaux. La maxime de l'inaliénabilité ne peut subsister en France lorsque les connoissances auront fait assez de progrès pour reprendre leurs

(*o*) Jérôme Bignon remarque que les successeurs de Clovis concéderent des parties du domaine royal en pleine propriété, & non à titre de bénéfices. (Bign. sur Marc. L. I. ch. XVII.)

places naturelles ſur le reſpect pour les anciens préjugés (*p*). Une contradiction qui m'étonne toujours dans la juriſprudence actuelle, c'eſt qu'elle ſoutienne l'inaliénabilité du domaine & l'inaliénabilité de la puiſſance de juger. D'un côté l'on ſoutient que le roi ne peut diſpoſer des droits patrimoniaux qu'il a acquis par ſucceſſion; de l'autre on ſoutient que la puiſſance de juger, qui fait partie des droits eſſentiels de la ſouveraineté, ne réſide plus dans la main du Souverain, & l'on prétend rendre légitime l'aliénation de cette puiſſance. Nous verrons bientôt quelle étoit cette puiſſance dans l'origine de la monarchie, lorſque nous aurons examiné quels furent les droits que les chefs des barbares acquirent ſur la propriété des ſujets.

Ces monarques ſe ſont emparés des terres de la république romaine; ne devons-nous pas penſer qu'ils ont auſſi réuni à leur couronne les droits perçus par les empereurs ſur les provinces conquiſes?

M. l'abbé Dubos, après avoir démontré quels étoient les impôts dans les temps où les Romains étoient maîtres des Gaules, démontre avec la même ſagacité & la même évidence que ces mêmes impôts ſubſiſterent encore ſous les premiers rois de la monarchie (*q*).

(*p*) Louis XIV aſſura en 1695 la propriété incommutable des domaines aliénés depuis 1566, & en 1702 il déclara aliénables à titre d'inféodation & de propriété incommutable non ſeulement les hautes juſtices par démembrement des juſtices royales, mais encore toutes les parties du petit domaine.

(*q*) Hiſt. crit. de l'ét. de la Mon. Fr. l. VI ch. XII, XIII, XIV & XV.

M. de Montesquieu contredit à ce sujet M. l'abbé Dubos, & prétend que le cens des Romains, ou la taxe imposée sur tous les fonds de terre & sur les richesses foncieres en raison de leur valeur que payoient tous les propriétaires, & que les esclaves ne payoient point, fut convertie dans l'origine de la monarchie en un cens que payoient les esclaves & que les propriétaires libres ne payoient point (*r*); il prétend qu'il n'y eut que les Romains qui payerent des tributs sous les premiers rois, & que ces tributs furent bientôt changés en un service militaire.

Suivons les faits, examinons ce qui auroit pu donner lieu à un changement si extraordinaire, ou voyons si M. de Montesquieu a été induit en erreur.

Chilpéric, suivant Grégoire de Tours (*s*), mit un impôt d'une cruche de vin par arpent; les ecclésiastiques & les habitans des villes firent le plus de résistance contre cette contribution; or, dit M. de Montesquieu, les ecclésiastiques étoient tous Romains, & les villes étoient presque toutes habitées par des Romains, donc cet impôt ne concerne que des Romains: cette maniere de raisonner est peu conséquente, & elle est si peu propre à contredire tous les témoignages dont nous parlerons en faveur de M. l'abbé Dubos que nous ne nous y arrêterons pas.

M. de Montesquieu se fonde sur un autre passage de Grégoire de Tours qui dit, en parlant du juge Andoënus: *Ipse enim cum Mummolo præfecto*

(*r*) Esp. des Loix, l. XXX. ch. XII.
(*s*) Liv. V.

multos de Francis qui tempore Childeberti ingenui fuerant publico tributo subegit (*t*). M. l'abbé Dubos prétend que les mots *qui ingenui fuerant* signifient *qui avoient été affranchis du tribut public.* M. de Montesquieu, qui réfute en général M. l'abbé Dubos avec beaucoup d'aigreur, l'accuse d'avoir traduit ce passage d'une maniere monstrueuse, & de maniere à faire pâlir tout grammairien. M. de Montesquieu entend par ce passage que le patrice imposa plusieurs Francs qui du temps de Childebert avoient été ingénus; je demande, non pas aux grammairiens, mais à tout homme qui parle françois, quelle est de ces deux phrases la plus grammaticale: „ Le patrice assujettit au „ tribut public plusieurs Francs qui du temps de „ Childebert *en avoient été exempts*"; ou celle-ci: „ Le patrice assujettit au tribut public plusieurs „ Francs qui du temps de Childebert *avoient été* „ *d'une origine libre* (*u*)"? Qui est-ce qui osera dire: „ L'intendant a assujetti à la taille ou à la „ corvée personnelle des personnes qui du temps „ de son prédécesseur *avoient été* nobles"? Quel est celui de M. l'abbé Dubos ou de M. de Montesquieu qui fait pâlir le grammairien par sa tra-

(*t*) Liv. VII.

(*u*) Lorsque le mot *ingénu* a été employé pour exprimer la condition de l'homme, il a toujours signifié *d'une origine libre*, & il a été distingué de *manumissus*, *affranchi*, ainsi que dans ce passage de la loi des Visigots: *decernimus.... ut quisquis sive dux, sive comes... seu sit Gothus, sive Romanus nec non ingenuus quisque vel etiam manumissus....* (L. IX. t. II. §. IX.) Mais si Grégoire de Tours avoit employé ce mot dans cette signification, il n'auroit pas dit *qui ingenui fuerant.*

duction? N'eſt-il pas évident que Grégoire de Tours a employé le mot *ingenui* comme nous employons actuellement celui de *franc* ou d'*affranchi* pour dire exemt de charge ou de tribut? M. l'abbé Dubos eſt d'autant plus fondé à traduire ainſi ce mot que Grégoire de Tours l'emploie encore dans un autre paſſage où ſa ſignification dans le même ſens eſt encore plus claire (*x*).

M. de Monteſquieu tire encore un grand avantage d'un article de la loi des Viſigots que nous avons déja cité, mais nous avons vu que cet article n'eſt ni en faveur de M. de Monteſquieu ni de M. l'abbé Dubos, & que ces deux auteurs ſe ſont mis inutilement en frais pour le traduire aſſez mal, afin qu'il convienne à leur ſyſtême, puiſque cet article n'eſt point relatif aux tributs. M. de Monteſquieu en traduit les mots *tertias Romanorum auferre & reſtituere* par *obliger de vendre les tiers des Romains*; la reſtitution des terres envahies doit être ordonnée par la loi, indépendamment des droits du fiſc. M. de Monteſquieu ſuppoſe que la reſtitution n'a été ordonnée que pour que le fiſc ne perde pas les droits qui lui ſont dûs par le léſé. M. l'abbé Dubos ſuppoſe auſſi des choſes aſſez étrangeres à l'eſprit de la loi.

Un article de la loi des Viſigots porte que les propriétaires riſqueront de perdre les bénéfices qu'ils ont obtenus & qui ſont inſcrits dans les

---

(*x*) Grégoire de Tours en parlant d'un eſclave qui avoit reçu cent ſols, & la promeſſe d'être affranchi avec ſa femme pour commettre le meurtre d'un évêque, dit que cet eſclave déclara au moment du ſupplice, *inſuper & promiſſum habui ut ingenuus fierem ſicut & uxor mea.* (Hiſt. L. IV. c. XIV.)

regiſtres ou dénombremens du canon, ſi les uſufruitiers de leurs fonds ne payent pas les droits pour leſquels ils ſont portés dans le canon (*y*).

On voit par un paſſage de Grégoire de Tours que Parthénius fut déteſté & pourſuivi, parce qu'il avoit ſurchargé les Francs d'impoſition ou de tributs (*z*).

Les barbares établis en Italie & en Eſpagne payoient des taxes ſur leurs bénéfices; on en trouve des preuves dans Caſſiodore.

Nous avons déja remarqué la différence que l'on devoit mettre entre les tributs de conquête & la contribution générale des Romains. Cette réflexion peut ſervir à concilier les auteurs qui ont été diviſés ſur le payement des tributs & ſur la nature du franc-alleu. Benedicti & Dominici ont prétendu que les provinces dont ſe ſont emparés les Viſigots étoient *juris italici*, & ils en ont conclu qu'elles étoient exemtes de tribut (*a*). M. de Baſville dans ſes Mémoires ſoutient la même opinion (*b*); Cazeneuve & Auteſſerre ont prétendu le contraire (*c*). Il me paroît que les provinces qui avoient les droits italiques furent exemtes du tribut de conquête auquel furent aſſujettis les peuples vaincus; mais je ne puis croire qu'elles

(*y*) Loi des Viſigots, L. X. t. I. l. XI.

(*z*) *Franci vero cum Parthenium in magno odio haberent pro eo quod tributa prædicti regis tempore inflixiſſet, eum perſequi cœperunt.* (Hiſt. l. III. c. XXXVI.)

(*a*) *Benedic. ad cap. rainutius, verb. & uxorem, deciſ.* 2 *num.* 227. *Domin. de prærog. allod.* C. II & III.

(*b*) p. 154.

(*c*) Cazeneuve du franc alleu, L. I. ch. I. n°. 5. *Auteſſerre rerum aquit.* L. III. C. I, III.

aient été exemtes du cens ou de l'impôt général que payoient les citoyens romains. Les pays de franc-alleu furent exempts du tribut de conquête, mais ils n'en payerent pas moins les impôts ainsi que toutes les provinces de la république.

Le cens n'étoit point, chez les Romains, un impôt payé par les esclaves, c'étoit une taxe générale & relative aux richesses; les esclaves n'étoient compris dans les registres du cens que comme richesses mobiliaires des hommes libres, & ils ne contribuoient au cens que par les richesses que leurs travaux procuroient à leurs maîtres. Les hommes libres qui n'étoient point en état de payer le cens étoient envoyés dans les colonies (*d*).

Le mot *cens* est devenu dans la suite une expression générique, & a signifié le tribut de conquête sur les têtes & sur les personnes; le tribut des terres vectigales a pris le nom de cens ainsi que l'impôt général. M. de Montesquieu soutient que le cens ne fut payé, dans l'origine de la monarchie, que par les esclaves (*e*). Il me paroît que le cens étoit ou le tribut que devoient les terres appellées censitaires & vectigales, ou un tribut sur les têtes; or les propriétaires des terres censitaires pouvoient, en payant le tribut annuel, être exempts de toute autre servitude; ils pouvoient aussi être main-mortables ou attachés à la glebe dans certains cantons; mais rien ne prouve qu'il n'y eut que les esclaves qui payerent ce cens, & on en concluroit mal-à-propos que les hommes libres ne payoient pas d'impôts.

(*d*) Suet. in Jul.

(*e*) Esp. des Loix, l. XXX. ch. XV.

Depuis le temps où les Romains réduisirent en captivité ou attacherent à la glebe les peuples des cités, où ils éprouverent une résistance à laquelle il fallut toutes leurs forces & leur puissance, jusqu'aux temps des guerres particulieres & intestines sous les deux premieres races de notre monarchie, on sait que les campagnes subirent successivement le joug de l'esclavage, c'est pourquoi il n'est pas étonnant que le cens qui étoit dû aux domaines du roi ait été payé par des esclaves; mais je ne crois pas, ainsi que M. de Montesquieu, que le cens ait tenu à l'esclavage, & que l'affranchissement en ait exempté.

M. de Montesquieu cite une formule de Marculphe qui contient *une permission de se faire clerc, pourvu qu'on soit ingénu & qu'on ne soit pas inscrit dans les registres du cens* (*f*). On sait que les esclaves étoient inscrits dans les registres du cens comme faisant partie des richesses; le registre qui contenoit avec les noms & les biens des hommes libres l'état de leurs esclaves étoit appellé par les Romains *census*; & ceux qui faisoient partie du dénombrement ou de l'état des biens étoient appellés *censiti*. Cette formule ne prouve pas qu'il n'y eût que les esclaves qui eussent été inscrits sur le registre de ceux qui payoient le cens général. M. de Montesquieu rapporte que Charlemagne chargea un comte de rendre aux Saxons leur liberté primitive, & de les exempter du tribut qu'ils lui devoient (*g*), & que cette commission étoit proprement une char-

(*f*) *Si ille de capite suo bene ingenuus sit & in puletico publico censitus non sit.* (Liv. I. form. 19.)

(*g*) Cap. Bal. t. I. p. 250.

tre d'ingénuité ; cela ne prouve pas qu'il n'y avoit que les ſerfs qui payaſſent le cens chez les François, cela prouve ſeulement que les Saxons ayant embraſſé le chriſtianiſme Charlemagne les délivra du joug & de la ſervitude, & leur remit le tribut auquel ils avoient été aſſujettis lorſqu'ils avoient été ſubjugués. Dailleurs les formules & chartres d'affranchiſſement en France ne portoient pas l'exemption du cens.

De ce que Charlemagne & Charles-le-chauve défendirent de lever aucun cens ſur les Eſpagnols reçus en France & de leur ôter leurs terres (*h*), & de ce que les étrangers qui y arrivoient étoient ordinairement traités comme ſerfs, M. de Monteſquieu en conclut que les hommes libres ne payoient pas de cens. Cette conſéquence n'eſt pas cathégorique. Il me ſemble que M. de Monteſquieu auroit pu en conclure auſſi que les eſclaves en France ne poſſédoient pas de terre, cependant cela ſeroit très-contraire à ſon opinion. Cette concluſion eût été auſſi claire que celle de M. de Monteſquieu; car il dit que Charlemagne vouloit qu'on les regardât comme des hommes libres, puiſqu'il vouloit qu'ils euſſent des terres, & puiſqu'il défendoit d'exiger d'eux le cens.

Il eſt clair que les étrangers étoient bien maltraités en France, puiſque les comtes pouvoient leur ôter leurs terres & leur faire payer des ſommes qui étoient appellées *cens*, ainſi que les tributs; mais ce n'étoit pas le cens des terres cenſitaires, puiſqu'on les empêchoit d'en poſſéder.

M. de

(*h*) Ann. 812 & 844, ed. Bal. T. I. p. 500. T. II. art. I. II, p. 27.

M. de Montesquieu rapporte encore l'article 30 de l'édit de Pistes, qui réforme l'abus par lequel plusieurs colons du roi ou de l'église vendoient les terres dépendantes de leurs manoirs à des ecclésiastiques ou à des gens de leur condition, de sorte qu'on ne pouvoit plus être payé du cens; & il en conclut que le cens étoit un tribut d'esclaves. Ceci n'est pas plus concluant. On doit penser que si les ecclésiastiques ont obtenu l'exemption des charges publiques & générales, ils ont aussi trouvé le moyen d'affranchir les terres qu'ils possédoient du tribut de conquête dont elles étoient chargées; c'est pourquoi le souverain, qui n'étoit pas assez puissant pour s'opposer aux prétentions du clergé, faisoit ensorte d'empêcher les ecclésiastiques d'acheter des terres censitaires. Clovis exempta des terres qu'il donna à l'église du tribut qu'elles devoient (*i*); c'étoient sans doute des terres vectigales.

M. de Montesquieu prouve ensuite que ce qui étoit appellé *census* ne se percevoit pas généralement sur toutes les terres de la monarchie (*k*);

(*i*) Sixieme canon du concile tenu à Orléans en 511.

(*k*) Nous voulons qu'on exige le cens royal dans tous les lieux où on l'exigeoit légitimement (Cap. III, ann. 805, art. 20 & 22. cap. de Charles le Chauve, ann. 854, art. 6.)

Charlemagne ordonne à ses envoyés dans les provinces de faire une recherche exacte de tous les cens qui avoient anciennement été du domaine du roi: *undecumque ad partem regis antiquitus venire solebant.* (Cap. ann. 812, art. 10, 11.)

Le même empereur dispose des cens payés par ceux dont on les exige, *de illis unde censa exigunt.* (Cap. ann. 813, art. 6.)

Si quis terram tributariam unde census ad partem nos-

cela eſt clair, & il réſulte de ſes citations qu'il n'y avoit que les terres anciennement conquiſes ou les hommes ſoumis par les Romains, par les empereurs, par les monarques ou même par les ſeigneurs puiſſans, qui payaſſent le cens ſur les terres ou le cens ſur les têtes (*l*).

M. de Monteſquieu, habile à conclure, conclut de la preuve qu'il vient de faire, qu'il faut ſe défaire de l'idée d'un cens général & univerſel dérivé de la police des Romains; c'eſt une mauvaiſe concluſion. Nous en avons dit aſſez ſur la diſtinction que nous avons faite entre le cens dérivant du tribut de conquête & l'impôt ſur les terres, qui n'eſt autre choſe que le cens général

---

tram exire ſolebat ſuſceperit. (Cap. liv. IV. art. 37.)

Unde cenſus ad partem regis exivit antiquitus. (Cap. ann. 805. art. 8.)

Cenſibus vel para vederis quos Franci homines ad regiam poteſtatem exſolvere debent. (idem.)

De illis Francis hominibus qui cenſum regium de ſuo capite & de ſuis recellis debeant. (Ann. 864, art. 34. Bal. p. 192.)

(*l*) On voit par un article de l'édit de Piſtes que, depuis la conquête, des Francs avoient été aſſujettis à des tributs réels & perſonnels, ſoit qu'ils ſe fuſſent vendus en eſclavage, ſoit qu'ils y euſſent été réduits: *ut illi Franci qui cenſum de ſuo capite vel de ſuis rebus ad partem regiam debent ſine noſtra licentiâ ad caſam dei, vel ad alterius cujuſcumque ſervitium ſe non tradant, ut reſpublica quod de illis habere debet non perdat.* (ed. de Piſt. de Charl. le ch. Bal. cap. T. II. p. 187.) Les rois appelloient les biens du fiſc, *res publica*. Il paroît que ces Francs étoient réduits à une eſpece de ſervitude en payant des tributs: mais on ne peut en conclure que tous ceux dont les terres étoient tributaires, par droit de conquête, fuſſent eſclaves.

& universel des Romains, pour ne pas démontrer que la particularité du tribut de conquête n'exclut pas la généralité de l'impôt sur les terres appellé *census*, *indictio* ou *jugeratio*.

„ Je supplie le lecteur de me pardonner l'ennui „ mortel que tant de citations doivent lui don„ner. . . . . . Rien ne recule tant le progrès des „ connoissances qu'un mauvais ouvrage d'un au„teur célebre, parce qu'avant d'instruire il faut „ commencer par détromper (*m*) „.

C'est du livre de l'histoire critique de l'établissement de la monarchie françoise de M. l'abbé Dubos, que M. de Montesquieu parle ainsi. Pour s'exprimer ainsi, il eût fallu avoir un système bien établi.

M. l'abbé de Mably & M. Robertson ont pensé ainsi que M. de Montesquieu sur le cens (*n*); mais ils sont tombés dans la même erreur que cet auteur célebre par une crédulité sur parole. Les preuves de M. de Montesquieu ne sont pas propres à détruire celles de M. l'abbé Dubos, dont il résulte évidemment que les François ont payé, dans l'origine de la monarchie, un impôt général sur les terres qui dérivoit du cens général des Romains, & que les comtes & vicaires étoient chargés de recevoir cette imposition, ainsi que toutes les autres (*o*). Je ne rapporterai pas toutes les citations

(*m*) Espr. des Loix, l. XXX. ch. XV.

(*n*) Mably obs. sur l'hist. de Fr. T. I. p. 247. Robertson, hist. de Charles V. introd. not. 36.

(*o*) Les comtes & vicaires donnoient au fisc des cautions pour la recette des impositions qu'ils faisoient en vertu de leurs charges. (Grég. de Tours, hist. l. VI. ch. XXIII.)

de M. l'abbé Dubos pour prouver que les François conserverent un impôt général sur les terres, je n'ai rapporté que celles qui étoient nécessaires à porter un jugement sur les opinions de ces deux auteurs. D'ailleurs M. l'abbé Dubos a confondu souvent les passages relatifs au cens dont nous avons parlé & à l'impôt général.

M. l'abbé Dubos a démontré que les rois de France eurent, dans l'origine de la monarchie, quatre branches de revenu, savoir leurs domaines, l'impôt sur les terres, le produit des péages & des douanes, enfin le produit des confiscations & autres droits casuels & des dons gratuits (*p*).

S'il est démontré par le témoignage des anciens monumens historiques que les premiers rois de France perçurent les droits de douane (*q*) & tous

(*p*) A la fin des synodes, les rois de France recevoient de leurs sujets ecclésiastiques & séculiers des dons gratuits, *annua dona*; cet usage avoit subsisté antérieurement dans l'empire Romain & chez les barbares.

(*q*) Charles le Chauve exempta l'abbaye de St. Maur des Fossés des droits de douane qui paroissoient être très-anciens, & que l'on distinguoit par les noms de droit de rivage, de charoi, de pont, de port, d'heureux abord, ainsi que des droits perçus sur les esclaves & les animaux. (Cap. Bal. T. II.)

Clotaire II publia un édit en 615 concernant les douanes & les droits qui avoient eu lieu sous le regne de ses prédécesseurs.

Les annales du roi Dagobert font mention des douanes de Marseille, de Valence, de Lyon. (De gestis Dagoberti, c. XVIII.)

Pepin fit des réglements sur la perception des droits de douane.

L'Angleterre a eu de toute antiquité des droits de douane qui étoient appellés dans le latin barbare des

les autres droits que les empereurs percevoient dans les Gaules, on ne peut ſuppoſer qu'ils euſſent renoncé à l'impôt ſur les terres. D'ailleurs Grégoire de Tours rapporte les effets du cadaſtre ou de la deſcription générale que fit faire Chilpéric, & de la taxe qu'il impoſa ſur chaque arpent (*r*). On peut remarquer que Chilpéric diſtingue expreſſément ce qu'un poſſeſſeur en toute propriété doit payer ; c'étoit donc un impôt ſur les propriétaires & non ſur les eſclaves. Grégoire de Tours fait encore mention de divers cadaſtres ou deſcriptions que fit faire Childebert dans différentes cités, & des exemptions que les égliſes obtinrent des ſouverains.

Procope rapporte que lorſque les Bourguignons furent ſoumis par les Francs, ils conſerverent les terres qu'ils avoient cultivées juſques-là, & qu'ils furent tenus du ſervice militaire envers les rois de France & de leur payer les impôts (*s*). Les rois de France s'emparerent des droits dont s'étoient emparés les rois Bourguignons.

Les ſentimens des auteurs ont été juſqu'à préſent très-partagés ſur cette queſtion hiſtorique : *les Francs étoient-ils exempts d'impôts ?* Si les bar-

---

anciens regiſtres *antiqua cuſtuma ſive magna.* (Mém. ſur l'adm. des fin. d'Angl. introduct.)

(*r*) *Statutum enim fuerat ut poſſeſſor de propriâ terrâ unam amphoram vini per aripennem redderet, ſed & aliæ functiones infligebantur tam de reliquis terris quam de mancipiis quod impleri non poterat.* (Grég. de Tours, hiſt. l. V. c. XXIX.

Clotarius rex indixerat ut omnes eccleſiæ regni ſui tertiam partem fructuum fiſco diſſolverent. (id. l. IV. n. 2.).

(*s*) Procop. de bell. got. l. I. c. XIII.

bares en général en ont été exempts, ce n'étoit pas à cause de leur origine. Nous avons vu que les guerriers possédoient des lots ou des terres bénéficiales, & que les principaux officiers possédoient, soit pour les fonctions civiles, soit pour les fonctions militaires, des bénéfices annuels; il me paroît que ces bénéfices ont été originairement les terres que nous regardons maintenant comme nobles & exemptes d'impositions; ces bénéfices étoient des terres du fisc. Si l'on eût perçu des impôts sur ces terres, c'eût été donner d'une main & prendre de l'autre; les bénéfices chez les Romains étoient exempts de toutes charges. Si les terres bénéficiales furent affectées de tribut, ce ne fut qu'à raison d'une conquête postérieure à la distribution des barbares. C'est ainsi que, lorsque les Bourguignons furent subjugués par Clovis, ils se soumirent à payer un tribut sur les lots qu'ils possédoient.

Dans de certaines provinces de la France le même ordre s'est conservé, le noble n'annoblit point sa terre, & il n'y a que les terres nobles qui ne payent pas d'impôts. Dans d'autres le noble affranchit sa terre de l'impôt; mais je crois néanmoins qu'il subsistoit le même ordre à cet égard dans toute la monarchie sous les premiers regnes, & que dans les pays où la taille est personnelle l'exemption des nobles n'a pas pris sa source dans l'exemption des Francs, ainsi qu'on l'a pensé; cette exemption provient d'une cause subséquente, ainsi que nous le verrons.

Ce seroit une chimere de penser que tous les descendans des Francs ont été nobles, & qu'il n'y eut qu'un seul ordre de citoyens chez les Francs (*t*);

(*t*) C'est le sentiment de M. l'abbé du Bos.

il eſt aiſé de démontrer qu'il y avoit des nobles Romains.

La loi ſalique diſtingue l'amſtruſtion, *qui in truſte dominicâ eſt vel in fide dominicâ*, & l'ingénu franc. La compoſition pour la mort du premier eſt de 600 ſols d'or; celle pour la mort du ſecond eſt de 200 ſols d'or (*u*); il y eut encore parmi les Francs une diſtinction ſemblable. Dans un décret de Childebert concernant les voleurs (*x*), il paroît que les amſtruſtions du roi étoient inveſtis de bénéfices (*y*), à raiſon des emplois dont ils étoient chargés, & que les Francs ingénus étoient des hommes libres qui devoient le ſervice militaire à raiſon des portions de terres ſaliques qui leur avoient été accordées (*z*).

La même loi diſtingue parmi les Romains les convives du roi, ou ceux qui ſont de condition à manger à la table du roi, ceux qui poſſedent des terres en pleine propriété, & ceux qui poſſedent des terres tributaires (*a*).

(*u*) Loi Sal. t. LXVI. Loi Rip. t. XI. Loi Sal. t. XLIV.

(*x*) Dec. de Childebert, ann. 532.

(*y*) *Inveſtire* ſignifioit donner un emploi avec ſes revenus.

(*z*) Chilperic & Childebert condamnerent à l'amende des ſujets libres qui avoient refuſé de l'accompagner à la guerre. (Grég. de Tours, l. V. c. XXVI. l. VII. c. XLII.)

(*a*) *Si Romanus homo conviva regis occiſus fuerit ſolidis trecentis componatur; ſi quis Romanum tributarium occiderit ſolidis quadraginta quinque culpabilis judicetur; ſi quis Romanus homo poſſeſſor id eſt qui res in pago ubi remanet proprias poſſidet occiſus fuerit, is qui eum occidiſſe convincitur, ſolidis centum culpabilis judicetur.* (Leg. Sal. t. XLIV.)

La loi des Bourguignons diſtingue auſſi trois ordres de Bourguignons & de Romains, *optimates Burgundiones, nobiles Romanos, mediocres perſonas tam Burgundiones quam Romanas, & inferiores perſonas* (*b*).

M. le comte Boulainvilliers n'a vu que des eſclaves dans les Romains ſubjugués par les barbares; il n'a vu qu'une ſeule claſſe de Francs nobles dans les vainqueurs; il a cru qu'il s'étoit fait entre les Francs un partage égal des terres envahies, & que le roi des Francs n'avoit qu'une autorité contrebalancée par le crédit de ſes ſujets (*c*).

M. l'abbé Dubos n'a vu qu'une ſeule claſſe d'hommes parmi les Francs (*d*), & il a regardé le roi comme propriétaire de toutes les terres, & comme diſpenſateur de ces terres à titre de bénéfices (*e*).

M. de Mably ſoutient que le gouvernement des Francs fut démocratique (*f*).

M. le préſident Hénault & M. de Valois n'ont vu commencer la nobleſſe qu'avec les fiefs, vers la fin de la ſeconde race, & ils ont penſé que les Gaulois & les Francs ont été également propres, par leur naiſſance, à poſſéder les dignités (*g*).

M. de Monteſquieu a diſtingué les barbares en nobles, ingénus & ſerfs (*h*).

(*b*) Loi des Bourguignons, t. XXVI. art. 1, 2, 3.
(*c*) Mém. hiſt. T. I, in-12. p. 52 & ſuiv.
(*d*) Hiſt. crit. de l'ét. de la Mon. Fr. l. VI. c. IV.
(*e*) Id. c. XIII.
(*f*) Obſ. ſur l'hiſt. de Fr. T. I. l. I.
(*g*) Abrég. chron. de l'hiſt. de Fr. rem. ſur la ſeconde race. ann. 1270.
(*h*) Eſpr. des Loix, l. XXX. c. XXV.

Loiſeau dit que quand les François conquirent les Gaules, ils confiſquerent toutes les terres, „ qu'ils ſe firent ſeigneurs des perſonnes & des „ biens d'icelles, ſeigneurs parfaits, tant en la „ ſeigneurie publique qu'en la propriété ou ſei- „ gneurie privée ; & que quant aux perſonnes, ils „ firent les naturels du pays ſerfs, non pas tout- „ à-fait d'entiere ſervitude, mais tels à-peu-près „ que ceux que les Romains appellerent *cenſitos* „ *ſeu adſcriptitios glebæ*, *ſeu colonos ſeu glebæ ad-* „ *dictos*, qui étoient des eſpeces de demi-ſerfs, „ s'il faut parler ainſi, dont les premiers ſont „ appellés en nos coutumes, gens de main-morte, „ *id eſt mortuæ poteſtatis*, ou gens de pôte, *id eſt* „ *alienæ poteſtatis*, & les derniers ſont appellés „ gens de ſuite ou ſerfs de ſuite (*i*) ".

La premiere propoſition de M. de Boulainvilliers concernant la ſervitude des Romains eſt détruite par les faſtes hiſtoriques. Les Romains étoient diſtingués en convives du roi, en libres poſſeſſeurs & en tributaires, même dans la loi ſalique. La ſeconde partie eſt de même détruite par la loi ſalique, qui inflige des peines différentes pour le meurtre des Francs en raiſon de leur état & condition. Le partage égal des terres envahies eſt une conjecture fondée ſur un fait rapporte par Grégoire de Tours, & cité depuis par une foule d'hiſtoriens ; ce fait eſt celui d'un guerrier qui, dans le partage du butin enlevé dans l'égliſe de Soiſſons, s'oppoſa ſeul à ce que le roi prît un vaſe par deſſus ſon lot, en s'écriant : *Vous ne devez rien avoir de ce butin que ce qui échoira dans votre lot*,

(*i*) Traité des ſeigneuries, C. I. n. 54.

qui saisit ce vase & le remit dans la masse du butin, mais qui fut tué l'année suivante par Clovis lui-même, sans autre prétexte que celui de la vengeance (*k*). Ce fait ne prouve pas le partage des terres; en supposant qu'il y ait eu un partage, il n'en prouve pas davantage l'égalité, ce fait ne prouve pas même l'égalité du partage du butin. Un simple matelot, dans le partage des prises sur nos vaisseaux, pourroit s'opposer légitimement à ce qu'il fût prélevé quelque chose par le capitaine sur le butin, cependant la part du capitaine & la part du matelot sont très-différentes. La réponse que Grégoire de Tours attribue à la saine partie de l'armée (*l*) démontre le respect que les Francs avoient pour l'autorité de Clovis: „ Tout ce butin „ est à vous, & nous-mêmes sommes soumis à „ votre domination; faites ce qui vous plaît, car „ personne n'a droit de résister à votre pouvoir. „ Ce discours démontre autant qu'un discours d'un historien contemporain peut démontrer lorsqu'il s'agit de l'autorité de son souverain.

La derniere partie concernant l'autorité limitée des rois peut avoir quelque fondement. Nous avons dit qu'il y avoit des conditions différentes chez les Francs, nous avons démontré que les rois ne se sont emparés que des terres dépendantes du fisc ou du domaine des empereurs, que le butin fut partagé, que les guerriers eurent une partie des titres à titre de bénéfices héréditaires sous condition, & que les officiers civils & militaires du souverain eurent des bénéfices pour solde des emplois de l'ad-

(*k*) Grég. de Tours, hist. l. II. c. XXVII.
(*l*) Idem.

miniſtration qui leur étoient confiés, les Francs firent outre cela des acquiſitions dans les Gaules (*m*).

L'opinion de M. de Mably a quelque rapport à celle de M. le comte de Boulainvilliers; elle paroît fondée ſur des faits hiſtoriques & ſur le jugement de Tacite; mais à l'examen nous verrons que l'adminiſtration des Francs avoit tous les caracteres d'une monarchie fondée ſur les loix.

M. le préſident Hénault a penſé que le mérite conduiſoit aux dignités, cela peut être dans de petites ſociétés naiſſantes; mais au temps où les Francs parvinrent dans les Gaules, l'inégalité des richeſſes avoit déja fait des progrès parmi ces peuples guerriers. On ne peut ſe repréſenter une armée qui n'ait qu'un chef & des ſoldats; la ſubordination néceſſaire dans une ſociété guerriere, analogue à celle d'une armée, entraîne les différentes dignités; la différence des rangs & des dignités ne peuvent exiſter ſans l'inégalité des richeſſes; l'inégalité des richeſſes héréditaires entraîne les diſtinctions perſonnelles de la naiſſance.

L'opinion de M. de Monteſquieu ſur les différens états des Francs eſt fondée ſur les monumens hiſtoriques qui diſtinguent, parmi les Romains & les barbares, les nobles, les ingénus & les ſerfs. Son opinion eſt conforme à toutes les deſcriptions de l'état des peuples, dès qu'ils ont

---

(*m*) Outre les richeſſes que les Germains tiroient du butin & des contributions, on doit penſer que ces guerriers n'étoient pas ſortis de chez eux pour ſapper les fondemens de l'empire Romain, ſans emporter avec eux des richeſſes.

commencé à faire quelques pas vers la civilisation (*n*).

(*n*) Voyez les histoires d'Amérique, les voyages de l'Inde, les histoires des Saxons & des autres peuples du Nord.

A l'arrivée des Portugais, l'Indoustan étoit divisé en plusieurs royaumes. Il y avoit dans ces royaumes des souverains, des nayres ou gentils-hommes & des ministres du roi. (*Hist. gén. des voyages de M. l'abbé Prévôt*, *in*-4°. T. 1. p. 34 & 37.)

Les nations des Américains avoient des rois appellés caciques, & il y avoit chez ces peuples différentes classes dont l'une s'arrogeoit une espece de noblesse. (*Hist. phil. & pol. du comm. des Europ. dans les deux Indes*, *l. VI.*)

M. Hume rapporte que les *chieftains* chez les Saxons commandoient à des tribus entieres qu'ils appelloient *clanes*, les nobles s'appelloient *thanes*; l'assemblée des grands & du peuple formoit le *Wittenagenot*. Athelstan, prince de la dynastie Saxonne, donna une loi par laquelle tout commerçant qui auroit entrepris à ses frais trois voyages de long cours, & tout laboureur qui pourroit acheter un domaine de 500 acres seroit *thane* ou noble. On voit par ce fait l'ancienneté de la noblesse, & son rapport avec la propriété.

Il y a cinq classes d'hommes dans les Indes, les bramines, les rajas & les nayres nobles ou guerriers, les cultivateurs, les artisans, les parias ou hommes occupés aux travaux infâmes tels que ceux d'enterrer les morts, d'enlever les immondices; ces classes ne peuvent ni se marier, ni habiter, ni manger ensemble.

Le droit de propriété personnelle étoit établi au Mexique (selon M. Robertson hist. de l'Amérique) lorsque les Espagnols en firent la conquête, non seulement sur les meubles, mais encore sur les immeubles. On y distinguoit même la tenure noble & la tenure roturiere. Il y avoit des biens nobles transformés ainsi que nos fiefs en biens nobles héréditaires, & il y avoit des biens

Les Francs avoient un chef (*o*), des amstrus-

---

qui avoient conservé leur nature de bénéfice, & qui servoient de solde aux dignitaires & officiers publics. Dans le corps du peuple il y avoit diverses communautés appellées *calpulées* qui possédoient & cultivoient des terres communes; les particuliers de ces communautés partageoient entre eux & avec la couronne les produits des récoltes. Les nobles du premier rang étoient exempts de tributs à raison du service militaire qu'ils devoient à la couronne; les officiers du roi étoient exempts de service & ne l'étoient point de contributions. Le produit des manufactures & les ouvrages exposés en vente étoient assujettis aux impôts. Outre les calpulées il y avoit encore une classe de cultivateurs appellés mayeques qui cultivoient des terres de la couronne, & dont les récoltes étoient portées dans les magazins publics: enfin les *taniemes* étoient employés aux travaux serviles.

Le Pérou ne tenoit pas moins du despotisme. Le prince étoit le dispensateur des biens & des récoltes. Toutes les terres étoient cultivées en commun, & le produit étoit divisé en trois parts, dont l'une étoit offerte au soleil, employée aux usages de la religion & dépensée par les prêtres, la seconde apartenoit à l'inca, la troisieme étoit partagée entre les chefs de famille en raison de leur rang & du nombre de leurs enfants. On prétend que les arts & l'agriculture étoient plus perfectionnés au Pérou qu'au Mexique: cependant leurs maisons tenoient encore beaucoup des huttes de sauvages; elles étoient éclairées par les portes, & elles n'avoient point de fenêtres. Les citoyens étoient divisés en classes de fils du soleil, de nobles appellés *orejones*, de libres & d'esclaves.

(*o*) Le roi étoit élu par la nation, suivant le témoignage des anciens historiens, tels que Grégoire de Tours & Aimoin. Cette assertion est prouvée dans la Gaule françoise d'Hottman. (C. VI. ed. 1653 p. 47.) Il est aisé de s'en convaincre par ce passage: *Pepinus rex pius per autoritatem papæ & unctionem sancti chrismatis &*

tions, des hommes libres & des serfs. Lorsque le roi accordoit aux amstrustions des dignités ou qu'il leur confioit les emplois de l'administration, il est à présumer, en considérant les usages qui ont succédé, que ces officiers, qui étoient sous la foi de leur maître suivant l'étimologie de leur nom générique, prêtoient serment de fidélité.

Il y avoit différentes especes de dignités. Les historiens font mention des ducs, des comtes, des vicomtes, des patrices, des officiers appellés *primores*, *optimates*, *principes*, *præsides curiæ*, *proceres*, des maires du palais, des maires de villes, des marquis, des barons, des sagibarons, des gravions, des senieurs, des référendaires, des pairs, des assesseurs, des thungins, des scabins, de rachimbourgs, d'amstrustions, de leudes, de fideles, de *vassi regii*, de centeniers, de dixainiers, de procureurs du fisc, de greffiers, de tabellions, d'avoués de baillifs, de vicaires. Outre ces dignités & ces emplois laïcs, on connoissoit encore les dignités ecclésiastiques telles qu'elles subsistent encore.

De ces dénominations que l'on trouve dans les anciens actes, il y en a qui sont des dénomina-

electionem omnium Francorum in regni solio sublimatus est.) Clausula de Pep. consec. app. Bouquet rec. des hist. t. V. p. 9). On peut s'en convaincre encore par la maniere dont on datoit les chartres pendant les interregnes, *Deo regnante, rege expectante, regnante D. N. J. Ch. Francis autem contra jus regnum usurpante Ugone rege.* (Bouquet rec. t. X. p. 544). Il est prouvé dans le recueil des conciles de Tolede que le royaume des Goths étoit électif. C'étoit une suite des usages des Germains que nous a décrits Tacite.

tions génériques, telles sont les expressions de *primores*, *optimates*, *proceres*, *principes*, & celles d'*amstrustions*, *leudes*, *fideles*, *vassi regii*; on entendoit par les quatre premieres expressions les principaux habitans du royaume, ceux qui y tenoient des rangs distingués ou qui en occupoient les premieres places. Si ces noms avoient une telle signification dans la langue latine, ceux d'amstrustions, de leudes, de fideles, de *vassi regii*, en avoient une semblable, dérivée de l'assemblage de différentes langues & des différens idiomes; ce n'étoient point des emplois particuliers; les mots amstrustions, fideles, leudes, *vassi regii* (*p*), signifioient en général les principaux sujets des chefs des barbares, ceux à qui étoit confié quelque commandement ou quelque district de l'administration.

Chantereau (*q*) dit que le mot leudes signifie le peuple en général, de même que leuth, en allemand, signifie encore la même chose. Il me paroît que le mot leudes signifioit en général sujets, & que les leudes du roi étoient les principaux sujets. Souvent les noms de leuts, ou sujets ou peuples d'une nation, ont été latinisés par le mot *læti*. Il y avoit des troupes auxiliaires dispersées pour la garde des frontieres, lesquelles étoient distinguées suivant les noms de leur nation, *læti Franci*, *læti Allmani*, *læti Teutoniaci*, &c. Il y avoit des terres

---

(*p*) Il y avoit des officiers attachés aux comtes & aux ducs, & qui étoient appellés *vassi*; on distinguoit *vassi dominici*, *vassi ducum*, *vassi regii*, *vasalli*.

Les vassaux des comtes suppléoient pour eux en leur absence. (*Big. not. ad. app. Marc.*)

(*q*) De l'origine des fiefs, c. VII.

qui leur étoient destinées & que l'on appelloit *læticæ terræ* (*r*).

Nous avons dit que depuis Constantin les emplois avoient été distingués sous l'empire romain en civils & militaires. Mais sous le regne des premiers rois François tout sujet étoit guerrier, & les fonctions de chaque sujet étoient civiles & militaires. On ne retrouve que la charge de référendaire, à laquelle il ne paroît pas qu'il ait été attaché de fonctions militaires. Cet officier étoit garde du sceau du roi, rédacteur des loix & diplomes, & rapportoit au roi ou à sa cour les éclaircissemens nécessaires à statuer, soit en matiere d'administration, soit en matiere de jugement (*s*).

Les ducs, comtes & patrices, étoient des officiers chargés du commandement, de l'administration, & de rendre la justice dans certains districts. Les ducs, dans les districts considérables, avoient, sous leur commandement, des comtes qui étoient chargés de districts particuliers. Nous avons des formules des chartres ou brévets de ces emplois (*t*).

Les

(*r*) Code Théodosien, l. IX, *de censitoribus*.

(*s*) Grég. de Tours, hist. l. V. c. III. Aimoin, hist. l. IV. c. 41. Bignon, not. in Marc.

(*t*) Telles étoient les chartres de duché, de comtat ou de patriciat: « Connoissant vos bonnes qualités, nous » vous avons pourvu de l'office de..... dans le district de.... » à charge de nous garder la fidélité la plus inviolable, » de maintenir la paix dans votre district parmi les Francs, » les Romains & les Bourguignons, & les étrangers qui » y habitent, & de rendre à chacun la justice conformé» ment à sa loi & aux usages de sa nation. » (Marc. l. I. form. 8.) Les anciennes patentes portoient pour en jouir tant qu'il nous plaira.

Les places de vicomtes & de vicaires étoient des lieutenances des autres dignités, c'étoient des emplois ſubordonnés aux comtes ou aux juges ſupérieurs. Les comtes des grands diſtricts avoient, ainſi que les ducs, d'autres comtes ſous leurs ordres. Charles le chauve adreſſa ſes ordonnances aux comtes des villes métropolitaines, pour en donner connoiſſance aux comtes des provinces (*u*) ; les baillifs étoient auſſi des gouverneurs de moindres diſtricts ou des ſubdélégués des comtes (*x*).

Il y avoit un comte attaché à la maiſon du roi, ce comte s'appelloit le comte du palais ; Agobard l'appella *procerem palatii* (*y*) ; il paroît que cette place étoit la même que celle de maire du palais (*z*), ou que l'une ſe confondit avec l'autre. On peut juger par les fonctions du comte du palais qu'il tenoit le premier rang parmi les officiers du monarque ; il étoit le premier miniſtre, préſident de la cour du roi, & le ſouverain juge après le roi. Le comte du palais tenoit ſes audiences à la porte du palais (*a*), & il préſentoit au roi ceux qui devoient en obtenir audience.

La compoſition pour le meurtre d'un gravion étoit de 600 ſols d'or, ainſi que pour les autres ſujets du premier rang (*b*) ; le mot *graff* ou

(*u*) Cap. T. II. c. 265.

(*x*) Le mot bailli ou baile vient du mot latin *bajulus* qui ſignifioit gouverneur.

(*y*) *Agob. epiſt. ad Matfred.*

(*z*) *Major domus regiæ, palatii gubernator, præfectus.*

(*a*) Les audiences étoient apellées les plaids de la porte. (Du Cange verb. *comites palatini.*)

(*b*) Loi Sal. t. LVII. n. 1.

grave a été conſervé par les Allemands, il ſignifioit un commandant de diſtrict; il répond à la dignité de comte. Il paroît que les gravions eurent en France des diſtricts particuliers analogues à ceux des comtes, & qu'ils furent ſubordonnés aux ducs ou aux comtes principaux.

Le peuple étoit diviſé en centaines & en dixaines (*c*), qui étoient compoſées de cent ou dix ingénus chefs de famille (*d*), chaque centaine étoit chargée de ſa police intérieure. Le chef de la centaine étoit choiſi parmi les ſénieurs ou barons (*e*), c'eſt-à-dire, parmi les principaux habi-

---

(*c*) Cette diviſion fut faite par les rois Clotaire & Childebert vers l'an 595. (*cap. edit. Baluz. p.* 20.)

Le décret de Childebert porte: *ſi un centenier trouve un voleur dans une autre centaine que la ſienne, ou dans les limites de nos fideles, & qu'il ne l'en chaſſe pas, il repréſentera le voleur ou ſe purgera par ſerment.* Il y avoit donc une diſtinction entre le territoire des centaines & le territoire des fideles. Il paroit que la diviſion par centaine avoit été faite dans les territoires des hommes libres, & non dans les terres domaniales ou fiſcales qui avoient été diſtribuées aux fideles ou aux officiers du prince à titre de bénéfice. Ceci eſt confirmé par la conſtitution de Clotaire qui ordonne que ſi un centenier ſaiſit un voleur dans une centaine, il aura l'amende entiere, mais que s'il l'arrêtoit dans un diſtrict donné ſous la foi, le fidele auroit la moitié de l'amende.

(*d*) Les libres d'une centaine s'appelloient *compagenſes*, compagnons.

(*e*) Le mot *ſénieurs* changé en celui de *ſeigneurs* provenoit du mot latin *ſeniores.* Le mot *baron* ou *baro* a été interprété par le mot mari; il paroit avoir eu dans la loi ſalique la même ſignification que *vir ingenuus.* Il paroît que dans l'origine il a ſignifié *chef de famille.* Les premiers chefs civils ou juges ayant été choi-

tans distingués par leur mérite personnel ou par leur expérience. Ce chef étoit président civil & commandant militaire. La dixaine n'étoit commandée que par un leude, qui n'avoit d'autre titre que celui qui lui étoit commun avec tous les sujets.

Cependant ces centaines & dixaines n'étoient pas toutes composées de cent ou dix chefs de famille; il y avoit une classe de riches propriétaires ou de simples leudes qui n'avoient pas de fonctions dans l'état; un seul de ces leudes, avec ses domestiques ou vassaux, formoit une dixaine, & dix de ces dixaines formoient une centaine.

Les centaines formoient des especes de jurisdictions ou de basses justices subordonnées à celles des comtes. Outre les compositions ordonnées par les loix des barbares pour la satisfaction des familles lésées par le meurtre d'un de leurs parens, il y avoit encore une espece d'amende appellée *fredum*, que l'on donnoit contre le coupable, & qui tomboit au profit des centeniers, ou dont une partie appartenoit au possesseur du bénéfice dans

---

sis d'abord parmi les principaux chefs de famille ou parmi les plus expérimentés, ces chefs ont conservé suivant les circonstances les noms de senieurs ou de barons, & ces mots sont devenus dans la suite des expressions génériques qui ont signifié l'emploi de principal juge ou de chef de districts. Ces chefs de districts ont conservé ce nom, & les chefs de famille l'ont perdu. Il est assez curieux de suivre tous les changemens successifs que les noms ont éprouvés depuis leur racine, & leur signification barbare jusqu'à leur signification actuelle, ainsi que les variations que les usages & les prononciations leur ont fait éprouver.

le diſtrict duquel le coupable étoit arrêté, ainſi que nous l'avons dit. Le *fredum* étoit évalué au tiers de la compoſition (*f*); l'uſage de ces amendes & compoſitions remonte juſqu'au temps des anciens Germains (*g*).

Le chef de la centaine a pris indifféremment le nom de centenier ou de centurion (*h*), de ſénieur, de baron, & même de ſagibaron. On voit dans la loi ſalique que les ſagibarons ont été aſſociés aux gravions dans leurs juriſdictions, & que le jugement d'un gravion ne prévaloit pas ſur celui de trois ſagibarons (*i*).

Les marquis & les châtelains étoient des commandans particuliers de diſtricts qui étoient ſitués ſur des frontieres (*k*) ou qui ſervoient de châteaux forts. Il paroît que les marquis & les châtelains étoient les commandans des troupes que les Romains ont nommées *milites limitanei*, *milites caſtellani*, & qu'ils en avoient, ſoit pour la garde des frontieres, ſoit pour la garde des châteaux.

Nous avons dit que pluſieurs villes ont conſervé leurs droits municipaux & leurs officiers intérieurs, d'autres ont été obligées de s'aſtreindre à l'adminiſ-

---

(*f*) *Cap. ed. Baluz.* T. I. p. 52.

(*g*) *Tac. de mor. Germ.* art. 21.

(*h*) La loi des Allemands condamnoit à une amende de douze, ſix ou trois ſols d'or celui qui mépriſeroit le ſceau d'un duc, d'un comte, ou d'un centurion. (T. XXVIII.) Nous verrons dans la ſuite que ces trois degrés de juridictions repréſentoient les trois juſtices, haute, moyenne & baſſe.

(*i*) Loi ſal. t. XXXIV, XLII, LII & ſuiv. Loi rip. t. LI.

(*k*) *Marck* ſignifioit frontiere.

tration qui leur étoit envoyée par les ſouverains, d'où il a réſulté des différences dans la nature des offices municipaux & dans les droits d'adminiſtration intérieure des différentes villes.

Les officiers municipaux ont conſervé leurs noms originaux. Dans les villes ſubjuguées où les Romains envoyerent des préfets, les François y placerent des comtes; mais, outre ce magiſtrat principal, il y avoit dans les villes un certain nombre de chefs, parmi leſquels étoit choiſi un majeur (*l*) ou mayeur, ou maire. Ce mayeur, dans les villes ſubordonnées à un comte, fut regardé comme le lieutenant du comte & conſerva le titre de vicomte mayeur. Les officiers municipaux, conſidérés comme chefs ou comme conſeillers du comte, furent nommés ſcabins ou échevins (*m*). Le nom de ſcabins ne fut pas particulier aux officiers des villes, il fut encore le nom des conſeillers ou aſſeſſeurs des comtes, ſoit dans la cour du roi, ſoit dans les cours des ducs, des comtes, des patrices & des différens juges. Les ſcabins furent appellés auſſi rachimbourgs (*n*) & thungins ſuivant les différens idiomes. Les ſcabins de la cour du roi étoient appellés les ſcabins du palais.

Nous avons vu par les formules des brévets de ducs, comtes & patrices, qu'ils étoient chargés de maintenir la police & de rendre la juſtice. Les comtes étoient aſſiſtés des conſeillers dont nous

---

(*l*) *Major ſeu magiſter ſcabinorum.*

(*m*) *Scabinei*, *ſchabin*, ou *ſcheben.*

(*n*) Ces officiers furent ainſi appellés par Marculphe vers l'an 660 ſous Clovis II. Ce mot dérive de *recht-burgers*, qui ſignifie juge-bourgeois.

avons parlé & des notables (*o*), lorſque le nombre de conſeillers ou d'aſſeſſeurs n'égaloit pas celui qui étoit preſcrit par la loi.

Pour les cauſes criminelles, le juge convoquoit les pairs de l'accuſé, c'eſt-à-dire, douze hommes de même naiſſance que la ſienne: cet uſage étoit établi chez tous les peuples Germains (*p*). Nous verrons par la ſuite que l'uſage d'être jugé par ſes pairs ne s'eſt conſervé que parmi les dignitaires du premier ordre, & que les pairies actuelles tirent leur origine de cet uſage; la pairie n'étoit pas originairement une dignité, c'étoit une fonction accidentelle (*q*). Grégoire de Tours fait mention des officiers appellés *actores dominici*, *actores fiſci*, *actores vel procuratores rei publicæ* (*r*), c'étoient des officiers chargés de veiller aux intérêts du fiſc, ils étoient chargés de l'adminiſtration des terres & biens dépendans du domaine public, ils étoient regardés comme les défenſeurs de la partie publique, & comme faits pour maintenir les droits des biens appartenans à la république ou au peuple en général.

Les rois & même les officiers du prince ſe firent ſouvent repréſenter, dans les provinces ou dans leurs cours de jugemens, par des envoyés extraordinaires ou par des lieutenans appellés *miſſi*; ceux du roi furent appellés *miſſi dominici*; ils étoient délégués ſoit pour l'établiſſement ou la réforma-

---

(*o*) *Boni homines.*

(*p*) Cet uſage confirme ce que nous avons dit de l'inégalité des conditions.

(*q*) Voyez l'ouvrage intitulé les quatre âges de la pairie.

(*r*) Grég. de Tours, hiſt. l. IV. c. XXXVI.

tion des cadaſtres, ſoit pour toutes autres commiſſions que les circonſtances rendoient néceſſaires.

Tous les François étoient obligés de marcher pour la défenſe de la patrie, les uns par devoir, les autres par honneur, d'autres à raiſon des poſſeſſions du fiſc dont ils jouiſſoient; les eſclaves y étoient menés par leurs maîtres. Les officiers ou vaſſaux du ſouverain étoient tenus d'aller à la guerre à raiſon des emplois dont ils étoient revêtus & des bénéfices dont ils jouiſſoient; les propriétaires d'alleux y étoient conduits par l'honneur & y menoient leurs vaſſaux; les poſſeſſeurs des bénéfices héréditaires dont nous avons parlé étoient tenus de marcher ſous les ordres des dixainiers & des centeniers. Tous ces guerriers ſe rangeoient ſous les drapeaux du monarque, des ducs & des comtes (*s*).

Il fut fait, concernant ce ſervice, un réglement

(*s*) *Ut omnis homo liber qui quatuor manſos veſtitos de proprio ſuo, ſive de alicujus beneficio habet, ipſe ſe preparet, & ipſe in hoſtem pergat, ſive cum ſeniore ſuo.* (Cap. ann. 812. Bal. c. I. p. 490.) *De hominibus noſtris & epiſcoporum & abbatum qui vel beneficia, vel talia propria habent....* (idem).

Un capitulaire de l'an 864 dit que c'étoit une coutume très-ancienne que les hommes libres fiſſent le ſervice militaire. *Sed ut liberi homines ſecundum qualitatem proprietatis exercitare debeant.* (Cap. Bal. T. I. c. I. p. 489.)

Si aliquis ex fidelibus noſtris poſt obitum noſtrum, Dei & noſtro amore compunctus ſæculo renuntiare voluerit & filium vel talem propinquum habuerit qui reipublicæ prodeſſe valeat & placitare, & ſi in alode ſuo quiete vivere voluerit, nullus ei aliquod impedimentum facere præſumat neque aliud aliquid ab eo requiratur niſi ſolummodo ut ad patriæ defenſionem pergat. (Cap. ann. 877 Baluz. l. II, art. X.)

ſuivant lequel celui qui avoit quatre manoirs alloit à la guerre & repréſentoit une tête ; ceux qui n'en avoient que trois, deux ou un, étoient réunis enſemble pour former une tête ; ſavoir, le poſſeſſeur de trois manoirs avec celui qui n'en avoit qu'un, & le poſſeſſeur de deux manoirs avec celui qui en avoit auſſi deux ; l'un des deux alloit à la guerre, & il étoit défrayé par celui qui reſtoit chez lui (*t*) ; les propriétaires menoient leurs eſclaves, les autres reſtoient à la maiſon pour les occupations domeſtiques & pour celles de la culture.

Il étoit néceſſaire d'entrer dans ces détails ſur la conſtitution de la monarchie, en nous mettant ſous les yeux les membres de cette conſtitution & leurs fonctions principales, pour agiter une queſtion qui tient à notre ſujet : la monarchie Françoiſe tenoit-elle plus du deſpotiſme ou de la république que de la monarchie ?

Nous avons vu quelle étoit la propriété du prince : il jouiſſoit des domaines dont les empereurs avoient joui, il diſpoſoit des terres dépendantes du domaine public en faveur des ſerviteurs publics ; les rois de France ont fait des loix moyennant le conſentement du peuple ; ils ont conſervé les loix & les coutumes des peuples dont ils ſont devenus les ſouverains ; dans une telle adminiſtration il n'y a nulle trace de deſpotiſme.

Le roi rendoit en perſonne la juſtice à ſes ſujets ou la faiſoit rendre par des comtes & des officiers ſubalternes, & tous les jugemens émanoient de ſon autorité (*u*).

(*t*) Cap. ann. 812 Bal. c. I.

(*u*) Nous avons encore dans les faſtes de la nation

M. de Montesquieu dit: „ plus de liberté si la „ puissance de juger n'est pas séparée de la puissance „ législative & de l'exécutrice (x) ". Le même auteur dit encore: „ dans les états monarchiques „ le prince est la partie qui poursuit les accusés „ & les fait punir ou absoudre; s'il jugeoit lui-„ même, il seroit le juge & la partie. Le prince „ a souvent les confiscations; s'il jugeoit les cri-„ mes, il seroit encore juge & partie (y) ". M. de Montesquieu étoit président d'un parlement; il est malheureux que l'esprit de corps tienne quelquefois lieu de l'esprit des loix dans un livre fait pour diriger le code des nations. L'éclat dont jouissent les corps respectables dont il étoit un des membres n'en est pas moindre lorsqu'il est démontré qu'ils le reçoivent du souverain.

Dans une monarchie ce n'est ni le roi ni son mandataire qui condamne les coupables, c'est la loi. Le juge vérifie si l'accusé est coupable; lorsque la vérification est contre l'accusé, lorsqu'il est jugé coupable, il est condamné par la loi. C'est donc

---

& dans l'histoire plusieurs preuves des jugemens rendus par les rois.

Louis le débonnaire fit savoir par ses délégués qu'il vouloit prendre un jour dans la semaine pour donner audience & juger les causes de ses sujets. (Cap. ann. 829. T. II. c. XIV. Bal. T. I. p. 666).

St. Louis après avoir entendu la messe alloit s'ébattre au bois de Vincennes, se seyoit au pied d'un chêne pour entendre les parties & donner sa sentence selon l'équité (Joinville hist. de St. Louis, éd. 1768. p. 12.).

Charles VIII, dit le continuateur de l'abbé Velly, donnoit réguliérement audience à ceux qui se présentoient.

(x) Esp. des loix, l. XI. c. VI.

(y) Id. l. VI. c. V.

un vain sophisme de dire que celui qui poursuit & qui juge est juge & partie. Le même homme peut être chargé de veiller à l'observation des loix, peut faire arrêter un accusé, & vérifier s'il est coupable sans être juge & partie; c'est une erreur de croire que l'accusé étant poursuivi au nom du roi, le roi est partie contre l'accusé. Cette erreur est fondée sur notre jurisprudence dans laquelle l'officier appellé *procureur du roi* s'établit l'accusateur: cet officier, dans cette fonction, est plutôt l'homme public que l'homme du roi (z). C'est envers la société en général que les criminels sont coupables; c'est pour maintenir l'ordre de la société que le Souverain les fait poursuivre. Il n'y a que l'homme public qui, en rassemblant tous les chefs d'accusation contre les criminels, soit partie contre eux. La réflexion de M. de Montesquieu sur les confiscations n'étoit pas de nature à être insérée dans l'ouvrage de l'esprit des loix.

M. de Montesquieu ajoute que *le roi perdroit encore, en jugeant, une des belles prérogatives de la couronne, celle de faire grace.* Quand le roi auroit vérifié lui-même que l'accusé est coupable & que la loi le condamne, le roi pourroit encore faire grace sans qu'il y eût contradiction, sans qu'il fit & défit ses jugemens: le roi juge que l'accusé est coupable, la loi le condamne, & le roi, sans l'absoudre, lui fait grace; il n'y a pas là de jugement fait & défait.

Si le monarque ne juge pas lui-même, tous les jugemens peuvent émaner de lui ou de son auto-

(z) Dans l'origine de la monarchie cet officier étoit *procureur du fisc*, ainsi que nous l'avons déja dit.

rité, & peuvent être rendus par ses représentans ; le juge n'est donc que le représentant du roi. C'est ce qui étoit très-constamment établi dans l'origine de la monarchie : le roi avoit la puissance de juger, & la subordination civile étoit confondue avec la subordination militaire. Le roi réunissoit le pouvoir de juger au commandement des armées ; il n'avoit en cela que le pouvoir d'un monarque.

Le despote décide suivant ses volontés, le monarque juge suivant la loi.

Examinons s'il en étoit de même de la puissance législative, & si le roi avoit la puissance de faire des loix. Quant à la puissance exécutrice, personne ne la conteste aux monarques. Ils ont droit de faire la paix & la guerre, & de traiter avec les puissances étrangeres.

De minoribus rebus reges consultant, de majoribus omnes, dit Tacite (*a*) ; d'où l'on a conclu que le gouvernement des Germains tenoit plus de la démocratie que de la monarchie ; & de celui des Germains on a tiré la même conséquence pour celui des Francs. Dans un état où le peuple est consulté pour les affaires importantes, il semble que les décisions sur la paix & sur la guerre sont des affaires assez importantes pour être rangées parmi celles que l'on doit mettre sous les yeux du peuple. Dans les petites sociétés dont Tacite nous décrit les mœurs, il n'est pas étonnant que le peuple promptement rassemblé autour du souverain ait été consulté. Lorsque cette branche de la puissance exécutrice est sujette aux délibérations du peuple, il semble que la constitution se rapproche plus de

---

(*a*) De mor. Germ. art. XI.

la république que de la monarchie, parce qu'il est nécessaire que dans les monarchies étendues cette puissance soit entiérement confiée au monarque ; il n'y a qu'un petit nombre de têtes qui puissent combiner sainement les intérêts particuliers des nations. Une assemblée populaire peut mettre dans la balance les principes du droit des gens & les infractions de ses ennemis : mais on ne prendra dans cette assemblée que de foibles mesures pour traiter avec les puissances étrangeres, pour prévenir les démarches des puissances rivales ou jalouses, pour rompre leurs projets d'alliance ou pour attirer des alliés à la nation. Il est très-dangereux d'exposer dans une assemblée populaire l'infériorité de ses forces militaires. Les traités sont sujets à tant d'oppositions qu'ils ne peuvent être manifestés que lorsqu'ils sont signés. S'il se trouve quelques esprits assez déliés, ou quelques génies assez clairvoyants pour saisir & conseiller le véritable parti à prendre, & les moyens à employer, ils seront infailliblement contredits par la multitude. En un mot, les intérêts des nations doivent être confiés à l'autorité du chef de la nation ; ce n'est que dans le secret du cabinet qu'un monarque dirige avec avantage tous les ressorts qui peuvent lui assurer la paix avec les étrangers ou la victoire sur ses ennemis.

Toutes les nations forment des républiques indépendamment de la maniere dont elles sont gouvernées ; elles ont toutes les droits républicains & celui de discuter les intérêts publics : mais plus elles s'étendent, & plus elles deviennent puissantes, plus elles ont d'intérêt de devenir monarchiques. Elles deviennent monarchiques lorsque la discussion & la protection des intérêts publics sont confiées à un chef. Si une partie de ces fonctions eſt réſervée au peuple, il n'en faut pas conclure pour cela que l'état ſoit républicain. Quand on pourroit conclure du paſſage de Tacite que le ſouverain n'avoit pas la puiſſance de décider de la paix & de la guerre, il ne faudroit pas ſoutenir que le gouvernement françois eût été républicain; il s'enſuivroit ſeulement que vû le peu d'étendue des monarchies dont Tacite décrit les mœurs, il n'y avoit pas d'inconvéniens dans cette réſerve. Le chef avoit le commandement général des armées, & les autres attributs de la ſouveraineté; il avoit la puiſſance du commandement militaire, & la puiſſance du gouvernement civil : mais ſa puiſſance pouvoit ne pas s'étendre juſqu'au droit de faire la paix & la guerre.

L'adminiſtration du ſouverain doit être fondée ſur des loix. Si le roi avoit le droit de faire les loix, on en pourroit conclure qu'il eſt deſpote; il diſpoſeroit du bien & de la liberté de ſes ſujets: ainſi de ce que les premiers monarques François n'ont pas eu la puiſſance légiſlative indépendamment du conſentement des peuples, il n'en faut pas conclure que le gouvernement étoit républicain.

Toute ſociété a de droit la puiſſance légiſlative, la puiſſance exécutrice, & la puiſſance de juger: mais il eſt de l'intérêt des peuples que ces deux dernieres puiſſances ſoient confiées à un chef, pourvu que ce chef ne porte aucune atteinte à la puiſſance légiſlative. Tout peuple qui a perdu ſa puiſſance légiſlative a perdu ſes loix; c'eſt un peuple ſubjugué, & ſon maître eſt un deſpote; ſi le deſpote abuſe de ſon pouvoir, c'eſt un tyran (*b*).

(*b*) *Tyrannicum imperium eſt cum is qui imperat ratio-*

Si le souverain est le maître d'ériger ses volontés en loix, le souverain a droit à tout, & les droits de ses sujets sont nuls. On ne peut pas dire que la puissance législative doit résider indéfiniment dans le peuple; car il est des loix qui, pour la conservation des sociétés, sont naturellement nécessaires: ces loix ne dépendent intrinséquement ni de la volonté du souverain, ni des délibérations du peuple. C'est aux législateurs à expliquer la nécessité des loix, & aux peuples à la comprendre; c'est alors dans l'homme sensé que réside, pour ainsi dire, la puissance législative; quant aux loix naturelles, les sages sont législateurs. La meilleure société monarchique seroit celle où les loix naturelles & nécessaires de la proprieté, & des droits réciproques des citoyens, seroient évidemment connues & consignées de maniere que du souverain, des classes différentes de la société & des particuliers, aucun ne pût porter atteinte aux droits de l'autre, & où d'ailleurs la protection interne & externe des droits & des intérêts publics & particuliers seroit confiée indéfiniment au souverain.

Il est aisé de démontrer que les rois ne s'étoient pas emparés de la puissance législative dans l'origine de la monarchie. Premiérement nous avons démontré que les rois ont laissé aux anciens habitans leurs propriétés & leurs loix, & qu'ils ne se sont attribué que le domaine & les revenus des

---

nem uni sibi reddi vult etiam eorum quorum cognitio ad judices aut regni ordines pertinet. (Tac. annal. l. I.)

Charlemagne pensoit que la force ne sert qu'à vaincre, & qu'il faut des loix pour gouverner. (Abrég. chr. de l'hist. de Fr. du prés. Hénault. ann. 813.)

ſouverains précédens. La diſtribution des biens du fiſc étoit inſéparable de l'adminiſtration civile & militaire dont ils étoient en poſſeſſion & de la nomination aux emplois qui en réſulte. En ſecond lieu tous les faſtes de la monarchie atteſtent que les loix étoient publiées & enregiſtrées du conſentement des peuples.

Il y avoit tous les ans au mois de Mars des aſſemblées générales qui ont été appellées (*c*) *aſſemblées du champ de Mars*; ces aſſemblées ſervoient non ſeulement à l'entretien de la diſcipline militaire, mais encore au jugement des cauſes importantes, & à la diſcuſſion des affaires qui intéreſſoient la nation. Outre ces aſſemblées il y avoit des cours tenues par le roi, par les comtes, ou par des délégués extraordinaires. La cour du roi étoit appellée *théade*, les cours des provinces étoient appellées *malls* ou *placités*. Ces cours étoient compoſées des comtes, des aſſeſſeurs ou *ſcabins* ou *thungins*, & des officiers de diſtinction tant eccléſiaſtiques que laïcs. Ces officiers y étoient ſans doute appellés extraordinairement, ſoit pour y juger des coupables comme pairs, ſoit pour traiter les objets de légiſlation.

Un décret de Childebert à la ſuite de la loi ſalique porte qu'elle a été rédigée par Clovis avec ſes Francs, & que les articles qui y ont été ajoutés ont auſſi été approuvés par les Francs. Il n'eſt

---

(c) *Ipſe rex ſedebat in ſellâ regiâ circumſtante exercitu, præcipiebatque is die illo quidquid a Francis decretum erat.* (Bouquet, T. II. p. 647).

C'eſt dans ces aſſemblées que les Francs offroient au roi des préſens ou dons gratuits, *annua dona*. (Id. T. V. p. 633).

pas dit en quelle forme la loi salique a été approuvée, & si c'est dans une assemblée générale; mais les décrets de Childebert & de Clotaire ont été dressés dans des assemblées générales tenues aux calendes de Mars à Mastricht, à Cologne, & dans d'autres lieux. Il y est dit : *una cum nostris optimatibus ;* dans d'autres endroits : *una cum leudis nostris ; una cum consensu & voluntate Francorum ; una cum patribus nostris episcopis, optimatibus cæterisque palatii nostri ministris ; de consensu fidelium nostrorum decretum est ; apud regem & principes ejus & apud cunctum populum christianum qui intra regnum Marwingarum consistunt.*

La cour appellée *théade* suivoit le roi dans les visites de son royaume ; il y présidoit en personne, ou il y étoit représenté par le comte du palais; le président étoit appellé *præses curiæ.* Les rois rendirent dans ces cours plusieurs jugemens consignés dans les fastes de la monarchie (*d*). Cette cour qui répondoit à nos lits de justice actuels (*e*), & les malls ou placités étoient ainsi que l'assemblée générale destinés à mettre sous les yeux des peuples ou des principaux sujets les constitutions ou les loix dont les rois sentoient la nécessité. Non seulement le roi consultoit ses sujets, mais encore

(*d*) Grég. de Tours, l. II, c. VI. Aimoin, hist. l. IV. c. XIX.

(*e*) Marculphe nous a conservé la forme de ces lits de justice destinés aux affaires importantes : *Ego cum nos in Dei nomine ibi in palatio nostro ad universum causas recto judicio terminandas una cum dominis & patribus nostris episcopis vel cum pluribus optimatibus nostris illis, referendariis domesticis illis, partibus illis, cubiculariis et illo comite palatii vel reliquis quam pluribus nostris fidelibus resideremus* &c. (l. I. n. 25).

encore leur consentement étoit absolument nécessaire.

Clovis II dit aux François : *Quoique le soin de notre puissance nous avertisse de vous consulter, il convient cependant de commencer par régler ce qui est relatif à Dieu & aux saints* (*f*).

Ces formes étoient les mêmes pendant la seconde race, & la puissance législative résidoit encore dans l'assemblée de la nation.

Hincmar, archevêque de Reims, qui mourut en 882, soixante huit ans après Charlemagne, rapporte dans un traité, *de ordine palatii*, les faits qu'il avoit appris d'Adhelard, ministre & confident de Charlemagne. Nous apprenons de lui que ce grand monarque ne manquoit jamais de convoquer chaque année l'assemblée générale de ses sujets, *in quo placito generalitas universorum majorum tam clericorum quam laïcorum conveniebat* (*g*)....... *comites vel hujusmodi principes sibimet honorificabiliter a cæterâ multitudine segregarentur* (*h*). Agobert, archevêque de Lyon, en décrivant l'assemblée nationale de l'an 833, où il étoit présent, s'exprime ainsi : *Qui ubique conventus extitit ex reverendissimis episcopis & magnificentissimis, viris illustribus, collegio quoque abbatum & comitum promiscuæque ætatis & dignitatis populo* (*i*).

Il existe une copie des capitulaires de Charlemagne dans laquelle on a inséré les paroles sui-

---

(*f*) Aimoin, l. IV. c. XLI.
(*g*) Hincmar opera edit. Sirmondi, vol. II. c. XXIX. p. 211.
(*h*) Ibidem, c. XXXV. p. 114.
(*i*) Robertson introd. à l'hist. de Ch. V. n. 37.

vantes: *Anno tertio clementissimi domini nostri Caroli augusti sub ipso anno hæc facta capitula sunt & consignata Stephano comiti ut hæc manifesta faceret Parisiis mallo publico coram scabineis quod ita & fecit, & omnes in uno consenserunt, quod ipsi voluissent observare usque in posterum; etiam omnes scabinei, episcopi, abbates, comites manu propriâ subter signaverunt* (*k*).

Robertson, qui rapporte cette citation, croit que c'est une preuve que dès ces temps-là l'usage de publier les loix & de les faire vérifier & souscrire par les officiers de la cour de justice existoit déja; cependant il faut remarquer que le consentement général ne se rapporte pas seulement aux scabins, mais aux Parisiens, & que c'est le peuple rassemblé qui promet d'observer la loi en tout temps. Ceci est confirmé par les termes de Charles le chauve que rapporte le président Henault (*l*): „Tels sont, dit ce prince, les capitulaires „de notre pere que les François ont jugé à propos de reconnoître pour loi, & que nos fideles „ont résolu dans une assemblée générale d'observer en tout temps (*m*)". Cela est confirmé encore par les termes de Charlemagne lui-même: „Nous avertissons tous nos sujets que les chapitres que nous avons cru devoir être ajoutés à „la loi salique l'année passée du consentement

(*k*) Bouquet rect. T. V. p. 653.

(*l*) Abr. chr. de l'hist. de France du président Hénault, rem. sur la seconde race.

(*m*) *Capitula avi & patris nostri quæ Franci pro lege tenenda judicaverunt, & fideles nostri in generali placito nostro conservanda decreverunt.* (Cap. ann. 870. Bal. T. II. p. 231.)

„ général ne seront pas seulement regardés com„ me capitulaires, mais comme loix, & qu'ils „ seront partie de la loi salique (*n*)." Il est évident que les monarques françois sous les deux premieres races assembloient les principaux officiers de la couronne & le peuple pour la publication des loix qu'ils jugeoient nécessaires à l'intérêt public. Leurs édits n'avoient force de loi que par le consentement général; les rois se faisoient un devoir de consulter leurs sujets sur les intérêts de la monarchie : ils étoient donc bien éloignés de s'arroger le droit de faire des loix contraires à l'intérêt des citoyens & de troubler les propriétés. „ Notre intention, dit Charles le „ chauve, est que nos fideles, par l'avis & l'aide „ desquels nous devons gouverner, soient hono„ rés & protégés (*o*)". Dans un autre temps le même roi disoit : „ Vous aurez assez d'égard en„ vers notre majesté & les besoins de nos sujets „ pour nous avertir s'il nous a été surpris quel„ que loi ou quelque ordre contraire afin que „ nous puissions aviser à les corriger (*p*)".

Enfin les principes que nous avons établis sur la puissance législative sont confirmés par une maxime dont s'est servi Charles le chauve : *Quoniam lex consensu populi fit & constitutione regis* (*q*). Cette maxime étoit fondée sur l'opinion générale que les peuples avoient de la nature du gouvernement monarchique. Les constitutions du roi

(*n*) Cap. ann. 801. Bal. t. I. p. 356.
(*o*) Cap. ann. 865. Bal. t. II. p. 202.
(*p*) Cap. ann. 844. Bal. t. II. p. 6.
(*q*) Cap. ann. 864. Bal. t. II. p. 177.

n'avoient donc force de loi que par le consentement du peuple. Les loix émanoient du palais du monarque, ainsi qu'elles peuvent émaner de la plume des sages, & le peuple y mettoit le sceau de sa puissance; les rois n'avoient donc pas indéfiniment la puissance législative. Tels sont les caracteres d'une véritable monarchie ou du gouvernement dans lequel un seul commande en vertu des loix.

SECONDE ÉPOQUE.

Du systême féodal.

C'EST une chose curieuse de considérer dans l'histoire la nomenclature des différentes branches de l'autorité, d'observer les différens passages par lesquels l'autorité est devenue telle qu'elle est ensuite des différens usages, des réglemens, des usurpations, des subdivisions & des variations qu'elle a éprouvées, & de considérer le tableau de la propriété en opposition continuelle avec les usurpations. On voit les différentes branches de l'administration chercher à se séparer de la tige & à former des rejettons indépendans. Nous avons dit précédemment que le royaume de France formoit une monarchie légale, dans laquelle toutes les fonctions de l'administration émanoient du souverain; mais bientôt nous verrons trois branches principales se détacher insensiblement & chercher à appuyer leurs prétentions, leurs oppositions & même leur résistance sur de vains titres dont ils n'ont puisé le simulacre que dans la foiblesse & la condescendance des souverains; ce sont la branche ecclésiastique, la branche féodale & la branche parlementaire.

Il est une ramification d'autorité qui est essentielle à la monarchie. Les prêtres ont été chargés par les rois du soin d'éclairer les peuples sur les vérités de la religion & de la morale. Les prêtres étoient membres de la société & sujets du souverain. Les rois les ont rangés dans la premiere classe de leurs sujets à cause de la dignité & de l'importance de leurs fonctions. Les rois leur ont assigné, pour prix de leurs services, des parts dans les biens communs, & les prêtres ont reçu des bénéfices, ainsi que les autres vassaux de la couronne, pendant la durée de leurs fonctions. Les archevêques, évêques, abbés & prieurs ou curés avoient des provinces, des districts & des cantons assignés pour l'exercice de leurs charges, & chacun avoit son bénéfice dans son district (r);

(r) Les ecclésiastiques tenoient leur solde du roi, ils étoient regardés comme officiers du roi, & ils étoient souvent confondus avec les officiers laïcs. On lit dans la chronique de Frédegaire, c. XLI, ann. 613, *Burgundiæ farones tam episcopi quam cæteri leudes.* Nous savons que le nom de baron ou de faron étoit un nom générique qui, après avoir été appliqué dans l'origine aux chefs de famille ou aux principaux habitans, a signifié ensuite un homme puissant, un homme principal, ou un homme en place, & qu'enfin il est devenu le nom particulier de certains commandans de districts.

Les évêques & abbés étoient soumis, ainsi que les autres officiers de la couronne, à l'inspection des délégués extraordinaires: *ut ubicumque missi aut episcopum aut abbatem aut alium quemque libet honore præditum invenerint qui justitiam facere noluit vel prohibuit, de ipsius rebus vivant quamdiu in eo loco justitias facere*

mais bientôt en expliquant les volontés de Dieu, ils se sont déclarés les représentans de Dieu, & ils n'ont établi leur puissance auprès des peuples que sur ce caractere.

Les grands officiers laïcs de la couronne tenoient du roi leurs pouvoirs, ils étoient amovibles, & le roi les destituoit ou changeoit leurs districts suivant qu'il le jugeoit nécessaire. Les ducs & les comtes du premier ordre faisoient toutes les fonctions d'un seul & unique mandataire du roi, d'un seul & unique dépositaire de son autorité. En un mot, ils réunissoient l'autorité qu'ont actuellement

---

debent. (Cap. ann. 819. Bal. c. V. art. 23.) Les évêques faisoient rendre la justice dans leurs bénéfices de même que les comtes, les évêques alloient à la guerre sous les ordres du roi, & ils y menoient leurs abbés ou leurs avoués, de même que les comtes menoient leurs vassaux. M. de Montesquieu remarque que les ecclésiastiques étoient assez embarrassés, & ne convenoient pas bien de leurs faits; ils demanderent & obtinrent de ne plus aller à la guerre, & se plaignirent ensuite de ce qu'on leur faisoit perdre la considération publique. (Esp. des loix, l. XXX, c. XVII.)

Le droit de régale est un monument certain de la dépendance des ecclésiastiques & de la maniere dont ils tenoient leurs bénéfices du roi; ce droit démontre évidemment que les bénéfices ecclésiastiques appartenoient à l'état, puisque le roi en jouissoit lorsqu'ils étoient vacans. On a des preuves de la régale depuis l'an 1159. (Fleury, hist. eccl. l. LXX, n. 34).

La régale ne finit que lorsque l'évêque nommé a prêté serment de fidélité au roi. (Ord. de Phil. de Val. de l'an 1334).

Les rois jouissent des bénéfices vacans & des gages intermédiaires des offices vacans, ainsi que les empereurs romains en jouissoient. (C. l. X. t. XVI).

dans les provinces les commandans, les premiers présidens & les intendans, depuis que ces officiers du roi ont obtenu de fixer dans leur famille & de faire passer à leurs héritiers leurs dignités & le prix de leurs fonctions. Ces fonctions de l'administration devinrent des prérogatives propres, le pouvoir de juger devint un droit, les bénéfices devinrent des propriétés & acquirent de tels avantages sous le nom de fiefs au-dessus des alleux que les propriétaires d'alleux furent bientôt jaloux de les changer en fiefs. Les officiers du roi devinrent trop indépendans pour rendre compte de leurs fonctions, & ils ne semblerent plus les tenir de leur souverain que par une espece de réminiscence à chaque mutation de propriétaire. La souveraineté devint une espece de supériorité qu'on distingua par le nom de suzeraineté. De telles dénominations n'étoient pour le souverain que de ces titres que conservent ceux qui perdent leurs droits pour les recouvrer dans des circonstances plus heureuses. Les représentans du souverain devinrent co-souverains, ils jouirent dans leurs districts de la souveraineté réelle, & l'autorité du roi s'éclipsa (*s*).

Les rois avoient autour d'eux & à leur suite une cour qui étoit composée de conseillers, & dont ils confioient la présidence soit au comte du palais, soit aux chefs de la compagnie, lorsqu'ils n'y siégeoient pas eux-mêmes pour juger les sujets. Ces assesseurs des rois assistoient aux assemblées où les rois convoquoient des pairs pour juger les cou-

(*s*) Auteserre fait l'énumération des droits usurpés par les ducs & les comtes. (De ducib. & comit.)

pables, & convoquoient les grands officiers de la couronne & les représentans des peuples pour publier les loix & obtenir le consentement de ce corps, qui, lorsqu'il étoit ainsi composé, formoit l'organe de la nation, & dont la sanction étoit nécessaire pour la législation. Lorsque le roi avoit obtenu ce consentement, les loix étoient enregistrées. A mesure que les intérêts se compliquerent & que les procès se multiplierent, les rois sentirent successivement la nécessité de fixer une partie de ces assesseurs dans des lieux principaux où ils fussent résidens. Ils furent démembrés en premier lieu de la cour dont il s'agit; ils furent destinés à rendre la justice dans un ressort déterminé, & leurs registres continuerent à être le dépôt des loix publiées. Dans la suite cette cour détachée oublia son origine. Les assesseurs changerent les représentations qu'ils étoient destinés à faire, les conseils & les avis qu'ils étoient destinés à donner en oppositions manifestes; ils regarderent ces oppositions comme des fonctions de leur état plus importantes que celles de rendre la justice; ils se déclarerent les représentans & les patrons du peuple (*t*). Un de leurs membres, qui a été vanté comme un législateur, publia qu'il falloit dans une monarchie des corps intermédiaires entre le roi & le peuple; cette maxime fut regardée par eux comme essentielle à la monarchie, & ils ont cru que leurs pouvoirs intermédiaires étoient de

(*t*) Charles IX défendit au parlement de se mêler des affaires de l'état, & lui dit qu'il le désabuseroit de cette vieille erreur qui le portoit à se croire le tuteur des rois & le gardien du royaume.

nature à servir de contre-poids dans la balance des intérêts des rois & des peuples (*u*).

C'est ainsi que les représentans de Dieu se créèrent une nature d'autorité indépendante qu'ils exercerent sur les peuples.

C'est ainsi que les représentans & mandataires du souverain acquirent des souverainetés (*x*); c'est ainsi que les conseillers du roi, sous le nom de représentans du peuple, devinrent, avec le roi, les co-législateurs de la nation, & prétendirent que leur sanction étoit aussi nécessaire aux constitutions du roi que la sanction du roi d'Angleterre

---

(*u*) Entre les corps politiques qui sont propres à contrebalancer le pouvoir du monarque, M. de Montesquieu (Espr. des loix l. II. c. IV) semble donner à la noblesse le premier rang; mais ce président a bien senti qu'en accordant ce rang à la noblesse qui ne forme pas un corps rassemblé il ne portoit aucun préjudice à la magistrature. Il n'est pas difficile de voir où il en vouloit venir. Il attribue à la noblesse *de l'ignorance naturelle*, *de l'inattention*, *du mépris pour le gouvernement civil.* Il falloit trouver un corps qui *fit sans cesse sortir les loix de la poussiere où elles seroient ensevelies.* Il venoit de conduire la noblesse, il falloit encore écarter le conseil du roi. Ce conseil a d'autres défauts, *il est par sa nature le dépôt de la volonté momentanée du prince qui exécute & non pas le dépôt des loix fondamentales; de plus le conseil du monarque change sans cesse, il n'est point permanent, il ne sauroit être nombreux, il n'a point à un assez haut degré la confiance du peuple, il n'est donc pas en état de l'éclairer dans les temps difficiles ni de le ramener à l'obéissance.* Reste la magistrature.

(*x*) Les rois de France ont commencé à recouvrer la ramification de leur autorité dans leur conseil, leurs ministres, leurs commandans, leurs intendans & les bureaux.

est néceſſaire aux loix rédigées par le peuple (*y*).

Si la foibleſſe des princes toléra les uſurpations & produiſit des révolutions dans l'autorité ſouveraine, il n'en ſurvint pas de moindres dans les droits des citoyens & dans les propriétés (*z*); il s'établit dans le gouvernement un nouvel ordre de propriétés auquel furent aſſujettis même les propriétés franches & libres, je veux parler du ſyſtème féodal.

Les ſentimens des auteurs & des hiſtoriens ont été différens ſur l'origine des fiefs. Les uns en ont attribué l'origine aux Romains (*a*), en diſant que les officiers & ſoldats romains avoient des fiefs dans les bénéfices qui leur étoient concédés à titre de ſolde (*b*); d'autres aux camps des Germains, en diſant que les anciens Germains, dont la conſtitution civile étoit la même que la conſtitution militaire, n'avoient pour propriétés que des fiefs; ils regardent le ſyſtême féodal comme propre aux nations du nord qui ſe ſont répandues dans l'empire, & même aux peuples monarchiques (*c*); d'autres aux barbares conquérans, en

(*y*) Le contrat ſocial étant réciproque, la ſanction du peuple aux loix du roi eſt auſſi néceſſaire que la ſanction du roi aux loix du peuple; mais le parlement n'eſt pas le peuple.

(*z*) Le ſyſtême féodal s'éteint à meſure que les loix de la propriété reprennent leur empire.

(*a*) L'abbé Dubos, hiſt. crit. de l'étab. de la mon. fr. T. I. l. 1. c. IX. Ducange verb. *beneficium feudum.* Budée & pluſieurs auteurs attribuent l'origine des fiefs au patronage des Romains.

(*b*) Les empereurs romains diſtribuerent des terres aux guerriers. (c. l. XI. t. LIX).

(*c*) M. de Voltaire (hiſt. gén.) & M. l'abbé Dubos

disant que les rois barbares se sont emparés de toutes les terres des Gaules & les ont distribuées suivant leur munificence, en se réservant une suzeraineté générale (*d*).

Plusieurs auteurs pensent que c'est au partage de la conquête que l'on convint que la seigneurie & la justice résideroient dans le territoire (*e*).

D'autres ont attribué l'origine des fiefs à l'aliénation des bénéfices que les rois de France ont concédés soit à vie, soit héréditairement (*f*).

D'autres ont cru que Charlemagne avoit rap-

(hist. crit. de l'étab. de la mon. fr. l. 1. c. IX.) reconnoissent le systême féodal jusques dans les timariots, timairs ou zaimœts des Turcs, dont parle la Guillotiere dans le liv. IV de son Athenes ancienne & nouvelle, p. 361. éd. 1696.

On prétend que Fernand Cortès l'a trouvé établi au Mexique. (V. dom Antonio de Solis.)

(*d*) Galland du franc alleu, c. VII. p. 99. L'oiseau des seigneuries c. I. n. 54, 60 & suiv.

(*e*) Bouquet. T. I. p. 4 & 11. Dunod obs. sur la cout. de Bourgogne, p. 14.

(*f*) M. l'abbé de Mably fonde le gouvernement féodal 1°. sur l'aliénation à vie des bénéfices ou domaines royaux faite au traité d'Andely & confirmée dans l'assemblée de Paris en 615 lors du couronnement de Clotaire II. 2°. sur le service que Charles Martel jugea à propos d'imposer aux possesseurs de bénéfices, & qui devint une des conditions sous lesquelles il les accorda; 3°. sur l'hérédité des bénéfices extorquée à Charles le chauve, enfin sur l'usurpation des comtés & seigneuries qui fut approuvée par Hugues Capet & ses successeurs. (Obs. sur l'hist. de France).

M. de Montesquieu fonde l'origine des fiefs sur l'aliénation des bénéfices. (Esp. des loix, l. XXX. c. XI, XII & XVI.)

porté le ſyſtème féodal en revenant de ſes conquêtes d'Italie, & avoit établi en France cette nature de gouvernement qu'il avoit trouvé établie chez les Lombards (g).

D'autres ont dit que les fiefs avoient été héréditaires dès leur origine, & qu'ils ont été accordés par Hugues Capet & ſes prédéceſſeurs aux grands ſeigneurs (h), & l'on a dit qu'il étoit croyable que les grands ſeigneurs avoient les premiers donné les terres qui dépendoient d'eux à leurs vaſſaux, afin qu'ils fuſſent intéreſſés à les maintenir dans leur uſurpation (i).

D'autres ont cru que les fiefs ont pris leur origine des bienfaits & récompenſes que faiſoient les rois & les grands aux gens de guerre qui les avoient accompagnés & ſuivis aux conquêtes qu'ils firent dans les Gaules à l'exemple des Romains (k).

D'autres enfin ont eu des ſyſtèmes mixtes ſur l'origine des fiefs.

Si chacun de ces auteurs n'eût pas été jaloux de ſe faire un ſyſtème particulier & de fonder ex-

---

(g) Meſeray abr. chron. T. I. du Haillan hiſt. de Fr. vie de Charles le grand, p. 229. Boulainvilliers diſ. ſur la nobleſſe de Fr. p. 102. Hiſt. de l'anc. gouv. T. I. p. 109, 291.

(h) St. Julien mél. hiſt. des fiefs, c. V. Chantereau de l'orig. des fiefs, l. I. c. I. l. II. c. I. Hiſt. de la mil. de Fr. du pere Daniel, l. III. c. I. Banage cout. de Norm. T. des fiefs. Préſident Hénault ab. chr. de l'hiſt. de Fr. ann. 923, Remarques part. ſur la ſeconde race. Dict. de Trévoux au mot fief.

(i) Meſeray abr. chr. T. II.

(k) d'Eſpeiſſes traité des fiefs, T. III. art. I.

clusivement un système sur des faits particuliers, ils auroient presque tous eu raison de dire que le fait dont ils faisoient mention étoit une des causes du système féodal; pour moi j'avoue que mon système va être un assemblage de tous les systèmes des autres, parce qu'il me paroît que la plupart des faits rapportés par eux sont vrais, & que ces faits ont influé sur le gouvernement féodal tel qu'il a subsisté.

Presque tous les petits états peu civilisés, & tels qu'on nous a dépeint les sociétés monarchiques du nord, distribuoient des terres en place de solde, soit aux gens en place, soit aux guerriers; c'est de ce partage des terres fiscales, dont il est parlé dans les anciens historiens, que l'on a conclu que les terres étoient en commun & qu'il n'y avoit pas de propriété fonciere. Quoiqu'il y ait eu chez les Romains une solde en argent ou en denrées destinée aux fonctions publiques, les empereurs n'ont pas laissé de suivre l'exemple dont il s'agit (*l*), en assignant soit dans les provinces, soit dans le sein de l'empire, des terres pour la solde des emplois, & la solde des guerriers employés à lagarde des frontieres & des places fortes. Lorsque les barbares sont arrivés dans les Gaules & qu'ils s'en sont rendus

(*l*) L'usage de distribuer des terres aux soldats est très-ancien. Les soldats égyptiens avoient à cultiver à leur profit douze arures exemptes de toute imposition, & pour completter leur solde on leur distribuoit journellement cinq livres de pain, deux livres de viande & une pinte de vin (Rollin hist. ancienne), d'où il résulte que les soldats égyptiens n'étoient point aussi fainéants en temps de paix que nos soldats actuels, & qu'ils étoient moins pauvres.

ſouverains, l'uſage de diſpoſer des biens du fiſc en faveur des principaux officiers & des guerriers ne leur étoit point étranger; nous avons vu que les guerriers Bourguignons & Viſigots partagerent ces terres fiſcales avec les Romains, & que les Francs diſtribuerent aux guerriers & capitaines des terres ſaliques; les lots des Romains, les lots des barbares & les terres ſaliques qui ont été données héréditairement, eurent déja, par les manieres d'en diſpoſer & par l'ordre de ſucceſſion, les caracteres qu'eurent enſuite les bénéfices lorſqu'ils devinrent héréditaires & qu'ils furent appellés fiefs (*m*). Ces bénéfices étoient des biens du fiſc qui furent concédés d'abord annuellement & enſuite à vie, pour prix des ſervices rendus à la patrie dans l'adminiſtration. Clotaire les concéda à vie, Charles le chauve les concéda héréditairement en réſervant des droits à chaque mutation (*n*). Chaque officier qui entroit en charge prêtoit ſerment de fidélité au roi entre les mains de ſa majeſté, ou entre les mains d'un officier ſupérieur

---

(*m*) Le mot *fief* vient du mot ſaxon *feod* qui ſignifie *ſolde*.

Les ainés ſuccédoient ſeuls en France aux fiefs. (Cujas l. I. de feud. T. IX). Ils ſe partageoient chez les Lombards. Suivant Ducange (verb. *beneficium*) on ſuccéda aux bénéfices d'abord en ligne directe, enſuite en ligne collatérale, puis en ligne féminine.

(*n*) Il paroît qu'avant l'hérédité des emplois il falloit payer de certains droits pour obtenir la nomination. Grégoire de Tours rapporte que Peonius, comte d'Auxerre, ayant envoyé ſon fils Mammolus pour obtenir de Gontran la continuation de ſon emploi moyennant une certaine ſomme, le fils ſe ſervit de cette ſomme pour obtenir l'emploi pour lui-même. (liv. IV. c. II).

du présenté ; cet usage subsista lors de l'hérédité ; il fut réglé qu'à chaque mutation chaque nouveau vassal jureroit la foi au roi. Il étoit d'usage depuis long-temps dans l'empire que les hommes d'une condition inférieure choisissent, parmi les hommes puissans, des patrons ou défenseurs (*o*) pour soutenir leurs intérêts. Cet usage devint semblable en France ; l'hommage que les inférieurs rendoient à leurs supérieurs, à raison du patronage, fut rendu par les vassaux à leurs suzerains ; ainsi chaque rameau de l'administration juroit la foi & rendoit

---

(*o*) Les inférieurs qui se mettoient sous l'appui & la protection des hommes puissans s'apelloient *cliens* & leurs protecteurs *patrons*.

Cicéron dit : *Clarissimi viri nostræ civitatis temporibus optimis hoc sibi amplissimum pulcherrimumque ducebant ab hospitibus clientibusve suis, ab exteris nationibus quæ in amicitiâ populi romani ditioneque essent injurias propulsare eorumque fortunas defendere.* (divin. in ver.).

Budeus (*in pand.*) *scribit moris fuisse apud antiquos ut provinciales & socii populi romani in clientelam sese darent proceribus romanis quos patroni sibi adoptabant, non modo publice sed etiam privatim, iisque ut clientes eorum dicerentur inter se vero hospites, ferebat autem id hujusmodi necessitudo ut clientes perpetuo patronorum suorum patrocinio caput ac fortunas suas tenerentur : vicissimque ipsi patronos suos omni observantiâ atque obsequio colerent & venerarentur. Quin etiam quos vasallos vocare solent clientes appellare possumus & clientelam observantiam ipsam & obsequium quod homagium dicunt clientelaris officii sponsionem agnitionemque.*

Non seulement les François prirent des protecteurs auprès du roi, on en a pris aussi auprès de Dieu ; les chrétiens, les villes & même les royaumes ont eu au moins un patron dans le ciel.

hommage à la branche dont il émanoit; cette foi & cet hommage (*p*) étoient reportés jusqu'à la tige commune, jusqu'au souverain (*q*). On peut conjecturer avec beaucoup de vraisemblance que la subordination des vassaux & des suzerains françois a tiré son origine en partie de celle des cliens & des patrons romains, & en partie de la subordination qui existe nécessairement des officiers supérieurs aux officiers inférieurs. L'esprit de subordination & de protection qui subsistoit dans l'empire romain s'est répandu dans les Gaules, & il ne s'est point anéanti chez les Francs.

On voit des traces de ce personnage dans le partage que Louis le débonnaire fit à ses fils, & dans lequel il est permis à tout homme libre & sans seigneur, de se rendre vassal de celui des trois princes qu'il choisira (*r*). Une constitution de Charles

(*p*) *Fides & clientela:* le premier de ces mots dérive de la foi ou fidélité des Francs, le second du patronage du Romain.

(*q*) C'est pour se distinguer des vassaux que les rois de France se sont qualifiés tels par la grace de Dieu; c'étoit pour désigner qu'ils ne relevoient d'aucun homme sur la terre. (Le bret de la souv. l. I. c. VII.)

Bazile s'étant affranchi de l'hommage rendu par ses prédécesseurs au précop de Tartarie se fit appeller *grand chambellan de Dieu* pour témoigner qu'il ne relevoit que de Dieu. (Bodin rép. l. I. c. IX).

(*r*) Abrég. chron. de l'hist. de Fr. du prés. Hénault, ann. 817.

Louis le Débonnaire, dans le nouveau partage fait en 837 entre ses enfans, renouvelle la permission aux François de se choisir un protecteur dans celui des trois royaumes qu'ils voudront: *Ut unusquisque liber homo, post mortem domini sui, licentiam habeat se commendandi*

Charles le chauve de l'an 847 porte : *Volumus etiam ut unusquisque liber homo in nostro regno seniorem qualem voluerit in nobis & in nostris fidelibus accipiat* (*s*). Les rois assujettirent successivement à cette subordination les hommes mêmes dont la propriété étoit la plus libre. Une constitution de Charles le chauve de l'an 873 porte : *Ut unusquisque comes in comitatu suo magnam providentiam accipiat ut nullus liber homo in nostro regno immorari vel proprietatem habere permittatur cujuscumque homo sit, nisi fidelitatem nobis promiserit* (*t*).

Les rois ne s'en tinrent pas à la subordination personnelle, ils parvinrent encore à mettre les biens dans une dépendance semblable à celle des personnes par le changement des alleux en fiefs. Lorsque Charlemagne revint d'Italie & qu'il eut étudié les loix des Lombards sur les fiefs, cet empereur eut beaucoup d'influence sur la nouvelle forme de gouvernement qu'introduisit le systême féodal; mais l'empereur Charlemagne lui-même n'étoit pas assez puissant pour changer subitement la nature des propriétés de ses sujets. Ce ne fut que par les privileges considérables que les bénéfices ont eu, soit avant d'être héréditaires, soit depuis cette époque, & par les avantages que les propriétaires en espéroient tirer, qu'ils souscrivirent volontairement & librement à transformer leurs propriétés; ce n'est que successivement sous le regne de Char-

---

inter hæc tria regna ad quemcumque voluerit similiter & ille qui nondum alicui commendatus est. (cap. Bal. T. I. art. VI. p. 687).

(*s*) Cap. Bal. T. II. art. II. p. 44.

(*t*) Cap. Baluz. T. II. art. VI. p. 230.

lemagne & de ses successeurs que le systême féodal s'est généralisé, & ce ne fut que par les usurpations qui ont suivi les premiers établissemens que les seigneurs ont prétendu une suzeraineté générale (*u*); ce ne fut que par la multiplicité des inféodations (*x*) que le royaume parvint à être considéré comme un grand fief, suivant l'expression de Mezerai; on finit par oublier presque généralement le nom d'alleu, & les propriétés furent reléguées dans peu de cantons (*y*). S'il se faisoit quelque concession soit de la part des supérieurs, soit de la part des souverains, ce n'étoit qu'à titre de fief, c'est-à-dire, avec les charges & les privileges des fiefs; il n'est donc pas surprenant que l'on retrouve dans l'histoire que Raoul, beau-frere de Hugues le grand, & Hugues Capet, en montant

---

(*u*) Beaumanoir rapporte que le seigneur s'emparoit dans quelques pays des terres qui ne relevoient de personne.

(*x*) Il y a plus de fiefs devenus tels par la volonté des propriétaires que par concessions. (St. Jul. mell. hist. p. 688).

Pour changer un alleu en fief le propriétaire le cédoit au roi qui le rendoit avec le nouveau titre & ses prérogatives. (Mar. l. I. form. 13). On peut en conclure que le roi pouvoit concéder en fief des terres domaniales, mais qu'il ne pouvoit convertir des alleux en fiefs sans le consentement des propriétaires, ainsi qu'on en a attribué l'autorité à Charlemagne. Nous en conclurons aussi que le roi n'avoit pas de droit la seigneurie universelle.

(*y*) Les possessions allodiales se sont conservées longtemps en Languedoc, en Catalogne, & dans le Roussillon. (Hist. gén. du Languedoc. *app. du tr. de marcâ sive limite Hispanico.*

ſur le trône aient concédé des domaines à titre de fief aux grands officiers, & ceux-ci à leurs inférieurs (z); ce n'étoit que la ſuite d'un ſyſtème établi, & qui avoit pris ſes racines chez les Germains, chez les conquérans des Gaules, chez les conquérans de l'empire, dans les uſages qui ſe ſont conſervés depuis l'origine de la monarchie & dans les conceſſions des ſouverains. Le ſyſtème féodal eſt donc une complication de différens uſages & dérive de différentes circonſtances, & l'on peut dire que ſon origine n'a pas d'époque déterminée.

De tous les faits rapportés dans les différens ſyſtèmes, ce que nous avons dit ne contredit que ceux qui ont rapport à la ſeigneurie univerſelle que l'on a attribuée au ſouverain, & dont nous parlerons dans la ſuite.

Après avoir vu quelle a été l'origine des fiefs, examinons juſqu'où le ſyſtème féodal a étendu ſes branches entrons dans quelques détails ſur la nature des fiefs & ſur le joug que les ſeigneurs & feudataires firent ſubir aux claſſes inférieures.

Si la nation venoit à s'aſſembler un jour pour rédiger un code de loix & régler avec la balance de la juſtice quelles ſont les natures de propriété, ce ſeroit une grande & importante queſtion à agiter que celle-ci : la plupart des revenus des bénéfices eccléſiaſtiques qu'on appelle bénéfices ſimples, & les droits féodaux qui faiſoient partie du domaine public, & qui ont été obtenus des rois à charge des fonctions de l'adminiſtration (a),

(z) Le préſident Hénault dit que nos rois trouvoient plus d'avantages à donner à fief qu'à conſerver la propriété. (Abr. chron. de l'hiſt. de Fr. ann. 992).

(a) Peut-être même une partie de ces droits étoient.

ſont-ils légitimement acquis à l'état eccléſiaſtique & dans les familles (*b*) ? Si l'on conſidere que les ceſſionnaires ont tellement abuſé de leurs pouvoirs, tellement négligé & abandonné leurs fonctions, qu'il a fallu créer un nouvel ordre d'adminiſtra-

---

ils de ceux dont les feudataires étoient chargés de la perception envers le Souverain, & dont ils ſe ſont emparés.

(*b*) On peut diſtinguer les biens dépendans des bénéfices eccléſiaſtiques & ceux qui dépendent des fiefs; tous les biens qui faiſoient partie anciennement des biens du fiſc, & qui ont été diſtribués à charge de quelque ſervice ſont confondus avec toute eſpece de fief, & nous avons vu que pluſieurs propriétés ont été changées en fiefs, ainſi il eſt impoſſible de faire rentrer au fiſc les terres dépendantes des bénéfices laïcs ſans troubler toutes les propriétés : mais nous verrons que tous les droits féodaux étoient inhérens à des charges & à des emplois de l'adminiſtration qui ne ſubſiſtent plus, ou qui n'ont qu'une ombre d'exiſtence comme les juſtices ſeigneuriales.

Quant aux bénéfices eccléſiaſtiques, ils ſubſiſtent encore. La plupart des fonctions auxquelles ils étoient deſtinés ne ſubſiſtent plus; ces bénéfices ont été améliorés par la culture ou accrus par les donations, mais le fiſc de la république n'a pas perdu ſes droits inaliénables de propriété dont elle jouit depuis l'origine de la monarchie. Si le gouvernement jugeoit à propos de diſpoſer de ces biens d'une maniere utile à la patrie, l'égliſe pourroit ſe plaindre, mais elle n'auroit à réclamer qu'une longue poſſeſſion contre des droits ſacrés & inaliénables. Les biens du fiſc concédés à titre de bénéfices à des abbés ou prieurs qui n'ont plus de fonctions dans l'état ont été accrus par des fondations que des propriétaires particuliers ont faites en aſſociant des membres inutiles au chef principal. Si le gouvernement regardoit ces aſſociations comme contraires à l'ordre ſocial, ces accroiſſemens rentreroient de droit au fiſc avec le fonds principal.

tion, que ces mandataires du ſouverain n'ont plus de fonctions à remplir, & qu'ils n'ont plus, avec le produit, qu'un titre qui conſerve encore la mémoire de leur origine, ſur-tout s'il étoit bien démontré aux yeux de la nation que la nature de ces droits attaque non-ſeulement les propriétés allodiales, mais encore qu'ils nuiſent aux progrès de l'agriculture & à la proſpérité d'un royaume agricole, que le domaine public *ſacrum patrimonium* eſt impreſcriptible, & que les propriétaires payent maintenant de deux manieres pour les fonctions de l'adminiſtration.

On peut conſidérer le ſyſtême féodal ſous trois points de vue principaux; 1°. on peut le conſidérer comme ſyſtême d'adminiſtration monarchique; ſous ce premier point de vue on apperçoit les officiers de la couronne eccléſiaſtique & les laïcs, deſquels l'autorité émanée du ſouverain ſe ſubdiviſoit en différentes branches, & qui juroient la foi ou la fidélité à leur maître médiatement ou immédiatement. 2°. Nous regarderons les membres de ce ſyſtême comme cliens d'un patron, tels qu'ils ont été plus généralement ſous Charlemagne & ſes ſucceſſeurs; ces cliens portoient hommage à leur ſupérieur, & recevoient l'hommage de leurs inférieurs. Le ſyſtême féodal ſous ce ſecond point de vue n'a pas produit de grandes révolutions; ce n'étoit d'abord qu'une conſtitution perſonnelle qui établiſſoit une ſubordination reſpectueuſe depuis le premier des citoyens juſqu'aux derniers, & qui aſſuroit en même temps aux inférieurs une protection & la conſervation de leurs droits; mais cette conſtitution, qui avoit pour baſe la premiere, & qui ſe rapportoit à elle quant aux offices, s'y rapporta auſſi quant aux biens, lorſque la plupart des alleux furent aſſimilés aux bénéfices, & lorſqu'une grande partie des domaines fut concédée en fiefs ; c'eſt en conſidérant le ſyſtème féodal ſous ce troiſieme point de vue que nous appercevrons qu'il a changé abſolument la nature du gouvernement françois, & qu'il l'a fait incliner vers le deſpotiſme. Avant Charlemagne il exiſtoit une eſquiſſe du ſyſtème féodal dans l'exercice des fonctions de l'adminiſtration, & dans la jouiſſance des bénéfices; Charlemagne & ſes ſucceſſeurs perfectionnerent ce ſyſtème en calquant une conſtitution analogue à la premiere, & les rapportant enſemble de maniere que chaque partie de l'une correſponde à chaque partie de l'autre. Lorſque Charlemagne eut ſaiſi l'eſprit de clientele qui étoit plus particuliérement établi en Italie chez les Lombards que dans les Gaules, il projetta ſans doute de fonder l'autorité des monarques ſur cette eſpece de ſubordination, & de l'affermir par la dépendance à laquelle fut aſſujettie la propriété. La clientele des perſonnes n'étoit qu'une conſtitution morale où les ſujets trouvoient l'eſpérance d'être protégés, & les rois des gages de fidélité & de reſpect; mais cet ordre moral & les changemens qui ſe multiplierent des alleux en fiefs, lorſque les bénéfices devinrent héréditaires, firent naître un ordre politique & donnerent lieu au principe qui attribue au ſeigneur la ſeigneurie univerſelle, & dont pluſieurs auteurs ont ſoutenu la légitimité. Ce principe peut avoir lieu quant aux juſtices, & dans ce ſens il tient à l'ordre monarchique; mais il ne peut avoir lieu quant aux propriétés, ainſi qu'on le peut déja déduire de ce que nous avons dit, & que nous le démontrerons.

Nous allons considérer d'abord le système féodal comme système d'administration, nous suivrons la maniere dont les fonctions & les produits des emplois publics ont changé de nature depuis leur origine. Les fonctions des mandataires du souverain consistoient dans la justice & dans le commandement militaire ou dans la puissance ecclésiastique; les produits consistoient dans le revenu des terres bénéficiales & de différens droits attachés aux emplois ou acquis successivement, soit par concession des suzerains, soit par usurpation. Les archevêques, les évêques, les abbés, les prieurs, les ducs, les comtes, les commandans particuliers de districts subordonnés à ces ducs & à ces comtes, les centeniers percevoient ces revenus pour prix des fonctions qu'ils remplissoient & des services qu'ils rendoient. Les archevêques & évêques exercent encore les fonctions principales qu'ils exerçoient, leurs jurisdictions ont changé de nature & ils ont encore des bénéfices dont le roi dispose en leur faveur en les décorant de leurs dignités; mais les abbés & prieurs n'ont plus de fonctions publiques à remplir, & ils ont des revenus qui n'ont fait que croître & devenir de plus en plus à charge à la classe des propriétaires.

Les ducs, comtes & autres officiers inférieurs, ont cessé d'être, par leurs dignités, commandans des guerriers & magistrats civils, mais ils ont conservé une espece de police & le droit de faire rendre une justice subalterne qui conserve souvent encore le nom de haute justice. Cette police & cette justice ne sont exercées qu'aux moindres frais possibles de la part du feudataire, mais de maniere à rapporter le plus grand produit en amendes pour le feudataire, & en épices pour le juge. La police qu'exercent le plus ſouvent ces juges ſubalternes & leurs employés a beaucoup plus de rapport à la conſervation des droits du feudataire qu'à la police ſociale, cependant les bénéfices qui ont été rendus héréditaires, ainſi que les officiers, n'ont fait que croître en valeur, & les droits féodaux ſont immenſes (*c*).

Il y avoit des juſtices de différens ordres, celles des premiers mandataires du ſouverain d'où ſont dérivées les hautes juſtices (*d*), celles des comtes

(*c*) Les privileges & les droits que les feudataires ont conſervés ont été diſtingués de la propriété fonciere par les noms de domaine direct & domaine utile, & les fiefs comprennent eux-mêmes des domaines directs qui dérivent des offices, & des domaines utiles qui dérivent des bénéfices.

(*d*) Comme il n'y avoit que ſept de ces grands diſtricts, & que ces grands fiefs ſont rentrés à la couronne, on pourroit croire que ſi les hautes juſtices ont été inhérentes à ces fiefs elles devroient auſſi être rentrées à la couronne, mais il eſt évident que les hauts juſticiers ont partagé leurs fiefs entre leurs enfants, ou qu'ils en ont aliéné des parties; que lors de ces partages l'aîné conſervoit les titres du grand fief, & que les cadets avoient la juſtice avec le fief, *parce que les juſtices ſont patrimoniales en France*, ou bien les grands vaſſaux aliénoient une partie de leurs fiefs en y joignant la juſtice. Les ſubdiviſions de cette juſtice conſervoient la nature de haute juſtice ſuivant ſon inſtitution, d'où l'on peut remarquer, en conſidérant la multitude des hautes juſtices qui ſubſiſtent en France, combien les hautes fonctions de l'adminiſtration qui réſidoient d'abord entre les mains d'un petit nombre de grands officiers de la couronne ont été morcelées par l'hérédité & les aliénations. La haute juſtice que les ducs & comtes avoient ſur des provinces entieres a été ſubdiviſée en autant de parties que ces officiers avoient de juges répartis ſous

& vassaux de moindres districts d'où sont dérivées les basses justices.

Les hauts justiciers étoient, dans l'origine de la monarchie, les ducs ou comtes des grands districts; ils avoient les pouvoirs qu'avoient eus les gouverneurs de provinces sous l'empire romain : ces pouvoirs étoient appellés *merum imperium*, *potestas gladii ad animadvertendum in facinorosos homines* (*e*). Les jurisconsultes ont été divisés pour

---

leur autorité dans les différens cantons, & chacun de ces cantons a formé une seigneurie & une haute justice particuliere.

Souvent les seigneurs ont cédé le fief en réservant la justice, d'où est née cette maxime : *autre chose est le fief, autre chose est la justice.*

M. le président Hénault remarque qu'il y a très-peu de hautes justices en Normandie, (Abr. chron. de l'hist. de France rem. part.) c'est que les comtes & ducs de Normandie ont peu aliéné leurs domaines.

Nous voyons que les branches cadettes des anciennes maisons souveraines ont possédé une grande partie des terres des provinces, dont ces maisons ont eu la souveraineté, & qu'elles ont eu le fief avec la haute justice.

(*e*) ff. l. II. t. I. *Qui universas provincias regunt jus gladii habent & in metallum dandi potestas eis permissa est.* (ff. l. I. t. XVIII).

Principes regionum atque pagorum jus inter suos dicunt controversiasque minuunt. (Cæsar de Bell. gall. l. VI.) On a conclu de ce passage que les principaux des Gaulois avoient déjà des droits de justice, mais c'est trouver des droits où il existoit des fonctions; des droits de justice patrimoniaux sont tellement contraires aux droits naturels des sociétés politiques qu'il ne faut pas croire que l'usage s'en soit perpétué de nation en nation jusqu'à nous, c'est assez d'en attribuer la concession à la foiblesse de nos derniers rois de la seconde race.

ſavoir ſi ces magiſtrats avoient ces pouvoirs de droit, ou s'ils n'en avoient que l'exercice (*f*) : mais cette queſtion propre à jetter des doutes ſur la nature de la ſouveraineté a été le plus ſouvent décidée en faveur de la puiſſance ſouveraine. Tous les magiſtrats ſont dans une monarchie les repréſentans du ſouverain dont ils tiennent leurs pouvoirs ; leurs fonctions ſont des démembremens de la puiſſance ſouveraine à laquelle ils ajoutent un nouvel éclat par leurs lumieres particulieres. Le pouvoir du roi & le ſavoir de ſes mandataires ſont les premiers mobiles de la ſouveraineté.

Il eſt un principe en France qui porte que *toute juſtice dérive du prince ;* c'eſt pourquoi on ne peut tenir la juſtice en franc alleu, & on doit reconnoître la tenir du roi (*g*). *Le fief & la juſtice n'ont rien de commun*, *& le fief ne fait pas le territoire ;* ainſi de ce que l'on eſt ſeigneur de fief, il ne s'enſuit pas que l'on ait droit de juſtice, & même la conceſſion d'un fief n'emporte pas la conceſſion de la juſtice qui y eſt annexée ſi cette conceſſion n'y eſt pas ſpécifiée. Quoique les juſtices aient été rendues héréditaires, elles ont donc toujours été regardées comme émanées de la ſouveraineté, & comme tenues du ſouverain : les juſtices ſeigneuriales dérivent donc des fonctions des juges primitifs de la monarchie, & l'on peut dire avec plus d'exactitude que les ſeigneurs en ont la poſſeſſion héréditaire plutôt que la propriété.

(*f*) Lebret de la ſouv. l. IV. c. III.

(*g*) Bacquet, traité des droits de juſtice, c. IV, n. 8. Chopin de Mor. par. l. I. t. II. n. 2. feud. l. II. t. LIV. *In Galliâ jurisdictionem habere nemo poteſt niſi ex conceſſione vel permiſſione regis.*

La haute justice comprend les trois autres ; elle est désignée par les mots *jus summæ, mediæ ac infimæ coercitionis*.

Les hauts justiciers ont droit de vie & de mort pour punir le crime, ils ont droit de réprimer les désordres, les débauches & les prostitutions ; ainsi ils connoissent des crimes qui méritent mort naturelle ou civile, ou mutilation de membres, ou effusion de sang ; ils ont des fourches patibulaires, piloris, échelles & poteaux de carcans.

Les hauts justiciers ont droit d'amende, de confiscation, une part dans les trésors trouvés, les deshérences, les biens vacans, les épaves, le droit de succéder aux bâtards décédés *ab intestat* ; ils ont la police des murs, portes, tours & fossés des villes ; ils ont droit de faire mettre des titres ou ceintures funebres autour des églises, & d'avoir un banc au lieu le plus éminent de l'église.

Plusieurs de ces droits démontrent clairement que les hautes justices sont des démembremens des fonctions des grands vassaux ou premiers mandataires du souverain ; ce sont des droits qui n'ont pu émaner immédiatement que de la souveraineté.

Dans la police générale confiée à ces gouverneurs de province, les souverains se sont conservé la connoissance de différens délits qui ont été distingués par le nom de *cas royaux*. Il seroit difficile de déterminer en quoi consistoient anciennement les cas royaux, parce qu'il paroît que les rois, pour recouvrer successivement leur autorité, ont fait ensorte de donner aux cas royaux le plus d'étendue qu'il soit possible ; les ordonnances mêmes qui semblent avoir été rendues pour en déterminer la nature & l'énumération ont ajouté, après cette énumération, & *autres cas expliqués par nos ordonnances & réglemens* (*h*). Les ſouverains ont évité de reſtreindre leur autorité en s'ôtant les moyens d'étendre par la ſuite les cas royaux.

Les rois ſe ſont réſervé la connoiſſance des crimes de leſe-majeſté, des fauſſes monnoies, des ports d'armes, des aſſemblées illicites, des vols & aſſaſſinats ſur les grands chemins, des actions qui concernent le domaine & les officiers du roi, les égliſes, les fiefs, des tutelles, curatelles, émancipations des nobles, en un mot, de tout ce qui intéreſſe le roi, la conſervation de ſa perſonne & de ſes droits, ſon autorité & la police publique.

Les partages que les grands vaſſaux ont faits de leurs fiefs, ou les ventes qui ont été faites des parties de ce fief ont démembré la haute juſtice, qui dans l'origine tenoit à tout le fief; ces démembremens ont diviſé les grands fiefs en ſeigneuries particulieres avec haute juſtice, ſur laquelle le grand vaſſal a toujours réſervé une ſuzeraineté. Depuis que les rois ont réuni les grands fiefs de France à la couronne, ſoit par échange, ſoit par conquête, ſoit par ſucceſſion, leurs juſtices domaniales ont repris la ſuzeraineté générale que les monarques avoient de droit ſur toutes les juſtices des ſeigneurs. Les moyens juſticiers étoient dans les différens cantons des provinces des officiers tels que les hauts juſticiers dans les grands diſtricts du royaume, mais leurs pouvoirs n'avoient pas la même étendue que ceux des hauts juſticiers (*i*).

(*h*) Art. II. du tit. I de l'ord. de 1670.

(*i*) La moyenne juſtice eſt appellée dans le droit romain *mixtum imperium. Mixtum imperium eſt cui etiam juriſdictio ineſt.* (ff. l. II. t. I.)

Le moyen jufticier avoit la connoiffance des crimes qui n'étoient punis ni par mort, ni par effufion de fang, mais par la prifon & l'amende. Il avoit une jurifdiction fur les actions civiles, réelles, perfonnelles & mixtes; la connoiffance des caufes concernant les tutelles, curatelles, la publication des teftamens, la confection des inventaires, l'infinuation des donations, les droits feigneuriaux, &c.

Les moyens jufticiers étoient chargés de la police des poids & mefures; ils fe font approprié cette police comme un droit à l'exclufion des officiers établis par le roi. Il eft évident que ce droit a appartenu au fouverain (*k*): mais il en eft de ce droit ainfi que d'une grande partie des droits féodaux.

Les bas jufticiers avoient une jurifdiction locale; c'étoient les officiers municipaux dans les villes, & les centeniers dans les centaines (*l*); leurs fonctions répondoient à celles des officiers municipaux fous l'empire romain (*m*). Les bas jufticiers connoiffoient des matieres perfonnelles jufqu'à la fomme de foixante fols parifis, des droits de cenfive & de tous les délits dont l'amende ne paffoit pas dix fols parifis. En un mot, les fonctions des comtes principaux, des comtes du fecond degré ou com-

---

(*k*) C. l. X. t. LXX.

Les poids & mefures étoient marquées de la marque du fouverain. (C. l. XI. t. XXIII).

(*l*) Nous avons vu qu'il y avoit des territoires diftincts, des diftricts de centeniers, & que les vaffaux ou fidèles à qui ces territoires étoient concédés à titre de bénéfice, y exercoient la juridiction des centeniers.

(*m*) ff. l. II. t. I.

mandants de diſtricts particuliers & des centeniers, telles qu'elles nous ont été tranſmiſes par les anciens monumens hiſtoriques, ont le rapport le plus intime avec les droits des hauts, moyens & bas juſticiers.

Tous les juſticiers ont droit d'avoir des juges, des ſergens & des priſons ; ces juges ont pris différens noms ſuivant les raiſons de leur établiſſement. Les officiers du roi qui ſe ſont approprié l'exercice de leurs fonctions ſe ſont fait remplacer par des lieutenans ou des prépoſés, & ont nommé des magiſtrats contre les droits du roi (*n*).

M. de Monteſquieu donne une autre origine aux juſtices ſeigneuriales (*o*) ; il ne regarde les juſtices dans l'origine que comme les droits lucratifs que les fideles ou les leudes retiroient ſous le nom de *fredum* des coupables & criminels dans les diſtricts de leurs bénéfices. De ce que M. de Monteſquieu a cru que les rois ne levoient rien ſur les terres du partage des Francs, cet auteur en infere qu'ils ne pouvoient ſe réſerver des droits ſur les fiefs. Il prétend que les vaſſaux n'exerçoient la juſtice qu'en faiſant payer les *compoſitions* dues aux parens, & en ſe faiſant payer *l'amende de la loi*.

M. de Monteſquieu prouve inconteſtablement que ces amendes appartenoient aux fideles, mais il finit par conclure que les juſtices furent dans les fiefs anciens & dans les fiefs nouveaux des droits

(*n*) Le droit de créer des magiſtrats pour rendre la juſtice eſt compté parmi les droits régaliens. (feud. lib. II. t. LVI).

(*o*) Eſprit des loix, l. XXX, c. XX.

lucratifs qui en faisoient partie, & que c'est de là qu'est né le principe qui porte que *les justices sont patrimoniales en France.* En réfléchissant sur l'histoire, sur les différentes especes de justices, sur la différence de leurs jurisdictions, & sur les différens droits & privileges attribués aux justices, M. de Montesquieu ne s'en seroit pas tenu à cette origine.

S'il est de principe en France que les justices sont patrimoniales, & si les justiciers ont droit de vendiquer leurs justiciables quand ils se soumettent à une autre justice, ce n'est pas parce qu'elles sont des profits de fiefs héréditaires suivant le sentiment de M. de Montesquieu, mais c'est parce que les fonctions de l'administration ont été rendues héréditaires avec les profits, & que les justices sont des démembremens des fonctions de l'administration.

M. de Montesquieu cite des chartes qui défendent aux juges & officiers du roi d'entrer dans les territoires des fideles ou leudes, & d'y exercer des actes de justice, ou d'exiger des émolumens de justice. M. de Montesquieu ne voit de fiefs que ces territoires, & de justice que ces droits lucratifs; cet homme célebre a pris la partie pour le tout. Le souverain avoit pu accorder des jurisdictions particulieres à ses officiers vassaux ou féaux dans les terres dont ils jouissoient à titre de solde ou de bénéfices: mais les fonctions qu'ils exerçoient dans leurs territoires n'étoient qu'un anneau de la chaîne, ou qu'une branche de l'arbre politique.

En examinant la nature des fiefs & des droits féodaux, nous serons de plus en plus convaincus que le systême féodal doit son origine quant aux biens 1°. à l'usage de donner des terres en place de solde ou de salaire aux officiers du souverain, & même aux officiers de ces officiers, non seulement sous l'empire romain, mais encore sous le regne des rois du nord: 2°. aux avantages que les propriétaires ont trouvés à changer leurs allodiaux en biens bénéficiaux, & quant aux personnes, 1°. à l'esprit de clientèle, de patronage, de fidélité & de protection qui a subsisté chez les Romains dès l'origine de la république (*p*) & chez les Germains entre les hommes puissans & les hommes inférieurs; 2°. à la subordination que Charlemagne & ses successeurs ont voulu établir dans le même esprit, depuis le premier des sujets jusqu'aux derniers en raison des états & des propriétés, enfin à l'asservissement sous lequel ont gémi les tributaires & les main-mortables lorsque les branches & les rameaux de l'administration qui avoient été confiés aux seigneurs sont devenus patrimoniaux, ou dans les guerres qu'ils se sont faites mutuellement pour se les enlever.

Les bénéfices étoient attribués à des dignités & à des offices; ces bénéfices devenus héréditaires avec les dignités & les offices constituerent les fiefs; dans l'origine ces fiefs passoient aux aînés avec les dignités & les offices, à fur & à mesure qu'ils devinrent patrimoniaux ils parvinrent à être partagés

(*p*) Une loi de Romulus désigne ce que les patrons & les cliens doivent faire réciproquement l'un pour l'autre; la protection des uns & les redevances des autres. (Plut. vie de Rom. c. VII). Le droit romain prescrit les mêmes redevances aux esclaves après leur affranchissement. (ff. l. XL. t. XII).

partagés entre les freres, enfin ils passerent même aux femmes.

Lorsque les fiefs furent partagés, les aînés conserverent la dignité; l'office ou la justice entrerent quelquefois dans le partage, quelquefois aussi ils n'y entrerent pas, & les cadets n'eurent que les domaines utiles; quelquefois aussi les propriétaires de fief aliénerent le fief sans la justice ou la justice sans le fief, quelquefois ils aliénerent à part les droits féodaux. De là il se forma des distinctions entre le fief & la justice, entre les dignités & les justices, entre les terres féodales & les droits féodaux, & le système féodal s'écroula, c'est-à-dire, il ne forma plus cet ensemble dont Charlemagne s'était proposé de former une constitution politique.

Lorsque le système féodal fut ainsi morcelé, on vit naître les différentes especes de fief dont on reconnoit la nature par les différens noms qu'ils prirent.

On distingue encore les fiefs de dignité, les fiefs simples, les fiefs roturiers, les fiefs liges & d'autres especes particulieres qui n'ont pas de rapport avec le système féodal, si on le considere comme une constitution politique, & qui ne sont relatifs qu'à quelques obligations particulieres dont ils étoient chargés, tels que le fief d'avouerie, *feudum advocatiæ*, pour lequel l'avoué étoit obligé de défendre son seigneur en jugement, les fiefs boursiers qui consistoient dans des rentes que les aînés faisoient aux cadets pour remplir leurs portions dans le partage, les fiefs en argent assignés sur le trésor des princes, les fiefs de danger dont on ne pouvoit jouir ni disposer sans le congé du seigneur, le fief en l'air qui consistoit en rente, les fiefs de haubert pour lesquels les vassaux étoient tenus à vingt & un ans de se faire armer chevaliers, & de servir avec le haubert ou la cottemaille, les fiefs de paisse pour lesquels les possesseurs étoient tenus à quelques repas envers des communautés ecclésiastiques, & les fiefs donnés à des agens ou à des concierges pour la direction des affaires ou pour la garde des châteaux, de la nature desquels il résulte évidemment que les fiefs ont toujours été considérés comme soldes & salaires, ou comme des concessions conditionnelles.

Les fiefs de dignité sont ceux auxquels est annexée une dignité tels que les duchés, les comtés, les marquisats, &c. Les sept grands districts dont le royaume étoit composé avant le regne de Hugues Capet ayant été réunis à la couronne, les fiefs de dignité qui subsistent dérivent des concessions de titres, de dignités, qui ont été faites par les souverains aux démembremens de ces grands fiefs, ou dérivent des dignités qui étoient annexées aux fonctions secondaires désignées par le nom de moyennes justices.

Les fiefs simples sont des démembremens des fiefs primitifs; ce sont des terres féodales qui ont conservé la justice sans titre de dignité lors des partages, des aliénations ou des concessions, ou ce sont des terres féodales qui jouissent des droits féodaux excepté de la justice.

Les fiefs roturiers sont des terres qui ont fait partie d'un fief (*q*), mais à qui il ne reste ni jus-

(*q*) En Normandie un fief étant divisé en plus de huit parties, chaque partie est tenue pour fief vilain ou roturier.

tice, ni censive, ni mouvance, ou qui sont possédés à charge des vilains services, tels que tailles, corvées ou autres. Plusieurs jurisconsultes n'admettent point cette nature de fiefs, & estiment que les biens roturiers ne sont point féodaux.

Les fiefs-liges different des autres fiefs en ce que les obligations qui sont attachées à la possession de ceux-ci ne sont relatives qu'à ces fiefs; mais les fiefs-liges obligent la personne & tous les biens du possesseur. C'est par cette espece de fiefs que les grands vassaux sont parvenus à se rendre puissans en obligeant personnellement leurs sujets à les défendre envers & contre tous. Ces grands vassaux n'étant plus actuellement souverains, il n'y a que le roi qui puisse avoir des vassaux-liges.

A ces fiefs ou aux justices étoient affectés différens droits, les uns leur étoient inhérens, les autres avoient été acquis par privileges, conventions, prescriptions ou usurpations.

Les droits inhérens aux fiefs sont la foi & hommage, l'aveu & le dénombrement, les amendes & les droits qui résultent de la police générale des fiefs, tels que le droit de retrait, le droit de commise, celui d'empêcher le démembrement de fief, le droit de quint & requint.

Les autres étoient les droits de taille, de corvée, de bannalités, de péages, de fortifications, de guet & garde, de chasse, de pêche, de colombier, de fouage ou de quête, de chevrotage, parcage, parquerage, ségorage, & différens droits

---

Philippe le Long regarda comme roturiers les fiefs tenus en quart dégré du roi, c'est-à-dire, ceux qui étoient possédés par des vassaux qui avoient trois seigneurs entre le roi & eux. (Ord. de 1320).

contre les bonnes mœurs qui ne ſubſiſtent plus.

L'acte de foi & hommage eſt l'acte par lequel le vaſſal fait ſerment de fidélité & reconnoît ſon infériorité envers ſon ſeigneur. L'acte d'aveu & dénombrement eſt l'état des biens que le vaſſal reconnoît tenir de ſon ſeigneur (*r*).

Le quint & le requint ſont les droits que le nouveau vaſſal préſente au ſeigneur pour obtenir l'inveſtiture (*s*). Il paroît que les droits de quint, de requint, de relief ou de rachat, & de lods & ventes, étoient des droits dûs aux ſeigneurs ou juſticiers lors des ventes ou des mutations, à raiſon de la police que ces ſeigneurs exerçoient dans les ventes & dans les ſucceſſions en maintenant & protégeant les droits des vendeurs & acheteurs & des héritiers, légataires ou donataires. L'uſage de percevoir des droits ſur les ventes (*t*) eſt très-

---

(*r*) Les dénombremens ont pris leur ſource de ceux que faiſoient aux Romains les tributaires, & que l'on appelloit *profeſſiones cenſus*. (ff. l. L. t. XV.)

Les dénombremens comprennent le manoir & ſes dépendances, les champs & les terres, les droits & les cens qui ſont dûs au vaſſal, la deſcription des arriere-fiefs & des cenſives, enfin les accroiſſemens du fief originaire.

La déclaration eſt pour les cenſives ce qu'eſt l'acte d'aveu & dénombrement pour les fiefs, cependant il y a des biens qui doivent cette déclaration ſans devoir le cens, & qui doivent des lods à chaque mutation.

(*s*) Lors de l'inveſtiture le ſeigneur ſe dévêt de ſon fief & en inveſtit l'acquéreur ou le nouveau titulaire, c'eſt un renouvellement de conceſſion.

(*t*) Les lods tirent leur origine des droits de *laude*, *de louade ou de leude. Leuda*, *leſda*, *leda appellatur quævis præſtatio vel quodvis tributum maxime quod pro mercibus penditur. Expillius act. for. XV. ait ita in*

ancien; il paroît qu'il tire ſon origine de la république romaine.

Le droit de retrait eſt celui qu'a le ſeigneur ſuzerain d'être préféré à tout acquéreur dans la vente des fiefs, & par lequel il peut recouvrer les biens dont il eſt cenſé s'être dépoſſédé en faveur de ſon vaſſal.

Le droit de commiſe eſt le droit de ſaiſie que le ſeigneur peut exercer ſur le fief du vaſſal qui ne remplit pas tous ſes devoirs, qui déſavoue ſon ſeigneur ou qui refuſe de le reconnoître pour ſeigneur à injuſte titre, ou pour crime de félonie, c'eſt-à-dire lorſque le vaſſal offenſe griévement ſon ſeigneur.

Le ſeigneur a auſſi le droit d'empêcher le démembrement du fief de ſon vaſſal, ſi ce démembrement eſt tel qu'il puiſſe perdre ſes droits.

En conſidérant tous ces droits dans le ſyſtême féodal depuis le premier des citoyens juſqu'aux derniers, on apperçoit ſenſiblement la dépendance à laquelle étoit ſoumis chaque rameau envers la branche dont il tenoit ſes propriétés, & il eſt aiſé de ſe former le tableau de la conſtitution politique dont Charlemagne avoit établi les fondemens.

Les tailles que levoient les ſeigneurs conſiſtoient ou dans une eſpece de tribut général que levoient

---

dalphinatu appellari tributum quod pro plaſſagio ſeu loco ubi venum exponitur bladum & ejuſdem bladi menſuratione exſolvitur, cum conſtet (dit du Cange) *id nominis paſſim pro quovis tributo uſurpari.*

Chopinus, l. I de domanio T. IX. n. 1, ſcripſit leudam dici a laudandâ venditione rerum venalium, id eſt pro facultate venum merces exponendi.

les ſujets en vertu d'une conquête particuliere ou dans une eſpece d'aide que devoient les ſujets dans les beſoins de dépenſes extraordinaires comme à la naiſſance des enfans du ſeigneur, à leur mariage, en cas d'acquiſition de quelque terre, pour payer leur rançon, le voyage d'outremer, pour le mariage d'une de leurs filles (*u*), pour la cérémonie de leur chevalerie ou pour celle de leur fils ainé : outre ces tailles les ſeigneurs s'étoient encore arrogé, à raiſon de la foibleſſe de leurs ſujets, la puiſſance de lever ſur eux à diſcrétion tels impôts qu'il leur plairoit (*x*).

Les tributs levés ſur les ſujets des ſeigneurs furent quelquefois déſignés par le nom de fouages, lorſqu'ils furent perçus par feux. Il y avoit auſſi des droits de chevrotage, de parcage & de parquerage que les ſeigneurs percevoient en raiſon des chevres, des troupeaux & des beſtiaux.

Ces maîtres avides ne s'en tenoient pas aux tributs, ils exigeoient encore des ſervices corporels ; ſouvent ces tributs & les corvées ont été des veſtiges de ſervitude qu'ont réſervés les ſeigneurs en affranchiſſant leurs eſclaves (*y*).

Les bannalités ſont des droits & des privileges excluſifs dont jouiſſent les ſeigneurs au préjudice de leurs payſans, tels ſont les droits de les obliger

---

(*u*) Caligula impoſa un tribut pour le mariage d'une de ſes filles. (Suet. in Cal. c. XLII.)

(*x*) Il y a des ſujets taillables à diſcrétion, (arrêt du parlem. de Toul. du 22 mai 1662. D'Alive l. II. ch. VI.)

(*y*) Les affranchis redevoient à leurs patrons des œuvres ou corvées appellées *opera*. (ff. l. XXXVIII, t. I.) Dans le Lyonnois, vée ſignifie travail.

à cuire au four commun ou bannal, à moudre au moulin bannal; les droits de faire presser la vendange à un pressoir bannal, d'élever un taureau bannal, de fixer le temps des vendanges, & les droits dont jouissent des seigneurs de vendre leur vin de l'année avant les autres propriétaires afin d'en fixer le prix.

Les droits de bannalité ne peuvent avoir pris leur source que dans la misere des sujets d'une même communauté. Dans les temps où les villages étoient fréquemment le théâtre des guerres des seigneurs, & où les villains en ressentoient tous les maux sans tirer aucun fruit des victoires, dans les temps où les sujets également accablés n'avoient pas de richesses foncieres suffisantes pour des établissemens d'industrie postérieurs à la production, c'étoit sans doute un acte de bienfaisance du seigneur d'établir des moulins, des fours, des pressoirs où chacun étoit reçu à perfectionner le fruit de ses travaux dans un attelier commun; c'est par de tels actes que les seigneurs réparoient les maux dont leur tirannie étoit la source: ces moyens étoient des moyens d'économie parmi des hommes tellement surchargés qu'ils ne vivoient que du nécessaire à leur existence; mais la prescription a transformé ces usages en droits, & quelle que soit la richesse des propriétaires, des cultivateurs & des vignerons, il ne leur est plus permis de moudre leur blé, de cuire leur pain ou de pressurer sous leurs toits. Ce qui pouvoit être un acte de bienfaisance ou d'économie également avantageux aux seigneurs & aux sujets est devenu, depuis que les habitans sont assez riches pour construire des fours, des moulins différens & des pressoirs, un acte d'oppression. Il existe donc encore des vestiges de la puissance des grands & de la dépendance des hommes foibles !

Les péages ont sans doute été institués par les souverains pour des réparations de ponts & de chemins (z) ; il en est peu qui n'aient quelque charge de cette espece ; nous avons déja parlé de leurs désavantages. Les peuples doivent voir avec des sentimens de reconnoissance les mesures que prend l'administration actuelle en France pour les éteindre & les rembourser.

Les droits de fortification, & de guet & garde, par lesquels les seigneurs pouvoient employer leurs sujets aux fortifications & à la garde de leurs châtaux, furent établis pour la défense commune dans les temps de guerres particulieres, actuellement ce ne sont plus que de vains droits dont les paysans ne craignent plus de ressentir le poids.

Ce ne pouvoit être que pendant l'asservissement d'une partie de la nation sous le joug de l'autre que la chasse & la pèche sont devenus des droits exclusifs. Chez un peuple de citoyens, les animaux sauvages devroient appartenir à celui qui les a tués. Sous l'empire romain la chasse des bêtes farouches & des oiseaux (*a*) & la pêche (*b*) étoient permises à toutes sortes de personnes. En France (*c*),

(z) Les droits de péage sont comptés entre les droits de régale. (Feud. l. II. t. LVI.)

(*a*) ff. l. IV. t. I. inst. l. II. T. I.

(*b*) *Flumina omnia & portus publica sunt ideoque jus piscandi omnibus commune est in portu fluminibusque.* (Just. l. II. t. I.) Suivant le droit romain les fleuves qui coulent toujours & ne tarissent jamais sont communs à tous ; ceux qui tarissent l'été appartiennent aux riverains. (ff. l. XLIII, t. XII.)

(*c*) Chez les insurgens tout propriétaire peut chasle propriétaire d'un champ ne peut y tuer un animal farouche qui le ravage, & ſouvent le ſeigneur ſe permet de le ravager lui, ſa ſuite & ſa meute (*d*) à la veille de la récolte. La civiliſation a encore beaucoup de progrès à faire avant que la propriété recouvre ſes droits. Les fleuves navigables & leurs rivages appartiennent en France au roi; mais les fleuves qui ne ſont pas navigables ſont devenus l'appanage des ſeigneurs ; c'eſt par une ſuite du ſyſtème ſuivant lequel le ſuzerain eſt cenſé propriétaire général.

Les petits ſouverains de fief en France n'ont pas été des maîtres moins abſolus que celui de Perſe, où les ſujets ne peuvent vendre leurs denrées que lorſque celles du prince ont été débitées. Les ſeigneurs ont uſurpé, dans certaines terres, le droit de vendre leurs vins dans de certains mois, & d'empêcher leurs ſujets d'en vendre pendant ces mois. Il y a des villages où le ſeigneur a le droit excluſif de faire vendre du vin & de l'avoine en détail, & de rançonner par cette voie les buveurs & voyageurs. Ces droits ne peuvent avoir été acquis qu'à la faveur du joug ſous lequel étoient réduits les payſans qui ne connoiſſoient de juge & de protecteur que leurs ſeigneurs, & dont les réclamations devoient céder promptement aux volontés de leurs maîtres.

ſer dans ſon champ ſuivant la nouvelle conſtitution. Quand les droits de citoyens ceſſeront-ils de n'avoir d'accès que dans les républiques ?

(*d*) Le ſeigneur haut juſticier peut défendre la chaſſe dans ſa juſtice à tous les propriétaires, excepté aux moyens & bas juſticiers & aux ſeigneurs féodaux & cenſiers.

Les ſeigneurs s'étoient encore arrogé des droits contraires aux bonnes mœurs, & ces droits ſe trouverent ſouvent poſſédés par des eccléſiaſtiques (*e*). La juriſprudence les a rejettés : la juriſprudence a reſpecté les mœurs, cependant elle n'a pas reſpecté les droits de propriété. Les vaſſaux & arriere-vaſſaux de la couronne ont eu tellement de crédit & de puiſſance que leurs uſurpations ont paſſé en coutume, & qu'ils en ont fait rédiger le ſyſtême en code de loix.

Nous avons vu que dès le temps de la domination des Romains il exiſtoit une claſſe de terres tributaires ou cenſuelles ; cette claſſe de terres fut compriſe dans le ſyſtême féodal, mais elle en occupa le dernier rang. Lorſque les grands propriétaires céderent des terres aux poſſeſſeurs de cette derniere claſſe, ils leur céderent des charges conformes à celles des terres tributaires. Ces feudataires y trouvoient l'avantage de ſe réſerver pour eux ou leurs héritiers le droit d'ètre préférés dans les ventes qui s'en feroient ; & d'ailleurs n'ayant eux-mêmes de poſſeſſion qu'à titre onéreux, il n'étoit pas naturel qu'ils cédaſſent en propriété libre à des hommes d'un rang inférieur. Les terres ont ſouvent été cédées à des cultivateurs pour être défrichées ; il eſt préſumable auſſi que dans les guerres particulieres où des villes & des villages furent ſubjugués, ces villes & villages, les maiſons &

(*e*) Par arrêt du parlement de Paris du 19 Mai 1409, l'évêque d'Amiens fut débouté d'un droit qu'il prenoit ſur les nouveaux mariés pour la licence de coucher la premiere nuit avec leurs épouſées. (Char. en ſes rep. l. VII, c. LXXIX.)

les terres qui en dépendoient, ont été rendus tributaires par la conquête ; ces biens augmenterent encore le nombre des héritages censiers ; le cens dérive donc ou des conquêtes des Romains, ou des conquêtes particulieres des seigneurs ou d'un contrat (*f*).

Le cens fut perçu en nature ou en argent ; le cens en argent conserva sa dénomination ; mais le cens en nature prit les noms de champart, agrier, tasques ou terrages.

La redevance du cens differe en quelque maniere de celle du champart, mais les loix n'en different qu'à cause de la maniere différente de les acquiter ; par exemple, le débiteur du cens peut faire dans sa terre tels changemens dont elle est susceptible pour son avantage ; le débiteur du champart ne le peut pas, & même s'il est reconnu par experts qu'il a mal cultivé, & que la diminution des fruits provient de sa négligence, il peut être contraint de payer de même que s'il eût bien cultivé (*g*). Si la valeur & le produit du fonds croissent même par alluvion (*h*), le débiteur du champart doit payer la même portion de ce qui est accru.

Le systême féodal étant considéré, quant aux

(*f*) C'est de ce contrat qui a été appellé emphytéotique que les héritages censuels ont pris le nom d'emphytéotiques.

Les habitans des villages se sont quelquefois engagés par contrat à payer un cens pour s'assurer une protection. (La Roche traité des droits seig. c. XXXIX.)

(*g*) La Roche traité des droits seig. c. V. D'Alive en ses arrêts, l. I. c. IV.

(*h*) Arrêt du parl. de Toulouse du 14 août 1597.

personnes, comme une constitution politique où la subordination est établie de classe en classe, & dans laquelle chaque branche est tenue, envers les rameaux qui en émanent, de rendre justice & protection, & reçoit en échange respect & assistance, est le système le plus propre à maintenir dans une monarchie l'harmonie sociale. Dans cet ordre politique, le chef tient en ses mains les fils & les liens correspondans qui attachent & retiennent ses sujets à lui en se subdivisant progressivement jusqu'à la derniere classe; de l'une il met un frein aux crimes, aux vices, à la rebellion & à l'indépendance; de l'autre, il guide la justice & les vertus, il dirige les passions & il maintient la paix civile.

Le système féodal étant considéré, quant aux propriétés, comme une constitution politique dans laquelle les biens propres sont assimilés aux soldes & sont dans une dépendance analogue à celle des rangs & des fonctions de l'administration, dans laquelle chaque classe reconnoissant tenir ses biens de la classe supérieure, le chef est censé avoir été primitivement le propriétaire général & le dispensateur, dans laquelle enfin les suzerains se sont réservé des parts de différente nature & des moyens de co-propriété dans la reproduction ou dans les ventes, & ont infligé des entraves à la reproduction ou des sujetions aux producteurs; ce système, dis-je, a beaucoup plus de rapport avec le gouvernement despotique qu'il ne convient au gouvernement monarchique.

M. de Montesquieu a dit qu'il falloit des fiefs dans une monarchie (*i*); M. de Montesquieu

(*i*) Esprit des loix, l. V. c. IX.

convient que *les prérogatives qui y ſont attachées donnent un pouvoir très à charge à ceux qui le ſouffrent ;* mais il penſe que *ce ſont des inconvéniens particuliers de la nobleſſe qui diſparoiſſent devant l'utilité générale qu'elle procure.* M. de Monteſquieu a témoigné ſouvent beaucoup d'humeur contre le deſpotiſme des pays qu'il n'habitoit pas ; mais il eſt étonnant qu'il n'ait pas reconnu les caracteres du deſpotiſme dans le ſyſtême féodal étendu aux droits de propriété. M. de Monteſquieu n'avoit alors égard ſans doute qu'aux vains titres qu'il lui paroiſſoit néceſſaire d'attribuer aux biens poſſédés par la nobleſſe ; mais ſi ces titres ſont relatifs à des privileges, ſous le poids deſquels chaque claſſe affaiſſe les claſſes inférieures, ſi ces titres ne ſont que de ces teintures éclatantes ſous leſquelles on recele les moyens d'attenter aux droits de propriété & les armes par leſquelles les nobles maintiennent le peuple ſous les débris du joug qu'il a ſupporté, ces vains titres doivent être relégués avec les privileges dans les gouvernemens dont M. de Monteſquieu a regardé la crainte comme le principe. Ces privileges peuvent ajouter quelque prix aux biens des premiers eſclaves du deſpote ; mais la loi naturelle les expulſe du code des loix d'un monarque, parce que la loi naturelle ne peut fonder ce code que ſur les droits de propriété.

M. de Monteſquieu regarde les juſtices ſeigneuriales comme néceſſaires dans une monarchie (*k*) ; pour moi je les regarde comme les ruines d'un ancien château qu'on laiſſe ſubſiſter dans l'enceinte

(*k*) Eſp. des loix, l. II, c. IV.

d'un palais moderne par respect pour les antiquités, & d'ailleurs parce que les peuples payent encore des droits considérables pour son entretien.

M. de Montesquieu pensoit que les caracteres de noblesse qui distinguent les biens-fonds doivent être inséparables des caracteres de noblesse qui distinguent les personnes. La distinction des personnes a presque toujours été relative à la différence des propriétés chez les peuples civilisés. Dans le système féodal les biens ont eu des qualités analogues à celle des possesseurs; il a été fait une distinction des terres possédées par les nobles, des terres possédées par les roturiers, & l'usage a annobli les biens possédés par les nobles (*l*).

Nous avons dit que les centeniers avoient une jurisdiction inférieure & des droits particuliers attachés à leurs fonctions, tels que les amendes qui leur appartenoient, lorsqu'ils arrêtoient des voleurs (*m*); les centeniers ont été choisis dans l'origine parmi les hommes libres ou ingénus & parmi les plus expérimentés; ils n'étoient donc pas nobles, & dans l'origine il ne falloit donc pas être noble pour être sénieur ou seigneur (*n*). Il

(*l*) Les terres données en bénéfices ou en fiefs n'ont pas toujours eu des caracteres de noblesse: des particuliers donnoient à leurs esclaves des terres en bénéfices; une charte d'Eberard pour l'abbaye de Morback en est la preuve; elle contient ces mots: *seu quod servus noster per beneficium nostrum visus est habere*. (diss. sur l'orde la main morte par. d. Grappin, note 68).

(*m*) Il est clair que c'est de l'ordre établi pour la police des centaines, des cantons & des provinces ou des émolumens des offices, que sont dérivés la plupart des droits seigneuriaux.

(*n*) Nous avons vu que le mot *senieur* ou *seigneur* a

eſt fort incertain ſi les centeniers ou bas juſticiers avoient des bénéfices outre les droits ſeigneuriaux, & il paroît difficile de concilier la loi par laquelle il faut être noble pour avoir des bénéfices (*o*) avec l'uſage de donner des bénéfices aux centeniers. Les grands officiers ſupérieurs aux bas juſticiers étoient ſans doute nobles ; leurs bénéfices, qui étoient des biens du fiſc, avoient de beaux privileges, tels que celui de ne pas payer les impôts ordinaires; & d'ailleurs outre ces bénéfices, il avoit été accordé à ces officiers des droits propres à diſtinguer la premiere claſſe de l'état. C'étoit plutôt par l'effet de l'uſage que d'une loi particuliere que les grandes charges n'étoient pas données aux ſimples ingénus, mais aux nobles; la loi a dérivé de l'uſage.

Les centeniers pouvoient être exceptés de l'u-

---

d'abord déſigné les plus expérimentés, enſuite l'homme choiſi entre les plus expérimentés pour la police ou le juge de la centaine, enſuite il eſt devenu un mot générique pour exprimer tous les juges ou officiers publics, & le haut juſticier eſt devenu le principal ſeigneur.

(*o*) St. Louis impoſa le droit de franc-fief ſur les fiefs acquis par les roturiers & les gens de main morte. Il y eut une impoſition de cette nature ſous Philippe de Valois en 1328 & ſous Philippe le Hardi en 1275, ſous le titre de droit d'amortiſſement. Il exiſte une charte de Charles le Bel de 1326 qui en rappelle une de St. Louis : *Beatiſſimi Ludovici proavi noſtri in hærendo veſtigiis.* (Bruſſel. abr. chr. de l'hiſt. de Fr. du préſ. Henault, 1328).

Beaumanoir parle comme d'une diſpoſition nouvelle du réglement qui défend aux roturiers de poſſéder des fiefs.

Sous le regne de St. Louis les fiefs ennobliſſoient le poſſeſſeur, & le noble n'ennobliſſoit pas les rotures. (Desfont. en ſon conſ. c. III. art. 3, 4, 5, 6).

ſage, mais il vint un temps où ils ne furent plus choiſis parmi les ingénus, peut-être même avant l'hérédité des offices & bénéfices; depuis ce temps, & dès que leur emploi devint héréditaire, ainſi que les émolumens de leur emploi, ils eurent des directes qui avoient tant d'analogie avec celles des hauts & moyens juſticiers, qu'il n'eſt pas étonnant qu'elles ſoient devenues des fiefs de la même nature que ceux des grands officiers. Alors la loi par laquelle il falloit être noble pour poſſéder les emplois publics & les bénéfices ou les fiefs eſt devenue commune aux grands feudataires & aux bas juſticiers (*p*).

Cependant il n'y eut que les bénéfices qui euſſent acquis les caracteres diſtinctifs de nobleſſe. Tous les alleux changés en fiefs obtinrent les mêmes privileges, & ces caracteres ne contribuerent pas peu à accélérer les changemens d'alleux en fiefs. Quelques provinces conſerverent des alleux, pluſieurs particuliers éviterent de ſoumettre leurs propriétés dans le ſyſtême général de dépendance; pluſieurs propriétaires de biens allodiaux établirent la féodalité dans leurs alleux, ils ſe créerent des vaſſaux & leur céderent des fiefs; c'eſt par ces ſous-inféodations que les alleux ont acquis la nature des fiefs, & dans pluſieurs coutumes ils ſont regardés comme nobles, ainſi que les fiefs (*q*).

En

(*p*) L'état de la nobleſſe a pris ſa ſource dans les tems les plus reculés; mais elle n'a pris les caracteres que nous lui connoiſſons que dans les changemens ſucceſſifs qu'ont éprouvés les bénéfices & les bénéficiers.

(*q*) Pluſieurs juriſconſultes ont remarqué qu'avant la

En réunissant les faits & les observations que nous avons rapportés sur l'établissement & la nature des fiefs, nous pouvons examiner la question de la seigneurie universelle & la maxime *nulle terre sans seigneur*, que plusieurs auteurs attribuent au chancelier Duprat (*r*), & que les magistrats, les avocats généraux & M. d'Aguesseau lui-même ont adoptée.

Ce n'est point aux Romains qu'il faut attribuer l'origine d'une telle maxime ou le principe de la seigneurie universelle. On sait que les Romains n'avoient point de co-propriétaires; ils reconnoissoient deux seigneuries, l'une publique, l'autre privée (*s*); mais la premiere n'étoit point une

---

réformation de la coutume de Paris en 1510 les alleux étoient toujours regardés comme nobles, & il y en a qui définissent l'alleu *un héritage noble sous la protection du roi.*

(*r*) Abrég. chron. de l'hist. de Fr. du prés. Henault, notes particulieres. Boulainvilliers hist. de l'anc. gouv. de Fr. t. I. p. 45. St. Jul. mel. histor. des fiefs, c. III. L'abbé Dubos, hist. crit. de l'étab. de la mon. Fr. disc. prél.

L'art. 383 des ord. de Louis XIII porte que tous héritages ne relevant d'autres seigneurs seront censés relever du roi, si non que les possesseurs des dits héritages ne fassent apparoir de bons titres qui les en déchargent; le parlement de Toulouse refusa d'enregistrer cet article.

(*s*) *Sub optimo rege omnia rex imperio possidet, singuli dominio* (Senec. de beneficiis, l. VII. c. V.) *ad reges potestas omnium pertinet, ad singulos proprietas.* (idem, c. IV.) *Duo non possunt esse domini in solidum ejus rei.* ff. l. XIII, t. VI; l. XLI, t. II; l. XLIX, t. XVII.) Loiseau des seig. C. I. n. 26. Bodin de la rép. l. II. c. II. *Imperator est mundi dominus*, suivant le digeste (l. XIV, t. II.) mais les jurisconsultes remarquent que c'est quant à la justice & non quant à la propriété.

propriété, c'étoit, suivant l'expression de Senèque, un pouvoir général qui s'étendoit sur tout, excepté sur la propriété des sujets.

Nous avons assez démontré que ce n'est point à la conquête qu'il faut attribuer ce principe; les Romains n'ont pas envahi généralement les droits des Gaulois, & les barbares n'ont pas ôté aux Romains leurs loix ni leurs alleux, ainsi que nous l'avons suffisamment démontré; ce n'est pas non plus à la constitution féodale de Charlemagne & de ses successeurs qu'il faut attribuer cette maxime, puisque cette constitution étoit purement personnelle, & que Charlemagne, en établissant une subordination personnelle, n'a pas porté atteinte aux propriétés; mais il est évident que ces rois avoient le projet d'étendre de plus en plus la subordination féodale, en y comprenant & assujettissant les propriétés principales, par conventions faites entre le souverain & le propriétaire. Les rois vouloient que les propriétaires reconnussent tenir leurs alleux d'eux; c'est pour cela qu'ils attribuoient à ces propriétés des caracteres de noblesse, & qu'ils les assimiloient aux bénéfices que les sujets tenoient du souverain; mais rien ne démontre que ce changement d'alleu en fief ait été général: premiérement, ces changemens ou ces échanges que les sujets faisoient de la tenure de leurs alleux contre les privileges seigneuriaux dépendoient indispensablement & du consentement des propriétaires qui les cédoient pour les recevoir du souverain, & de la bienveillance du souverain qui les annoblissoit en les rendant aux propriétaires: secondement, les rois n'étendirent ces graces que jusqu'aux terres tributaires ou tenues en servitude exclusivement. D'où il résulte que dans les pays où ces changemens s'effectuerent généralement, le systême féodal fut établi sur les personnes & sur les terres; & de fait, dans ces pays il n'y eut *nulle terre sans seigneur*. Cette maxime est donc de fait dans certains pays, mais elle n'est pas généralement de droit.

Comment les jurisconsultes ont-ils pu adopter pour maxime un principe qui attribueroit au roi de France le despotisme le plus manifeste? comment ont-ils pu établir en principe que les sujets tiennent leurs propriétés du souverain? C'est que les jurisconsultes sont souvent juristes de l'usurpation, & sur-tout en matiere féodale. Si la plupart des François ont plié sous le joug de Charlemagne ou de ses successeurs, en reconnoissant tenir leurs alleux de leur roi, & en lui rendant foi & hommage à raison de leurs terres, sous le prétexte de la fidélité que le roi étoit en droit d'exiger & de l'hommage que les clients portoient à leurs protecteurs à raison de leurs personnes, l'homme social a-t-il perdu ses droits, & est-ce aux jurisconsultes à établir en principe de jurisprudence un fait dont ni les rois, ni les propriétaires n'ont tiré avantage (*t*).

Tous les sujets furent assujettis personnellement à la subordination féodale, & les fonctions de l'administration telles que les jurisdictions émanoient du souverain: la seigneurie féodale universelle a donc lieu en France relativement aux personnes, & relativement aux justices seigneu-

(*t*) Les juges ont souvent égard aux maximes; c'est un grand abus lorsqu'elles ont pris leur source dans l'ignorance.

riales, mais non pas relativement aux terres; & lorſque l'on dit que toute terre doit relever de quelque ſeigneurie, cela ne peut s'entendre que quant à la juſtice.

C'eſt ainſi que les rois, ſur la fin de la ſeconde race, ont établi une police féodale qui correſpondoit depuis le premier des citoyens juſqu'aux derniers, & qu'ils ont aliéné la diſpoſition des biens du fiſc & le droit de nommer aux offices vacans, c'eſt ainſi qu'ils ont engagé les ſujets à transformer les propriétés en biens du fiſc ou en biens tenus du ſouverain. Charlemagne, qui cherchoit à étendre la puiſſance du monarque ſur les perſonnes & ſur les biens, étoit éloigné de penſer que ſes ſucceſſeurs, en perdant le droit de nommer aux emplois & de diſpoſer des biens du fiſc, laiſſeroient détacher les brillans de leur couronne & partager leur royaume en autant de ſouverainetés qu'il y avoit de diſtricts de grands officiers. Charlemagne vouloit être monarque abſolu; Charles le chauve, en abandonnant les rênes du gouvernement aux grands vaſſaux, en fit autant de ſouverains abſolus, & la ſouveraineté abſolue des branches du ſyſtême féodal ceſſa de ſe rapporter à la tige.

Mais c'eſt peu de conſidérer la dépendance des vaſſaux, rappellons-nous qu'il exiſtoit une claſſe d'hommes réduits à l'eſclavage par les conquêtes des Gaulois, des Romains & des barbares. Les petits ſouverains de France ne perdirent pas l'uſage de réduire les priſonniers en ſervitude & d'impoſer des conditions ſerviles aux vaincus, ou de réduire leurs ſujets en eſclavage par leurs vexations (*u*),

---

(*u*) On lit dans la vie de St. Lupicin un exemple de

& dans le nombre confidérable de bourgs, de villages, de bourgs & même de villes réduites en efclavage, il eft difficile de favoir fi c'eft dans le temps des conquêtes générales ou des guerres particulieres qu'il a été fait le plus d'efclaves.

Il y eut peu de villes qui euffent confervé leur liberté ancienne & primitive. Tous les citoyens qui n'étoient pas feigneurs étoient efclaves, les feigneurs pouvoient en difpofer par vente ou par ceffion; ils exigeoient d'eux, outre les cens dont les terres étoient chargées, des taxes onéreufes & arbitraires; les maîtres avoient droit de vie & de mort fur leurs efclaves; les ferfs ne pouvoient difpofer de leurs biens par teftament ni par aucun acte légal; ils ne pouvoient fe marier qu'avec des efclaves de leurs feigneurs & par leur confentement; les enfans des efclaves appartenoient à leur maître; & à leur mort, les feigneurs recueilloient les fruits de leur induftrie & de leurs épargnes; fi les efclaves de la glebe avoient entamé un procès en juftice, ils ne pouvoient le terminer à l'amiable de peur que le feigneur ne perdît fes droits; en un mot, l'homme avoit perdu le droit fur lequel eft fondé tout contrat focial, celui de difpofer du fruit de fes travaux (*x*), & la fociété avoit perdu

---

gens libres qui avoient été ainfi réduits en efclavage, & à qui Hilperic rendit la liberté à la follicitation de St. Lupicin. (Bouq. T. I. p. 646).

(*x*) Les cultivateurs paroiffent ne pas jouir de tous les fruits de leurs travaux, mais c'eft parce que le propriétaire jouit de la fertilité du fol qui provient du fruit de fes travaux, ou des travaux de ceux dont il tient la propriété par fucceffion, donation ou contrat.

l'avantage qu'elle retire du produit de l'induſtrie des propriétaires & des hommes libres.

La domination avoit diſtingué différentes natures d'aſſerviſſement, les uns avoient perdu les droits civils, les autres étoient attachés au ſol qu'ils cultivoient, d'autres étoient deſtinés aux ſervices domeſtiques du ſeigneur, ou même des autres eſclaves. A peine reconnoît-on la ſignification propre des mots qui exprimoient ces différentes natures de ſervitude (y), les uns furent eſclaves à raiſon de leurs biens, les autres à raiſon de leurs perſonnes. Les uns furent attachés à la terre à raiſon de leurs biens, les autres à raiſon de leurs perſonnes.

La ſervitude qui n'avoit de rapport qu'à des biens particuliers & qui n'engageoit que ces biens

---

(y) Les habitans du bourg deſſus de Salins furent affranchis, *ab omni conditione colonariâ*, *ſedentitiâ*, *manentitiâ*, *adſcriptitiâ*, *inquilinâ* &c. (ann. 1249. pr. de l'hiſt. de la ville de Poligny, t. I. p. 345).

Souvent on faiſoit ſigner à un homme l'aveu de tous les liens qui le retenoient ſous le joug: *Joannes Buro recognoſcit ſe eſſe homo taillabilis*, *corveabilis*, *juſticiabilis*, *explectabilis manus mortuæ & ſervæ conditionis atque burgenſis domini ducis Borbonii.* Les villains étoient attachés à la glebe ou à la métairie *villæ*, après avoir payé à leur maître une redevance le reſte leur appartenoit. (Vie de St. Louis par Joinville, édit. Ducange p. 119).

Il y avoit dans une même métairie deux eſpeces d'eſclaves, l'eſclave en chef & les eſclaves d'eſclaves: *ſervis noſtris mancipia ſua aut terras ad liberos homines non liceat venditione tradere.* (Loi des Viſig. l. V. t. VII.) *Servis noſtris ſine permiſſu noſtro libertatem mancipiis ſuis dare non ſinimus* (idem).

Mancipia étoient les captifs pris à la guerre, & qui étoient vendus pour le ſervice des maîtres ou des cultivateurs.

fut appellée ſervitude réelle ; celle qui lioit les perſonnes & tous les biens quelconques des perſonnes fut appellée ſervitude perſonnelle ; nous verrons bientôt comment la plupart des villes, bourgs & villages, furent affranchis de ces différentes eſpeces de ſervitude ; mais une partie des cultivateurs françois reſta attachée à la glebe ; quant à leurs biens ou quant à leurs perſonnes juſqu'à nos jours, il étoit réſervé à notre ſiecle de voir éteindre cette eſpece particuliere de ſervitude.

On a recherché l'origine de nos main-mortes, il n'eſt pas difficile d'en découvrir le principe ; on a craint de l'attribuer aux Romains, parce que les terres n'étoient point cultivées chez ces républicains par des eſclaves. Les eſclaves ne cultivoient pas dans leur patrie ; mais lorſqu'ils entreprirent des conquêtes & qu'il fallut les conſerver, il fut néceſſaire d'établir des loix propres à aſſurer aux vainqueurs la propriété de leurs conquêtes, la perception des droits qu'ils ſe réſerverent & la culture de leurs terres dans des provinces éloignées & étrangeres ; ces loix étoient celles qui attachoient les cultivateurs au ſol ſous différentes peines réelles ou perſonnelles ; l'uſage que les Romains contracterent d'attacher les vaincus au ſol dont ils leur laiſſerent la jouiſſance ne fut pas éteint à l'arrivée des Francs & des barbares. Ce n'eſt pas dans leur invaſion que les barbares firent des eſclaves & des main-mortables; ils n'étoient pas aſſez puiſſans pour réduire les Gaulois en ſervitude ou pour les attacher à la glebe, ainſi qu'avoient fait les Romains dans pluſieurs cantons. Les barbares amenerent aux Gaulois des chefs & des défenſeurs, & non pas des tirans. Ils ne firent point d'eſclaves ; mais dans les guerres particulieres que firent les grands vaſſaux & les grands ſeigneurs, tous les faſtes hiſtoriques atteſtent qu'ils firent ſubir aux vaincus des loix pour leſquelles l'humanité n'avoit pas encore aſſez inſpiré d'horreur (z).

On a cru que les main-mortes avoient pris leur ſource dans les affranchiſſemens imparfaits, *avec réſervation de certaines corvées & droits de ſucceſſion* (a); c'eſt une erreur, il exiſtoit des main-mortes avant l'époque des affranchiſſemens, pluſieurs formules d'affranchiſſement le démontrent; les termes par leſquels cette ſervitude y eſt déſignée nous ſont venus de la langue latine & des Romains.

Quelques auteurs ont cru que la main-morte avoit pris ſa ſource dans les uſages des Germains ſur la culture des terres. Il y a loin du tableau que Tacite nous préſente des cultivateurs Germains à l'état de nos main-mortables; d'ailleurs il eſt aſſez démontré que les barbares ne firent point d'eſclaves en arrivant dans les Gaules. Si les Germains euſſent apporté leurs uſages ſur la culture, il en reſteroit des veſtiges dans les loix des barbares. Pour changer l'état des cultivateurs dans l'étendue des Gaules & pour les rendre main-mortables, conformément aux uſages prétendus des barbares, il eût fallu aſſurer l'exécution d'un pareil établiſſement par des loix qui nous auroient été conſervées. Il n'en exiſte point dans les codes des barbares, il en exiſte au contraire dans le droit ro-

(z) Les faſtes du Dauphiné fourniſſent des exemples de nobles que les dauphins du Viennois avoient réduits à l'état de main-mortables.

(a) Bodin de la rép. l. I. c. V.

main. Si les loix romaines concernant la ſervitude de la glebe ne ſont pas abſolument les mêmes que celles de nos main-mortables, c'eſt que les uſages & les coutumes ont éprouvé des variations, & que les loix de la main-morte ont été rédigées d'après les coutumes. Il ne faut pas chercher l'origine de ces loix inhumaines chez les peuples du nord qui ont délivré les Gaulois d'un joug étranger.

Quelques auteurs ont écrit en faveur des loix de main-morte (*b*); un de ces auteurs a dit (*c*), d'après les autres, que *la main-morte étoit une ſource de richeſſes, de population & d'induſtrie; que la défenſe d'aliéner empêche la diſſipation des biens; que les main-mortables ont l'exemple des villages affranchis dont les anciens habitans ne ſont plus que les fermiers des fonds qu'auparavant ils poſſédoient en propre.* Pourquoi inſulter ainſi à la miſere de ces infortunés? La main-morte eſt une ſource de richeſſes pour les ſeigneurs qui peuvent, à l'aide des loix, fouiller dans le ſein des familles pour y recueillir les fruits des travaux & des épargnes de pluſieurs générations. Il faut avoir bien peu d'humanité & bien peu de connoiſſances des ſources de richeſſes, de population & d'induſtrie, pour préſenter à des cultivateurs les loix de la main-morte comme des encouragemens.

(*b*) Tandis que le conſeil du roi étoit occupé du ſoin de délivrer les François de la ſervitude de la glebe, une académie de France couronnoit un ouvrage fait pour vanter cette eſpece de ſervitude.

(*c*) Dom Grappin, diſſ. ſur l'orig. de la main-morte cour. par l'ac. de Beſançon le 24 Aouſt 1778, p. 70.

Supposons deux villages dont l'un soit composé de propriétaires libres, & l'autre de propriétaires main-mortables : dans cent ans d'ici, me diront les partisans de l'esclavage, il n'y aura dans le premier que des fermiers, & dans le second il y aura encore des propriétaires. Pourquoi n'y aura-t-il plus que des fermiers dans le premier? Il ne faut pas supposer que leur droit de propriété leur aura été enlevé; mais ce changement résultera évidemment de ce que la fortune des anciens propriétaires aura tellement prospéré qu'ils auront abandonné la charrue, & qu'ils auront livré le sol à de nouveaux cultivateurs, tandis que le sort des main-mortables est d'habiter à jamais sous leur chaume; leur population se borne à leur enceinte, & les richesses ne se perpétuent dans les familles que sous des conditions asservissantes. Quelle industrie peut éclore dans les lieux où la propriété a perdu ses droits?

Nous sommes arrivés au terme de la croissance du système féodal, nous allons parler maintenant de son déclin, nous allons observer les désordres que l'anarchie a semés dans la monarchie françoise, les usurpations & les prétentions qui ont résulté de la puissance des seigneurs, & de celle des principaux corps de l'état, & les moyens par lesquels les monarques sont parvenus à recouvrer une grande partie de l'autorité qu'ils avoient perdue dans les temps d'anarchie.

Sur la fin de la seconde race le royaume étoit divisé en sept districts principaux, savoir, trois duchés, quatre comtés; les duchés de France, d'Aquitaine & de Bourgogne (*d*), & les comtés de

(*d*) Il semble qu'il y avoit des ducs dans les trois

Normandie, de Flandres, de Champagne & de Toulouſe. Les ſept grands officiers laïcs de la couronne & les ſix grands officiers eccléſiaſtiques étoient conſidérés comme les premiers pairs du royaume; & ſi l'un d'eux étoit accuſé, ſon jugement étoit rendu à la cour du roi en préſence des autres. Ces officiers étant les premiers adminiſtrateurs, & rendant compte immédiatement au roi des fonctions militaires & civiles, ils releverent immédiatement du roi dans le ſyſtême féodal, & cette mouvance immédiate étoit le caractere diſtinctif de leur dignité. Lorſque les rois augmenterent dans la ſuite le nombre de ces dignitaires de la premiere claſſe & accorderent à des dignitaires de la ſeconde claſſe le droit de pairie avec ceux de la premiere, ils accorderent en même temps à leur fief cette mouvance immédiate; lorſque les citoyens en général eurent perdu le droit d'être jugés par leurs pairs, les premiers dignitaires conſerverent ſeuls le nom de pairs du royaume, la dignité de pairs & celle de premiers & grands vaſſaux furent unies en une ſeule.

Après le regne de Charlemagne la ſplendeur à laquelle le royaume avoit été élevé ne fut qu'une lueur ſans alimens; les grands rois reſſemblent à ces météores qui ne procurent qu'un éclat paſſager (*e*). Son empire fut partagé; ſon royaume,

---

parties des Gaules conquiſes par les Francs, les Viſigots & les Bourguignons; n'étoient-ce pas originairement les trois généraux que les Romains avoient envoyés contre ces trois peuples?

(*e*) Nous ne parlons ici que des rois qui ont été grands par les grandes révolutions qu'ils ont produites, ou par les grandes actions par leſquelles ils ont étonné les peu-

divisé en districts d'administration, devint un royaume divisé en souverainetés par les usurpations des grands vassaux. Lorsque Hugues Capet monta sur le trône, il étoit le plus puissant de ces co-souverains, il en devint le premier; mais il n'avoit de souveraineté réelle que dans son duché (*f*).

Les seigneurs devenus riches & puissans ne rendirent plus de compte au souverain. Les rois, en rendant les fonctions de l'administration & les salaires de ces fonctions propres & héréditaires, firent perdre aux citoyens le droit d'être protégés & jugés par des hommes bienveillans, justes & instruits. Lorsqu'un homme a de droit la fonction & la solde par sa naissance, quel intérêt a-t-il de s'en rendre digne? Les juges propriétaires avoient sur les peuples un empire d'autant plus imposant que les réclamations auprès du souverain avoient moins d'énergie. De quelle valeur pouvoient être ces réclamations? La subordination féodale étoit établie, ainsi que dans les camps, de maniere que le vassal n'avoit d'autre médiateur entre le souverain & lui que le suzerain, & qu'il n'avoit d'accès

---

ples & étendu leur domination: mais nous ne parlons pas des rois qui peuvent mériter à plus juste titre le nom de grands en rétablissant l'ordre dans leurs états, & en y ramenant la paix & le bonheur qui en sont bannis par les intérêts particuliers, & les intrigues des principaux courtisans & mandataires.

(*f*) La souveraineté que les rois avoient dans leur domaine, qui comprenoit le duché de France fut encore contrebalancée par les rebellions des vassaux de ce domaine. (Abrég. chr. de l'hist. de France du prés. Henault, ann. 1108).

auprès du ſouverain pour obtenir juſtice que par ſon ſuzerain qui, réuniſſant les titres de commandant militaire, d'adminiſtrateur civil & de juge, avoit ſans aucun frein toute la facilité d'abuſer de ſa puiſſance; la dépendance des vaſſaux étoit tellement cimentée, quant à leur perſonne & à leurs proprietés, que l'eſpoir de leur bien-être n'étoit fondé que ſur la bienveillance du ſeigneur.

La ſubordination féodale étoit telle qu'on faiſoit un crime aux plaideurs de déclarer (*g*) qu'ils étoient mal jugés, & de le ſoutenir par l'appel.

M. de Monteſquieu rapporte que de quelque qualité que fuſſent les ſeigneurs ſous la ſeconde race, ils jugeoient en dernier reſſort toutes les matieres qui étoient de leur compétence (*h*); c'eſt un fait dont il ne faut pas conclure que les plaideurs condamnés n'avoient pas le droit d'appel. Ce fait n'eſt pas une des moindres cauſes de l'uſurpation que firent les hauts juſticiers de l'autorité ſouveraine. Il eſt néceſſaire dans une monarchie, & il eſt eſſentiel à la conſtitution monarchique que toute juſtice ſe rapporte au ſouverain, de même qu'elle en émane; l'interception que rapporte M. de Monteſquieu ne pouvoit être de droit, mais elle étoit de fait, à cauſe des entraves que l'autorité, l'uſage & le reſpect pour les ſeigneurs, avoient apportés aux appels qui étoient de droit. Il n'y avoit pas d'appel que le juge ne fût pris à partie; un vaſſal ne pouvoit fauſſer le juge-

(*g*) Ceux qui déclaroient que le jugement étoit injuſte ſans le ſoutenir étoient condamnés à de petites amendes.

(*h*) Eſp. des loix, l. XXVIII, c. XXVIII.

ment de ſon ſeigneur, parce que c'eût été l'injurier; l'appel emportoit les imputations de faux, de méchant ou de calomniateur; le vaſſal ne pouvoit fauſſer le jugement de ſon ſeigneur devant le ſeigneur ſuzerain qu'en abandonnant ſon fief. Auſſi les vaſſaux ne fauſſoient-ils communément les jugemens que contre les ſcabins ou les pairs qui avoient aſſiſté au jugement. Ces juges donnant leur avis à voix haute, on appelloit contre le premier, le ſecond ou le troiſieme qui opinoit, de crainte d'avoir à combattre contre tous les juges. Ces ſortes d'appels étant des injures mortelles & de nature à être vuidées par le combat judiciaire, de même que toutes les conteſtations: l'appellant qui étoit jugé coupable de faux appel étoit puni de mort dans les affaires capitales, ou à des amendes conſidérables envers le ſeigneur & les juges appellés ou non appellés dans les conteſtations ordinaires. Les juges appellés payoient des amendes ſemblables s'ils refuſoient de défendre l'appel.

Les hommes condamnés à mort ne pouvoient fauſſer les jugemens, ils euſſent riſqué ſi peu en les fauſſant que cette voie devoit leur être interdite.

Si le ſeigneur convoquoit dans ſa cour des juges d'une cour ſupérieure, ces juges ne pouvoient être fauſſés en jugement. *A fortiori*, ſi le roi envoyoit dans la cour d'un comte ou d'un évêque des juges de la cour royale, on ne pouvoit fauſſer les jugemens qui y étoient rendus. La cour du roi n'ayant pas de cour ſupérieure ne pouvoit être fauſſée en jugement (*i*).

(*i*) Il y avoit une autre ſorte d'appel de défaute de droit dans le cas où le ſeigneur refuſoit de rendre la juſ-

Les vassaux ne pouvoient donc espérer d'obtenir le redressement des griefs qu'ils pouvoient avoir contre leur seigneur qu'en sacrifiant leurs vies & leurs fortunes. Plus la crainte les retenoit, plus la puissance des seigneurs augmentoit, ainsi que leur independance.

Les rois, pour recouvrer leur autorité & reprendre l'exercice de l'administration dont ils avoient abandonné & perdu les rênes, ont bien senti qu'il falloit substituer insensiblement de nouveaux officiers, & sans toucher aux salaires dont ils avoient bien prévu qu'ils trouveroient trop d'obstacles à faire rentrer la possession au fisc, ils ont tenté de donner atteinte aux fonctions.

Louis le Gros renouvella l'ancien usage d'envoyer des commissaires appellés *missi dominici*, c'est la premiere atteinte portée à la puissance des hauts justiciers; mais leurs fonctions s'opposoient trop directement à la puissance des grands vassaux, qui firent si bien qu'on n'en envoya plus (*k*); c'est sous le regne de ce prince qu'on commença à appercevoir la nécessité de reprendre les rênes du gouvernement, de diminuer la puissance des grands vassaux, de rendre leurs fonctions subordonnées à celles d'un officier supérieur, & de briser les chaînes du peuple.

Le plus sage moyen que puisse employer un

---

tice, le faux appel de défaute de droit étoit puni d'une amende envers le seigneur. Les grands pairs du royaume, ne pouvant appeller de cette sorte contre le roi, ont souvent pris prétexte du refus de justice pour lui déclarer la guerre.

(*k*) Abrég. chr. de l'hist. de France du prés. Hénault, remarques part.

prince pour abaiſſer le pouvoir des grands ou des corps intermédiaires, réprimer l'anarchie & rétablir l'adminiſtration dans l'équilibre qui convient à la proſpérité de ſes états, c'eſt de prendre en main les rênes du gouvernement. S'il s'abandonne à la molleſſe dans le faſte de ſa cour, s'il s'engourdit ou s'il s'endort dans le ſein des plaiſirs, & s'il ſe repoſe ſur les ſoins de ſes favoris ou même de ſes maîtreſſes, c'eſt alors que les hommes puiſſans & les corps intermédiaires font agir tous les reſſorts de leur ambition, veillent à leurs intérêts, fondent leur crédit, leurs prétentions & même leur autorité ſur les ruines de l'autorité ſouveraine.

La ſurveillance du ſouverain eſt indiſpenſable pour contenir ſes états dans l'ordre monarchique. Les princes ont à vaincre, dans le cours de leur regne, une puiſſance qui tend continuellement à détruire les reſſorts de la monarchie. Cette puiſſance eſt formée par le concours des intérêts particuliers qui cherchent à ſe ſatisfaire au préjudice de l'intérêt général. C'eſt autour du ſouverain que ſe raſſemblent les moteurs de ces intérêts particuliers; c'eſt là que tous les genres d'eſprit & d'intrigue s'étudient à former au prince un eſprit, un cœur & un caractere qui conviennent à leurs vues; c'eſt là qu'ils s'étudient à nourrir ſes paſſions, à pourvoir à ſes plaiſirs, s'il eſt voluptueux, & à lui créer une morale factice s'il eſt vertueux. Tantôt les traits ſéducteurs de l'ambition ſont portés directement vers le prince, tantôt ils ſont dirigés vers toute la cour qui l'environne; c'eſt dans tous les cœurs que le courtiſan inſinue ſon venin; c'eſt là qu'il prépare le germe d'un eſprit général auquel le ſouverain a peine à réſiſter.

Si

Si le monarque n'eſt pas en garde contre cet eſprit général de la cour, s'il cede aux impreſſions que lui ſuggerent les organes de l'intrigue, le déſordre naît & croît rapidement dans toutes les parties de l'adminiſtration, & la monarchie perd l'enſemble qui eſt néceſſaire à ſa puiſſance & à ſa proſpérité.

C'eſt ce qui arriva ſur la fin de la ſeconde race; les rois avoient cédé à l'ambition des grands; la puiſſance royale étoit éclipſée par le crédit des grands vaſſaux, & le peuple étoit accablé ſous leur joug: il fallut employer différens moyens pour rendre aux peuples leurs droits civils & pour diminuer l'autorité des fonctions que les grands vaſſaux avoient rendu indépendantes. On ſe propoſa d'abord d'abolir l'eſclavage, de rendre aux villes les privileges qu'elles avoient perdus, d'y rétablir une juriſdiction intérieure à l'abri de la perſécution des grands, de rétablir la légiſlation, d'ouvrir aux peuples une voie pour faire parvenir au pied du trône les requêtes & réclamations, de ſubordonner la juriſdiction des grands à celle du conſeil royal, & d'admettre des députés dans l'aſſemblée de la nation pour y faire entendre le cri du peuple.

Ce fut Louis le Gros qui arbora (*l*) le premier l'étendard de la liberté en rendant aux ſujets de ſes domaines leurs droits, & aux villes leurs privileges; ſon exemple fut bientôt ſuivi par pluſieurs ſeigneurs: la majeſté du trône, environné de citoyens, auroit bientôt obſcurci la ſplendeur des grands ſervis par des eſclaves. Le roi & les ſei-

(*l*) Abrég. chr. de l'hiſt. de Fr. du préſ. Hénault, rem. part.

gneurs renoncerent au droit de vendre ou de céder leurs sujets; on leur rendit les droits de propriété & on leur permit de se marier à leur gré, en réservant cependant quelques taxes & services (*m*); ce qui fut d'abord excité par l'exemple fut ensuite ordonné par une loi; & dès le regne de Louis Hutin (*n*), il fut mis en principe dans un édit que *selon le droit de nature chacun devoit naître franc.*

Outre les chartes d'affranchissemens personnels, Louis le Gros est encore le premier qui accorda aux villes des chartes de communes (*o*). Nous avons dit que les Romains avoient maintenu plusieurs villes dans leurs droits municipaux à raison de leur promte soumission, & qu'ils placerent dans d'autres des officiers Romains pour les contenir sous le joug; plusieurs villes de France conservent encore des monumens de l'ancienneté de leur liberté, telles que Paris, Toulouse, Rheims, Boulogne, St. Omer, la Rochelle & autres villes municipales, qui s'opposerent toujours aux réglemens faits contre leurs anciens droits; mais dans le plus grand nombre des villes de ce royaume les officiers du roi furent substitués aux officiers des empereurs, & ces villes passerent sous le joug des seigneurs, ainsi que toutes les régies. Les

(*m*) Charte accordée aux habitans de Mont-breton, hist. de Dauphiné, T. I. p. 81.

(*n*) Abrég. chr. de l'hist. de Fr. du prés. Hénault, rem. part.

(*o*) Louis le Gros accorda des chartes de commune à la ville de Laon en 1112. Cette ville perdit dans la suite ses droits de commune pour cause de rebellion, ainsi que celle de la Rochelle.

chartes de communes accordoient des droits analogues à ceux des anciennes villes municipales. On réunit en corps de communauté ou de commune tous les propriétaires des terres, de maisons ou de meubles d'une valeur capable de répondre de leur conduite; on leur accorda le droit de prendre les armes contre leurs aggresseurs & leurs ennemis, & d'avoir des milices intérieures pour la police; il fut statué que les membres de la commune se défendroient mutuellement & se réuniroient à la commune pour cette défense sous peine d'amende.

Dans le même temps on substitua la peine de mort aux compositions & amendes, & l'on substitua la procédure réguliere aux combats judiciaires qui furent abolis.

Les souverains n'accorderent d'abord de chartes de commune que dans leur domaine, excepté à Soissons, dont le comte n'étoit pas assez puissant pour s'y opposer; mais les villes qui n'avoient pas ce privilege étoient abandonnées, & les grands vassaux s'empresserent de suivre cet exemple.

Ces chartes de communes ont donné naissance aux jurisdictions municipales, dont l'autorité fut restreinte sous le regne de Charles IX, & qui sous les régimes financiers qui ont succédé sont devenues des sources d'où le trésor public a tiré des fonds considérables, à l'aide des opérations alternatives des ventes de charges & de remboursemens simulés.

L'édit de Moulins de 1566 a ôté aux corps municipaux la jurisdiction civile qui leur avoit été maintenue ou accordée, on leur ôta encore depuis la jurisdiction criminelle, on leur avoit ôté la perception des impôts lorsque Charles VI créa des élus dans les provinces qui étoient sous son pouvoir.

Les officiers municipaux au lieu d'être les députés de la commune, suivant leur institution, ont souvent acheté des charges sur les fonds de la commune, & sont devenus, dans la plupart des villes, des officiers subordonnés aux commissaires du roi. Ils ont une existence si vague qu'ils prennent tantôt le nom de la commune pour résister au commissaire départi, tantôt le nom de commissaire pour agir contre le vœu de la commune, suivant leurs intérêts particuliers.

Louis le Gros ayant rétabli l'ordre & la liberté dans les villes, ses successeurs, en s'occupant des moyens de subordonner les jurisdictions seigneuriales, ne négligerent pas les moyens de rétablir les loix & de fonder les principes des arrêts qui devoient émaner des tribunaux dont ils préparoient l'établissement. Ces rois ébaucherent le code françois : mais ces ébauches ne sont encore que des crayons que la multitude de faux traits rend méconnoissables.

Les loix de France sont dans le chaos ; la jurisprudence qui sert de regle aux tribunaux est égarée dans un dédale immense de décisions particulieres. Le désordre qui en a résulté a rendu les jugemens d'autant plus difficiles & embarrassans qu'il a donné naissance à une classe de formalistes auxquels les propriétaires ont été contraints de soumettre une partie de leurs biens, & dont le métier consiste à embrouiller les loix sous les replis de la chicane ; ce n'est que l'instruction qui débrouillera successivement ce chaos. Un code de législation, dans l'état actuel des choses, ne paroîtroit aux yeux populaires que comme la production d'une imagination ardente, ou d'un faiseur de projets, ou d'un homme à systême. Les pilotes ont trop d'écueils à étudier & à éviter pour diriger le gouvernail de notre barque par une autre route que celle que nous avons accoutumé de suivre quelque désavantageuse qu'elle soit ; il y a trop de gens intéressés à ce que le désordre nuisible à la prospérité du royaume subsiste. On s'en tiendra encore longtemps aux loix, aux coutumes, aux usages, aux décisions & aux formes actuelles, quelles que soient les révélations que la loi naturelle ait déja inspirés à quelques génies privilégiés.

Entre les loix & les coutumes, les unes sont nées dans le sein de la barbarie ou du mèlange des loix de plusieurs peuples rassemblés, & dont les mœurs différoient de nos mœurs actuelles, les autres nous ont été transmises par une nation, qui de la simplicité des mœurs républicaines a passé à la corruption d'un gouvernement despotique ; chaque race de nos rois a produit une législation différente. Les rois barbares rédigerent des loix qui tenoient plus au commandement d'une société militaire qu'à l'administration civile d'un grand royaume : cependant en respectant les droits de propriété, les mœurs de leurs sujets & le consentement général dans la législation, ils fonderent plutôt un gouverment monarchique qu'un gouvernement despotique. Les rois de la seconde race ont ajouté de nouvelles loix aux anciennes, & ont fait éclore l'administration féodale dont nous avons tracé le tableau, & dont nous avons démontré que la politique consistoit à réunir au sceptre le pouvoir & la propriété ; ils ont fait incliner le gouvernement vers le despotisme : cependant les bâtons de commandement qu'ils avoient confiés devinrent des sceptres, & les grands vassaux parvinrent à jouir de la politique des rois depuis l'anarchie que produisit ce changement. Les rois de la troisieme race, ayant eu à lutter continuellement contre les anciens établissemens & contre les usages qui avoient varié dans différentes souverainetés, ont adopté un systême qui s'est pérpétué jusqu'à notre siecle, celui de créer sans détruire. Lorsqu'ils ont reconnu des abus dans quelques parties de l'administration, ils ont diminué la puissance qui les produisoit en créant des emplois propres à la contre-balancer, ils ne se sont écartés qu'avec la plus grande circonspection des anciens droits & privileges, & des anciennes loix & coutumes pour lesquelles les anciens corps & membres de l'administration leur ont toujours inspiré une suprême vénération. Delà proviennent l'accumulation des loix & coutumes de France dont chaque pays a peine à contenir la partie qui le concerne dans des volumes énormes, & la multiplicité des jurisdictions & des compétences dont les peuples sont embarrassés (*p*).

Le gouvernement a conservé son ancien nom de monarchique : cependant il a perdu de ses qualités primitives, & il n'a pas acquis toutes les qualités nécessaires à lui assurer inviolablement ce nom.

(*p*) On peut se former une idée de cette multiplicité en considérant les jurisdictions attribuées à la haute, à la moyenne, & à la basse justice seigneuriale, aux corps municipaux, aux justices royales, aux tribunaux ecclésiastiques, aux prévôtés, à la connétablie & aux conseils de guerre, aux tribunaux consulaires, aux élections, aux commissions établies contre les contrebandiers, aux bureaux des finances, aux intendants, aux maîtrises des eaux & forêts, aux chambres des comptes, cour des aides & aux différentes chambres du parlement, au grand conseil, aux commissions extraordinaires, aux conseils du roi, enfin aux différens bureaux des ministres.

Les droits de propriété ne sont pas constatés par la loi naturelle, mais par l'usage & la prescription : les corps intermédiaires entre le peuple & le monarque sont autant de puissances qui tirent chacune de leur côté, pour se mettre en équilibre suivant leurs forces en raison des droits qu'ils ont acquis par le temps & de leurs prétentions ambitieuses.

Ces vices du gouvernement françois ne sont point ici présentés comme des déclamations faites avec témérité pour servir de prétexte aux esprits turbulents, ou dans la vue de leur présenter de justes plaintes dont ils pourroient s'autoriser pour crier à l'indépendance. Le trouble ne peut être de quelque utilité qu'aux méchants, & il s'en faut infiniment que mon intention soit de leur prêter les mains : j'écris seulement, & je réclame en faveur de la propriété dont la conservation des droits tient à la prospérité des états. Je ne m'adresse pas aux gens intéressés à métamorphoser les droits de propriété en frais d'administration ; je n'y serois pas accueilli. Je parle au corps de la nation avec lequel le souverain est uni d'intérêt, aux nobles & aux propriétaires, non pas de droits seigneuriaux, mais de richesses foncieres & de capitaux productifs ; ce sont eux qui de concert avec l'administration peuvent aviser aux moyens de simplifier les formes de l'administration & les formalités de la justice (*q*), & qui doivent faire graver sur

---

(*q*) Le roi de Prusse, après avoir étonné l'Europe par ses talents militaires, & après avoir inspiré la terreur à ses peuples par les rigueurs qu'inspirent ordinairement aux guerriers l'usage de commander à des soldats, se fera peut-être admirer sur la fin de son regne par ses réformes

l'airain les loix naturelles de la propriété, desquelles seules on peut espérer l'accroissement des richesses générales, & la diminution des procès.

Les rois ont souvent reconnu l'intérêt qu'ils avoient eux-mêmes de protéger les droits de la liberté, de réprimer les usurpations, & de mettre le peuple à l'abri de la protection des grands. Je ne puis me lasser de considérer les tentatives qu'ils ont faites pour défendre le foible contre le fort.

Les loix générales furent ensevelies dans une profonde létargie pendant la durée des regnes féodaux, & dans les temps où chaque seigneurie avoit sa loi particuliere (*r*), c'est-à-dire, depuis le commencement du dixieme siecle jusqu'à la fin du douxieme. Les loix des barbares céderent leur place aux loix des fiefs: le code de Théodose le jeune que les Romains avoient établi en France vers l'an 435 s'y étoit perdu dès la fin de la seconde race (*s*); dans les cas embarrassans on consultoit les vieillards sur la coutume (*t*). Le code que Justinien avoit fait publier en 529 fut retrouvé à *Amalphi* l'an 1137, dès lors les loix romaines furent étudiées dans toute l'Europe; le code du droit canon fut compilé vers le neuvieme siecle (*u*).

---

dans l'administration de la justice. Puisse-t-il servir de modele comme chef civil ainsi que comme chef militaire!

(*r*) Beaumanoir prol. sur la cout. de Beauvoisis.

(*s*) Cujas a restitué le code théodosien, on ne s'en sert aujourd'hui que pour le consulter. (Abrég. chr. de de France du prés. Henault, ann. 1137).

(*t*) Ducange, verb. Turba.

(*u*) Mém. de l'ac. des inscript. t. XXVII. in-12. p. 346.

Philippe Auguste rendit une ordonnance législative en 1190: jusques là il n'avoit été accordé que quelques chartes particulieres en faveur des églises, des sujets & des communautés (*x*), pour affermir l'autorité royale & abaisser les grands. St. Louis avoit encore plus à cœur que ses prédécesseurs de rétablir l'ordre dans l'état. Il publia ses établissemens, & encouragea les jurisconsultes qui rédigerent par écrit les coutumes sur lesquelles on consultoit précédemment les vieillards: enfin Charles VII fit rassembler les différentes coutumes des seigneuries & des cantons, & les jurisconsultes instruits même dans le droit romain firent pour chaque province des corps de loix sous le nom de coutumes; ces loix reçurent le sceau de l'autorité royale (*y*). Quelques provinces voisines de l'Italie n'eurent point de coutumes ni de loix à faire rédiger, elles avoient étudié le droit romain qui leur servit de regle pendant l'anarchie générale, & elles continuerent d'être régies par ce droit que l'on distinguoit par l'expression de droit écrit avant la rédaction des coutumes.

Il ne suffisoit pas de rétablir un certain ordre dans la législation, il falloit recouvrer l'exercice de la justice, on y parvint successivement par la voie des appels. Les commissaires que l'on avoit envoyés avoient porté trop d'ombrage aux seigneurs, il fallut dissimuler: on créa des baillis dans les villes du domaine royal pour juger les cas royaux, sous prétexte que *le roi ne pouvoit de-*

(*x*) Abrég. chr. de l'hist. de France du prés. Hénault, ann. 922.

(*y*) Esp. des loix, l. XVIII. c. XLV.

mander justice à ses sujets; on leur attribua la compétence la plus étendue qu'il fût possible. La justice des seigneurs fut diminuée, mais elle n'étoit pas encore subordonnée. Les seigneurs ne rendoient déja plus la justice eux-mêmes, ils avoient nommé des juges pour tenir leurs assises & rendre la justice. Lorsque les rois furent assez puissans pour interposer leur autorité, afin d'assurer à leurs sujets la justice qu'ils ne recevoient que de leurs maîtres lorsqu'ils étoient esclaves, on attribua aux baillis royaux une inspection sur les baillis des seigneurs, & ils furent chargés de vérifier si ces juges seigneuriaux jugeoient contre la loi, ou s'ils refusoient de rendre justice suivant l'ancien usage dont nous avons parlé. A cet effet, les juges seigneuriaux étoient appellés devant le bailli royal pour y justifier leurs jugemens ou leurs motifs, de même que les baillis royaux pouvoient être appellés devant la cour du roi.

Les juges étant pris à partie & obligés de prendre en main la défense des parties gagnantes furent bientôt dans le cas de les faire intervenir dans cette défense, & de les intimer à cet effet. Il n'étoit pas toujours aisé de décider que le juge avoit statué contre les loix; elles sont si compliquées & si peu claires que les décisions ne sont pas toujours applicables à certaines affaires. On sentit donc l'absurdité de condamner le juge en donnant gain de cause à l'appellant, & de prendre le juge à partie en toutes sortes d'affaires: dès lors les appels changerent de nature; ils devinrent des répétitions de procédures entre les parties devant un tribunal supérieur, & l'ancien préjugé, suivant lequel les juges appellés étoient injuriés par les parties, s'éteignit.

Les baillis royaux étoient des officiers d'épée qui, détournés ainſi que les ſeigneurs de leurs fonctions par les emplois militaires, les confierent à des juges ou lieutenans ſédentaires: mais les rois craignirent de tomber d'un écueil dans un autre; ils n'avoient pas oublié l'exemple des ſeigneurs qui étoient devenus trop puiſſans dans l'exercice de la juſtice. Philippe le Bel défendit par une ordonnance de 1287 aux grands baillis de reprendre leurs fonctions.

La plupart des plaideurs n'ont jamais tort, & croient toujours avoir été mal jugés; tant qu'il exiſte un tribunal ſupérieur, leur eſpérance n'eſt point éteinte. On appelloit des ſentences des juges royaux à la cour du roi; ces appels devinrent ſi multipliés qu'il fallut rendre ſédentaire une partie du conſeil royal pour les juger ſouverainement, c'eſt-à-dire, de la même maniere qu'ils étoient jugés à la cour ſouveraine ou à la cour du ſouverain (z). La partie que le roi ſe réſerva fut longtemps appellée le grand conſeil. En créant un parlement ſédentaire à Paris l'ordonnance portoit: *les arrêts rendus par cette cour ſeront exécutés ſans appel, mais s'il s'y trouve quelque erreur ou quelque ambiguïté, le roi ſe réſerve le droit de les corriger, interprêter ou révoquer* (*a*).

Quoique le roi eût réſervé un conſeil auprès de lui, il ne ceſſa pas de conſulter la partie démembrée, & cette partie conſerva longtemps le titre de conſeil du roi. Ce tribunal réuniſſoit les pré-

(z) Ce démembrement fut fait en 1302 par Philippe le Bel.

(*a*) Art. XII.

rogatives de juger ſouverainement, de conſerver le dépôt des loix, de les faire publier (*b*), & d'être conſultée par les rois, ou de mettre dans la balance qui leur étoit confiée leurs repréſentations & les motifs du ſouverain (*c*).

Ces parlemens ou aſſemblées du conſeil ne ſe tenoient d'abord que deux fois l'an, & le roi nommoit annuellement ceux de ſon conſeil qu'il deſtinoit à les tenir (*d*). Le parlement ſe tint enſuite ſans diſcontinuation vers l'an 1379.

C'eſt donc vainement que l'on attribue à Philippe le Bel l'origine du parlement; elle eſt auſſi ancienne que le conſeil de nos rois. Dès l'origine de la monarchie, les rois eurent autour d'eux une cour & des conſeillers qui jugeoient certaines affaires majeures dont le roi ſe réſervoit la connoiſſance, telles que celles des grands vaſſaux & celles du domaine royal. La partie du conſeil ou de la cour du roi établie à Paris, ſous le nom de cour de parlement, tenoit en un lieu fixe les plaids ou parlemens qu'avoit toujours tenus le

---

(*b*) La premiere loi où il ſoit fait mention d'enregiſtrement au parlement eſt du 14 Août 1374, *datum Pariſiis in camerâ parlamenti noſtri*. (Ord. du Louvre, t. I).

(*c*) *Sic ſignata per regem ad relationem conſilii in camerâ exiſtentis* (idem).

(*d*) Paſquier rapporte une ſemblable nomination. L'ordonnance portoit qu'il y auroit deux parlemens dans l'année, & que chacun dureroit deux mois. Ils devoient être compoſés de deux prélats & de deux préſidens laïcs, de 13 conſeillers clercs & de 13 laïcs dénommés. Les ordonnances du Louvre fourniſſent de pareilles liſtes. (Paſq. rech. l. II. c. III. Ord. du Louvre. T. I).

L'ordonnance de 1319 porte qu'il n'y aura plus de prélats au parlement.

conſeil à la ſuite du roi; cette cour n'a pas ceſſé intrinſéquement d'être le conſeil des rois.

Il y a une différence remarquable entre une cour démembrée du conſeil du ſouverain pour rendre la juſtice ſouverainement, & un corps repréſentant du peuple, & capable de former oppoſition aux loix de l'adminiſtration; l'une eſt le parlement ſuivant ſon inſtitution, l'autre eſt le parlement ſuivant ſes prétentions.

Quelles raiſons peuvent étayer de telles prétentions? Eſt-ce parce que ce corps eſt chargé de faire enregiſtrer les loix, & que le dépôt leur en eſt confié? Eſt-ce parce qu'il a droit de repréſentation? Il eſt conſtant que les rois ont toujours fait publier les loix dans leurs cours, ſoit en préſence de leurs conſeillers & des grands du royaume dans les affaires de peu d'importance, ſoit en préſence de la nation ou au moins de ſes repréſentans. Dans les affaires de grande importance, c'eſt un des principes conſtitutifs des monarchies dont les Germains ne s'écartoient pas, ſuivant le témoignage de Tacite que nous avons déja rapporté. Le greffe de cette cour royale étoit ſans doute le dépôt des loix; lorſqu'elle a été diviſée en deux portions, c'eſt dans la partie ſédentaire que le dépôt a été fixé; cette diſpoſition étoit naturelle. La portion démembrée a conſervé toutes les prérogatives, & les fonctions qu'avoit la cour entiere du conſeil du roi, ſi ce n'eſt celle d'être conſultée immédiatement par les rois ainſi que les membres de leur *conſeil étroit & privé:* mais ils n'en ont pas moins conſervé le droit d'expoſer leur avis, & de porter au pied du trône les raiſons contraires à l'exécution des volontés du roi: les droits, les fonctions & les privileges du parlement ſont très-précieux ſans doute, & en font un corps reſpectable & cher au peuple: mais je ne vois pas que ſes fonctions ſoient différentes de leur nature premiere & de leur inſtitution, & qu'on puiſſe en induire que les magiſtrats du parlement ont droit d'oppoſition comme repréſentans du peuple; je ne vois pas qu'on puiſſe en conclure que le parlement ſoit un ſénat intermédiaire entre le peuple & le monarque. Ce n'eſt que par des ames altieres & dont l'indépendance eſt le premier mobile qu'une telle idée a pu être ſuggérée. Un ſénat convient à la conſtitution républicaine. Les ſénats n'ont jamais été produits que par les révolutions ainſi que les républiques, & nulle révolution en France n'a fait paſſer le conſeil du roi à l'état de ſénat. Eſt-ce dans les parlemens d'Angleterre qu'on a puiſé le nom de repréſentans du peuple que prennent les parlemens de France? Les parlemens d'Angleterre & celui de France n'ont pas une même inſtitution; ils peuvent être dans l'une & l'autre nation des démembremens de la cour repréſentant la nation entiere où les loix ont été publiées: mais ces cours étoient compoſées des grands du royaume, des conſeillers du roi, & des députés du peuple. Le parlement d'Angleterre eſt le repréſentant du peuple, en ce qu'il eſt compoſé des grands & des députés du peuple. Le parlement de France eſt compoſé des conſeillers du roi, & la cour générale repréſentant le peuple n'a plus lieu, ſi ce n'eſt dans les lits de juſtice qui doivent être regardés comme des cérémonies d'apparat où les rois de France forcent, à mains armées, le peuple & les grands du royaume de conſentir à leurs volontés, & non comme les aſſemblées populaires dont ils dérivent, & dans leſquelles les rois obtenoient le consentement général nécessaire à la sanction des loix dans l'origine de la monarchie.

Ce n'est que pas à pas que les parlemens sont parvenus à déclarer ces prétentions & leurs oppositions manifestes.

La réponse que fit au nom du parlement Jean de la Vaquerie, premier président, au duc d'Orléans, devenu depuis roi sous le nom de Louis XII, est remarquable, & contient les vrais principes de la constitution des parlemens : „ le parlement est pour rendre la justice au peuple ; les „ finances, la guerre, le gouvernement du roi ne „ sont pas de son ressort ". Le parlement s'en tenoit alors aux fonctions de juger souverainement, parce qu'il existoit une assemblée législative du peuple ; le parlement n'étoit donc pas un sénat représentant du peuple.

Pour se justifier auprès des peuples, les parlemens commencerent par enregistrer en ajoutant ces mots, *de expresso mandato regis*, *de l'exprès commandement du roi*. Ensuite ils se firent réitérer ces ordres, enfin ils imaginerent de faire montre de patriotisme en cessant leurs fonctions, & en donnant leurs démissions : les jugemens civils n'ont point de rapport aux décisions politiques ; en fermant aux peuples l'accès du temple de la justice, les parlemens produisoient un mal pour en éviter un autre.

Plusieurs oppositions parlementaires ont excité depuis plus de deux siecles entre les rois & les parlemens des débats fréquens, & une querelle qui n'est peut-être encore qu'assoupie malgré l'exemple de fermeté que Louis XV a donné pendant les dernieres années de son regne, dans une circonstance où les oppositions furent, il est vrai, un ouvrage préparé par les mains du bras vengeur, & malgré les principes établis par ſon ſucceſſeur dans le rétabliſſement qu'il fit des parlemens pour remédier aux maux qu'avoit produits leur deſtitution. Dans ces querelles les parlemens ont ſouvent intéreſſé les peuples, les princes & des grands du royaume dans leur parti. Les députés du tiers état aſſemblés à Blois dans les temps de la ligue mirent en principe, que *les cours de parlement combien qu'elles ne fuſſent qu'une forme des trois états racourcie au petit pied avoient pouvoir de ſuſpendre, modifier, & refuſer les édits* (*e*): cette maxime que les parlemens n'ont que trop adoptée eſt le fruit de l'erreur populaire, & n'a pu être miſe au jour que dans des temps de trouble où le peuple n'avoit pas le loiſir de juger ſainement ſur la conſtitution de l'état & de ſes membres.

Les parlemens de France n'ont pas droit d'oppoſition ſi ce n'eſt par le retardement dans l'exécution que produiſent les repréſentations. Le droit de repréſentation ne peut leur être conteſté ; il eſt inhérent à leur qualité & à leur inſtitution dans un temps ſur-tout où l'autorité légiſlative eſt entiérement entre les mains du ſouverain.

La diſcuſſion des motifs contraires du miniſtre & du corps parlementaire peut offrir de nouvelles lumieres au roi & à ſon conſeil pour porter un jugement certain, & pour déterminer l'équilibre entre les intérêts du roi, des peuples & des différentes claſſes de la ſociété.

M. le préſident Hénault prétend que *Philippe le Bel affermit l'autorité légitime en établiſſant les parlemens.*

(*e*) Mém. de Crepy, T. I. p. 449.

lemens. Ce n'est pas cet établissement qui a affermi cette autorité, puisque le conseil du roi tenoit des parlemens, ainsi que les conseils des grands vassaux (*f*), antérieurement à l'établissement de Philippe le Bel, qui n'a fait que rendre sédentaire une partie de son conseil : mais l'autorité a été affermie lorsque le pouvoir & la jurisdiction des vassaux a été subordonnée à l'autorité royale & à la jurisdiction du conseil sédentaire du monarque.

M. le président Hénault ajoute : „ la justice étant „ le plus fort lien des peuples & des rois, ce que nos „ rois avoient de plus pressé étoit de la retirer des „ mains de leurs sujets qui l'avoient usurpée ". Si les parlemens l'usurpoient à leur tour, & s'ils devenoient, quant à la justice, aussi indépendans que les seigneurs qui l'avoient usurpée, on seroit tombé d'un écueil dans un autre.

C'est le sort de la France d'avoir toujours eu à redouter le crédit & l'ambition des premiers mandataires de l'autorité, ou d'avoir eu à lutter continuellement contre les efforts qu'ils ont faits pour réunir l'autorité souveraine à la justice, ou pour rendre formidables les pouvoirs qui leur avoient été confiés. Les rois se sont vus dans différentes circonstances obligés de supprimer les grandes charges de la couronne, dont l'élévation leur portoit ombrage (*g*). Depuis les derniers regnes

---

(*f*) Le duc de Normandie avoit un conseil appellé *échiquier*, & qui prit le nom de parlement en 1515. Les ducs & comtes de Bourgogne & les autres souverains, dont Philippe le Bel n'étoit que le suzerain, avoient des conseils qui tenoient des parlemens, & qui sont devenus des parlemens du roi de France lorsque ces provinces sont rentrées à la couronne.

(*g*) Les maires du palais sont parvenus à la couronne,

de la ſeconde race les premiers mandataires ſont devenus des ſouverains qui ont fait paſſer par droits de ſucceſſion des provinces de France à des puiſſances étrangeres. Les rois n'avoient plus qu'un domaine, ainſi que ces ſouverains ; les grands vaſſaux de ce domaine ſont devenus auſſi puiſſans que les premiers dans des diſtricts moins étendus. On créa des grands baillis pour ſubordonner la juſtice des ſeigneurs ; ils devinrent eux-mêmes trop puiſſans ; il fallut faire ceſſer leurs fonctions. La juſtice des ſeigneurs & celle des grands baillis furent ſubordonnées à celle du conſeil du roi, ce conſeil perdit de vue ſon origine, & il fallut tellement multiplier les contrepoids pour balancer leur puiſſance qu'il en réſulta l'aſſemblage le plus confus de juriſdictions.

C'eſt parce que les rois n'ont pas toujours veillé avec la même attention pour contenir leurs officiers dans de juſtes bornes ; c'eſt parce que la conſtitution monarchique n'eſt pas aſſurée par des loix fondamentales & inviolables. Le gouvernement françois eſt un vaiſſeau de la plus forte conſtitution, mais qui devient ſouvent le jouet des vents & de la tempête par la complication de ſes mâtures & de ſes manœuvres, ou par l'abandon de ſon gouvernail.

Qu'on ne croie pas qu'il y ait tant de différence entre l'uſurpation des ſeigneurs & celle des parlemens. Les ſeigneurs, après avoir mérité le choix

---

& cette charge fut anéantie ainſi que celle de référendaire. Celle de comte du palais fit place à celle de ſénéchal de la cour qui fut ſupprimée en 1191 par Philippe Auguſte ; celles de connétable, & de général de l'infanterie, furent ſupprimées l'une en 1627, l'autre en 1661.

de leurs ſouverains pour l'exercice annuel des fonctions de l'adminiſtration, ont obtenu la poſſeſſion héréditaire de l'exercice de leurs fonctions : les officiers du parlement, après avoir été nommés annuellement pour l'exercice de la judicature, ont obtenu l'exercice à vie, & après avoir été choiſis parmi les juriſconſultes qui ſe diſtinguoient dans la profeſſion d'avocat (h), leurs charges ſont devenues héréditaires ; de la poſſeſſion héréditaire les uns & les autres n'ont eu qu'un pas à faire pour fonder leurs prétentions ſur les droits de propriété, & pour ſouſtraire de la ſouveraineté la puiſſance de juger. Il faut lire M. de Monteſquieu pour voir avec quel art cet homme de génie a inſinué à ſes lecteurs la néceſſité de cette ſouſtraction & de cette ſéparation (i), en poſant pour principe qu'il n'y auroit point de liberté, ſi la puiſſance de juger étoit entre les mains du ſouverain ; cette maxime eſt étayée ſur le ſyſtême des contrepoids & des puiſſances intermédiaires ; malheureux le ſerviteur qui a pluſieurs maîtres !

En conſidérant la vénalité des emplois de judicature, du ſervice militaire & de finance, en conſidérant la vénalité des maîtriſes & des privileges, il me ſemble voir le trône environné de comptoirs où l'on vend les morceaux du ſceptre mutilé, & les principaux attributs de l'autorité, de la juſtice & de la protection royales.

La vénalité des charges s'introduiſit d'abord par le fait, enſuite elle fut autoriſée lorſque les offices

(h) Ces élections ſe ſont pratiquées juſqu'au chancelier Duprat.

(i) Eſpr. des loix, l. XI. c. VI.

ont été rendus perpétuels par ordonnance de 1467. Le chancelier de l'Hôpital autorisa les résignations des titulaires d'offices, en faisant payer par les nouveaux officiers le tiers de la valeur. Les titulaires consentoient de se démettre moyennant certain dédommagement ; ces sortes d'accommodement ont donné lieu aux premieres ventes. L'intégrité & la justice des magistrats furent bien éloignées de les autoriser pendant un long espace de temps : deux officiers de la chambre des comptes furent destitués, parce qu'il fut reconnu qu'ils avoient acheté leurs offices, l'un en 1373, l'autre en 1404. Charles VIII par ordonnance de 1493, & Louis XII par édit de 1508, défendirent de vendre les offices de judicature, & les officiers du parlement firent jusqu'en 1597 le serment de n'avoir pas acheté leur office. Louis XII commença à vendre des offices de finance pour payer les dettes de l'état. François I & Henri II vendirent des offices de judicature à titre d'emprunt. Charles IX permit aux titulaires d'office de les résigner en payant le tiers deniers, & statua que les offices qui n'auroient pas été résignés avant les quarante derniers jours de la vie des titulaires tomberoient aux parties casuelles.

La résignation étant une fois permise, le trafic des charges n'eut plus d'obstacles. Henri IV rendit les offices héréditaires ; enfin c'est à l'avidité des Guises ou à leur ambition que les historiens attribuent la vente des emplois militaires.

Quand nos rois seront-ils assez riches & assez puissans pour rembourser cette dette énorme de l'état que leurs prédécesseurs ont accumulée, en mettant un prix aux fonctions émanées de l'autorité royale ? Quand la France recevra-t-elle ses jugemens par des juges admis au concours à raison des services, du mérite & de la nobleſſe de leurs ancêtres, & élus autentiquement à raiſon de leurs qualités perſonnelles & de la ſupériorité de leurs connoiſſances? Quand les progrès du mérite & de l'émulation militaires ceſſeront-ils d'être arrêtés par l'intrigue & par la richeſſe (*k*)? Quand les reſſorts de l'induſtrie & du génie ceſſeront-ils d'être reſſerrés par la vénalité des maîtriſes? Quand les hommes ceſſeront-ils d'acheter le droit de faire uſage de leurs bras & de leur induſtrie?

Les parlemens de France en réclamant leurs droits ont encore ſoutenu le principe de l'inamovibilité des offices. Ce ſeroit une injuſtice manifeſte de deſtituer un officier qui auroit été admis lorſqu'on lui auroit reconnu, d'une maniere évidente, les qualités néceſſaires à remplir ſes fonctions, à moins qu'il ne fût jugé coupable de quelque forfait qui l'en rendît indigne, ſi ce n'eſt cependant dans les poſtes élevés où le ſalut de l'état dépend quelquefois d'une habileté qu'on ne peut éprouver que pendant l'exercice. Charles le Chauve, en rendant les titres & dignités héréditaires (*l*), s'engagea à ne deſtituer aucun officier, & à ne conférer aucun office s'il n'étoit vacant par mort, démiſſion volontaire, ou forfaiture jugée & décla-

---

(*k*) Combien de gentilshommes endurcis aux fatigues des campagnes, habitués à reſter dès long-temps inébranlables & intrépides au bruit des batteries & de la mouſquéterie & à la vue des morts & des mourants, & inſtruits des manœuvres d'attaque & de défenſe, ſont commandés même dans les compagnies par de jeunes officiers dont le mérite conſiſte dans les eſpérances qu'ils font naître?

(*l*) Abrég. ch. de l'hiſt. de France du préſ. Henault, ann. 877.

rée judiciairement, & ſelon les termes de la juſtice par juge compétent. Louis XI renouvella cette loi, & en fit jurer l'obſervation à ſon fils. On ne peut qu'admirer les principes d'équité qui ont dicté cette diſpoſition, mais il eſt à craindre que les juges ſouverains, qui ne reconnoiſſent en particulier de juges que leur compagnie, n'en étendent trop loin l'application lorſque la forfaiture eſt inſpirée par l'eſprit de corps & devient générale. Le prince qui a rétabli les officiers que ſon grand-pere avoit deſtitués, parce que le chef de la juſtice avoit aſſouvi ſa haine & ſa vengeance contre les parlemens en inſpirant à ſon maître des moyens de les porter à la réſiſtance, a ſtatué que les cauſes de deſtitution ſeroient déſormais jugées par la cour royale. Non ſeulement cette loi eſt conforme à l'eſprit d'équité, mais encore elle dérive des mêmes principes de la conſtitution des parlemens que ceux que nous avons expoſés.

L'autorité des grands & la puiſſance des parlemens ont ſouvent en s'élevant rencontré de grands obſtacles dans la puiſſance eccléſiaſtique.

Cette derniere puiſſance a toujours tiré grand parti des diſtinctions; elle a été diviſée en puiſſance temporelle & en puiſſance ſpirituelle: l'une s'étendoit ſur les corps, les biens & les choſes périſſables de ce bas monde, l'autre ſur les ames & ſur les biens ſpirituels que diſtribue le Très-Haut par l'intermede de ceux à qui il accorde la grace de deſſervir ſon égliſe: mais en laiſſant aux ſouverains la puiſſance temporelle, le ſacerdoce n'a jamais négligé le temporel. Les miniſtres de l'évangile en prêchant l'abandon des biens d'ici bas n'en ont rien laiſſé perdre. C'eſt pourquoi ils ont joué ſur la terre un rôle très-différent de celui des premiers apôtres qui ont dirigé leurs pas. On croit que *pendant les trois races on a donné plusieurs fois au clergé tous les biens du royaume* (*m*). On leur a ôté & donné plusieurs fois ces biens.

Il n'y avoit pas cent ans que Clovis & ses sujets avoient embrassé le christianisme qu'il fallut déja mettre un frein à la libéralité des mourans, & rendre nuls les testamens faits en faveur des églises (*n*) & les dons excessifs qui leur avoient été faits par Clotaire I, fils de Clovis, sur les biens du fisc. Ce fut Chilpéric, fils de Clotaire, qui commença ainsi à réprimer l'avidité sacerdotale. Cette loi cessa bientôt d'être exécutée. Si elle eût subsisté, les richesses du clergé eussent été contenues dans de justes limites; mais bientôt les rois eux-mêmes y dérogerent. Les uns accumulerent les biens sur les ecclésiastiques, les autres leur ôterent ce qu'ils purent pour en gratifier les laïcs. Il y eut toujours une oscillation continuelle de faveurs entre les principaux officiers du royaume, en raison du crédit qu'ils obtinrent sur l'esprit du prince. Lorsque les favoris avoient l'esprit de corps, les faveurs rejaillissoient sur le corps entier. C'est ainsi que les biens du fisc furent alternativement donnés & ôtés aux ecclésiastiques & aux séculiers.

Sur la fin de la premiere race l'église avoit été dépouillée; ses ministres prêcherent, ils eurent des visions qu'ils peignirent aux peuples des traits les plus effrayans. Les premiers rois de la seconde race leur furent favorables. Pepin fit rendre aux églises ce qu'il put, & ordonna aux laïcs, possesseurs

(*m*) Esp. des loix, l. XXXI. c. X.
(*n*) Grég. de Tours, l. VII. c. VII.

de biens qui avoient appartenu aux églises, de payer une redevance aux églises & d'entretenir les maisons qui en dépendoient (*o*). On fit dans les biens du fisc une distinction des biens destinés à l'église & des biens destinés aux laïcs; & Charlemagne, en confirmant les réglemens de Pepin, s'engagea, pour lui & ses successeurs, à ne plus donner aux laïcs les biens ecclésiastiques. Les biens de l'église conserverent le nom de bénéfices; les bénéfices laïcs prirent le nom de fiefs (*p*).

L'église n'étoit pas rassasiée, les démons mangeoient les épis & reprochoient à haute voix aux peuples l'appétit qui les engageoit à ne pas partager leurs subsistances avec les ministres de Dieu. Les prêtres sentirent combien une co-propriété constante & générale seroit préférable à la concession variable des biens du fisc; ils furent effrayés de l'exemple des variations qui étoient déja survenues dans les distributions de ces biens, & de l'état de déprédation où s'étoit trouvée l'église sous les regnes anti-ecclésiastiques; ils prévirent à quel degré d'opulence seroit un jour élevé le clergé par cette co-propriété; ils profiterent de la puissance de Charlemagne, de ses bonnes intentions pour eux, & de la facilité religieuse des peuples. Ils avoient déja obtenu la dixme des biens du fisc, sous le prétexte que ces biens avoient été ôtés aux prêtres pour être accordés aux laïcs; ils obtinrent de cet empereur la dixme des biens de son domaine, & enfin le droit de partager le produit des récoltes terrestres (*q*) avec les propriétaires qu'ils instrui-

(*o*) Esp. des loix, l. XXXI. c. XI.
(*p*) Esp. des loix, l. XXXI. c. XII.
(*q*) Les ecclésiastiques n'ont pu obtenir les dixmes per-

ſoient à mériter les biens ſpirituels de la vie éternelle. Les prêtres éprouverent d'abord de la réſiſtance; mais ils renverſerent tous les obſtacles par les efforts de deux pouvoirs réunis, dont chacun eſt propre à mener au deſpotiſme, le pouvoir eccléſiaſtique qui agit ſur les ames par l'inſinuation, & le pouvoir ſéculier d'un empereur redoutable qui réduit & contient par la force des armes.

Dès le regne de Louis le Débonnaire les peuples demanderent à ſe rédimer de la dixme en nature; mais ils ne purent l'obtenir ni de ce prince ni de Clotaire (*r*).

Depuis cette époque les richeſſes de l'égliſe ſe ſont accrues continuellement; les miniſtres de l'inſtruction ſont devenus, ainſi que les fermiers, propriétaires des métairies qu'ils faiſoient valoir; ils ont diſpoſé, dans le repos & dans les jouiſſances, des fruits du travail qu'ils ont confié à de nouveaux cultivateurs, & la plupart des gros décimateurs n'exercent plus les fonctions de leur état primitif.

Quel qu'ait été ce moyen d'élévation du clergé, il ne s'en eſt pas tenu là; les prêtres ne négligе-

---

ſonnelles (Ord. de Philippe le Bel de l'an 1303). Les dixmes ſont dues aux laïcs qui les ont inféodées avant le concile de Latran tenu ſous Alexandre III en 1180. Le décret de ce concile, après de vives plaintes ſur les uſurpations des dixmes faites par les laïcs ſur l'égliſe, porte que ceux qui ne les rendront pas à l'égliſe ſoient privés de la ſépulture chrétienne.

La différence qui ſe trouve entre les quotités des dixmes dans les différens cantons provient de l'eſtimation qui en a été réglée & de la ſouſtraction qui a été faite des frais de culture.

(*r*) Conſt. de Louis le déb. de l'an 829. Bal. T. 1. art. VII. Loi des Lomb. l. III. t. III. §. VIII.

rent pas de dégoûter les laïcs des biens temporels, & de les déterminer à faire des aumônes ecclésiastiques, des fondations & des testamens en leur faveur (s), ils imaginerent même le moyen d'accélérer leur possession en engageant les chrétiens à quitter leur patrie & à se livrer à des courses pénibles & à des guerres meurtrieres qui hâtoient leur trépas, en invitant les guerriers à la gloire de venger Dieu, & en promettant une récompense éternelle à ceux qui morts dans ces combats auroient renoncé à leurs biens en faveur des églises.

Ces guerriers, en abandonnant leurs biens aux églises, céderent aux prêtres un champ de bataille où luttoient depuis long-temps les puissances ecclésiastiques & séculieres. Il ne restoit dans le royaume que les femmes, & ceux qui n'ayant pas été entraînés soit par état, soit par caractere dans le tourbillon général, avoient trop peu d'énergie dans l'ame pour résister aux entreprises des serviteurs immédiats de la Divinité.

A considérer l'ambition du clergé & le desir général dont il est pénétré d'acquérir & de subjuguer par la persuasion, il semble qu'il y ait un pacte entre tous les successeurs des premiers prédicateurs de l'évangile, depuis les premiers dignitaires jusqu'aux serviteurs les moins intéressés, par lequel chaque membre doit contribuer de tous ses moyens spirituels à fonder sur la terre une théocratie spirituelle. L'unité de commandement est nécessaire aux grandes entreprises; les prêtres ont un général, & si plu-

---

(s) Celui qui mouroit *déconfès*, c'est-à-dire qui mouroit sans donner une partie de ses biens à l'église, étoit privé de la communion & de la sépulture. (Esp. des loix, l. XXVIII, c. XLI).

ſieurs corps n'euſſent abandonné ſes drapeaux (*t*), il n'eſt pas aiſé de déterminer juſqu'où il eût pouſſé ſes conquêtes.

L'influence de l'autorité du chef de l'égliſe ſur les états catholiques eſt conſidérable; non-ſeulement les papes ont étendu leurs prétentions juſqu'aux droits de détrôner les ſouverains par les excommunications, ils ont encore trouvé les moyens de s'approprier une partie des revenus eccléſiaſtiques du royaume.

Les rois de France ayant abandonné la nomination aux dignités de l'égliſe & ayant alternativement conteſté & toléré les élections, les papes, comme chefs des électeurs, s'attribuerent le droit de confirmer les élections par des bulles. Les évêques de Rome qui ſont devenus chefs de l'égliſe par l'aſcendant que devoit avoir l'évêque de la capitale de l'empire ſur les évêques qui en dépendoient, & qui ſont devenus ſouverains par la facilité des empereurs & par l'abandon de cette capitale, attirerent à leur tribunal un droit de ſupériorité dans la nomination des dignités eccléſiaſtiques du royaume, & des droits lucratifs qui tranſportent une partie des richeſſes de France chez une puiſſance étrangere.

Quelquefois les papes ſe réſerverent les revenus des bénéfices; ils promirent à des eccléſiaſtiques de leur conférer des bénéfices avant qu'ils ſoient vacans, ils tirerent à raiſon de cette promeſſe un

---

(*t*) On ſait que la Suede, à l'exemple de pluſieurs autres états de l'Europe, a banni la religion catholique pour réunir à la couronne la plus grande partie des biens de l'état que l'égliſe avoit obtenus en prêchant le déſintéreſſement, la pauvreté & l'abandon des biens de ce monde.

droit d'expectatives, & ils se firent payer les bulles par une année de revenu sous le nom de droit d'annate. Quelquefois les papes prétendirent au droit de partager avec le roi les décimes sur le clergé de France; ils l'obtinrent pendant quelque temps, mais Philippe le Bel arrêta cet abus (*u*).

Les droits de réserves, d'expectatives & d'annates, furent abolis en 1438 par la pragmatique sanction; mais cette même ordonnance confirmoit le clergé dans le droit des élections. Sous François premier les rois de France rentrerent dans le droit de conférer les grandes dignités ecclésiastiques de leur royaume; mais il paroît que le pape ne consentit au concordat que sous la condition du droit d'annate, qui fut rétabli par une bulle de très-peu de temps postérieure au concordat. Ce fut ainsi que ce monarque racheta du pape, aux dépens de son clergé, un des droits de souveraineté que ses prédécesseurs avoient perdu. Le clergé sentit combien son corps perdoit de son indépendance par ce rétablissement; il forma contre le concordat de fortes oppositions, dans lesquelles il intéressa le parlement & l'université de Paris. Il falloit qu'il y eût alors beaucoup d'ecclésiastiques & de dévots observateurs des loix favorables à l'église dans le parlement pour s'opposer à l'exécution d'une loi fondamentale de la monarchie.

Les croisades ouvrirent de nouvelles successions aux prêtres, & l'absence des juges séculiers accrut la jurisdiction ecclésiastique; la crainte des châtimens pour des fautes qui pour la plupart sont plus contraires à la foi & à la soumission, aux or-

---

(*u*) Abrég. ch. de l'hist. de France, ann. 1303.

dres de l'églife qu'à la morale divine & humaine, multiplia les fondations. Il fe répandit dans les provinces, fous la jurifdiction des abbés ou des premiers fuppôts des évêques, des communautés réunies par un fondateur, dont le mérite principal confiftoit à favoir intéreffer des hommes riches à fon entreprife & à rédiger un code de regles anti-humaines.

On diroit que ces faints fondateurs fe font réparti entr'eux, dans les lieux les plus pittoresques de la France, tous les fites agréables pour y établir ces palais de retraite qui font des monumens exiftans de l'ancien emploi des richeffes.

Les inconvéniens de ces communautés religieufes font connus; elles raffemblent, fous des drapeaux étrangers à la fociété, des claffes d'hommes ou de femmes vivant pour eux, ne reproduifant rien, engraiffés du travail d'autrui, & dont les mœurs & l'exemple deviendront par la fuite de plus en plus dangereux, à mefure que, leur difcrédit augmentant, les couvens ne feront repeuplés que par des gens qui fortiront des claffes inférieures de la fociété attirés par l'appât de vivre graffement dans la fainéantife. La récolte des moines mendians eft pour le peuple un furcroît d'impofition confidérable; plufieurs de ces ordres font déja devenus propriétaires.

Actuellement il eft interdit aux gens de main-morte d'acquérir des biens fonds & de prêter leur argent, fi ce n'eft à des communautés, c'eft une entrave que l'on a mis aux progrès de leurs richeffes; mais ils trouvent différens moyens d'employer leur argent en accroiffement de richeffes foncieres; ils obtiennent des permiffions extraordinaires d'acquérir des places vagues & ils y bâtifſent ; ils prêtent à des communautés ſéculieres, & ils ont hypotheque ſur leurs biens fonds ; ils acquierent des affranchiſſemens de bien de main-morte ; ils font des dépenſes foncieres qui en augmentant la valeur de leurs biens fonds augmentent la maſſe de leurs richeſſes. D'ailleurs ils peuvent encore acquérir des hypotheques ſur les biens fonds des propriétaires par les fondations.

La multiplicité des cérémonies, en multipliant les prêtres, augmente les charges du peuple. La primitive égliſe étoit moins prodigue en cérémonies, & peut-être plus prodigue en inſtructions morales. Il y avoit beaucoup moins d'égliſes ; les moines même n'en avoient point ; ils ſe rendoient à l'égliſe curiale ou paroiſſiale ainſi que les autres fideles. Les fonctions ſacerdotales étant conſidérées comme branches des fonctions de l'adminiſtration ſont, par la multiplicité des miniſtres, dans un rapport exceſſif avec toutes les autres fonctions. Il y a beaucoup de villes en France où il n'y a que deux ou trois juges ou officiers publics & une vingtaine d'avocats ou procureurs contre une centaine de miniſtres membres de l'égliſe, tant ſéculiers que réguliers. On convient généralement que les formes & complications de la juriſprudence multiplient exceſſivement les ſuppôts de la juſtice ; quel jugement portera-t-on de la multiplicité des membres eccléſiaſtiques ?

Les parlemens ont mis des entraves à l'étendue de la juriſdiction eccléſiaſtique. Dans le temps où les fiefs étoient des bénéfices, les bénéfices eccléſiaſtiques étoient entiérement analogues aux bénéfices laïcs. Les évêques & les abbés avoient des juriſdictions dans leurs territoires de même que les fideles laïcs. Outre la juriſdiction ſpirituelle qu'ils avoient universellement sur les ames, ils avoient encore des jurisdictions temporelles. Dans le temps des guerres, & en l'absence des seigneurs, les juges pacifiques de l'église profitant des difficultés de discerner les causes spirituelles des causes temporelles, dans lesquelles on découvroit quelque prétexte de spiritualité, attirerent à eux un grand nombre de causes; mais les parlemens arrêterent le cours d'un pareil conflit (*x*), & la jurisdiction ecclésiastique est restreinte aux causes purement spirituelles.

Nos rois avoient opposé aux forces qui résistoient à leur autorité des forces contraires, en créant des fonctions propres à contrebalancer celles qui s'écartoient de la constitution monarchique; ils firent plus, ils opposerent à la puissance des seigneurs & à la puissance ecclésiastique la nation assemblée en corps (*y*) sous le nom d'états géné-

(*x*) Introduction de la forme d'appel comme d'abus. (Abrég. ch. de l'hist. de France du prés. Hénault, ann. 1329.

(*y*) Ce furent les barons en Angleterre qui, pour réprimer l'autorité royale, admirent les députés du peuple au parlement en 1225. Ce fut le roi en France qui les admit pour réprimer l'autorité des grands vassaux.

En Angleterre l'influence du ministere sur l'administration populaire & sur la législation est la source des plus grands désordres; en France l'influence des grands, des gens de crédit & des personnes de considération, s'oppose à chaque pas aux ministeres bien intentionnés.

Le parlement d'Angleterre est le parlement de la nation, c'est une assemblée nationale; cependant ce parlement appartient au Souverain qui en achete la majorité. Les parlemens de France sont parlemens du roi, ils peuvent être considérés comme des démembremens du conseil royal, cependant les parlemens de France prétendent agir comme parlemens de la nation.

raux, en y introduisant le peuple dont les intérêts avoient été oubliés pendant plus de deux siecles, & qui étoient restés appesantis sous le joug sans faire parvenir leur voix jusqu'au trône.

Depuis le temps où les rois consultoient la nation, soit dans le champ de Mars (z), soit dans les placités, synodes, parlemens ou cours royales qu'ils tenoient avant l'asservissement du régime féodal, on n'a de monument du consentement demandé au tiers-état que sous le regne de St. Louis, suivant une ordonnance datée de S. Gilles en 1254. Philippe le Bel le convoqua en 1302 pour s'opposer, avec tout le corps de la nation, aux entreprises de l'église & du pape Boniface VIII. Depuis cette époque les états-généraux furent convoqués dans toutes les affaires importantes, soit pour la succession à la couronne, soit pour la législation, soit pour la levée des impôts jusqu'en 1614, où ils cesserent d'être assemblés, parce qu'on reconnut que les débats engendroient des factions & des partis dangereux.

Il y a plusieurs inconvéniens à remarquer dans la convocation des états-généraux ; il en est un qui résulte de la diversité des intérêts des villes, des corps, des communautés & des classes de la société & de la maniere de décider à la pluralité des voix.

Les députés de la nation aux états devoient être

(z) L'assemblée du champ de Mars étoit celle où le roi élevé sur un trône recevoit des dons annuels & l'hommage de ses sujets, où il nommoit aux dignités & aux emplois & où l'on agitoit les affaires qui intéressoient l'état ou la monarchie.

être, ſuivant le chancelier de l'Hôpital, des *hommes dignes, par leur courage & leur vertu, de prendre place dans ce grand corps dépoſitaire des volontés de la nation;* ces hommes ne forment pas toujours la majorité. Dans un diſcours que Marillac prononçoit aux états-généraux en 1560, il dit de l'aſſemblée des états-généraux que c'étoit „ le tribunal inſtitué pour écouter les plaintes de „ la nation, comme les autres tribunaux l'étoient „ pour écouter celles des particuliers; que les an„ ciens fondateurs de la monarchie françoiſe ne „ s'étoient réſervé que ce lieu où ils partageaſ„ ſent avec le roi l'autorité qu'ils lui avoient don„ née, & où ils rentraſſent dans une eſpece d'é„ galité néceſſaire pour réparer ce que le prince „ avoit uſurpé ſur ſes ſujets, où enfin le pouvoir „ ſuprême dont ils l'avoient revêtu ne les empê„ chât pas de négocier & de conclure avec lui des „ traités obligatoires de part & d'autre „.

Les aſſemblées populaires ont ſur-tout de grands inconvéniens dans les temps où l'erreur & les mauvais principes de légiſlation l'emportent ſur l'inſtruction générale & la connoiſſance des principes fondamentaux de la juſtice & de l'équité ſociales. Les peuples qui reçoivent des loix de ces aſſemblées ont à craindre d'un côté la corruption des hommes intéreſſés à établir leur bien-être au préjudice de l'intérêt public, de l'autre l'éloquence de la prévention & des préjugés.

Le citoyen vraiment patriote devroit deſirer, pour le bonheur des états, qu'il exiſtât une aſſemblée populaire dont les membres fuſſent tellement pénétrés des ſentimens de bienfaiſance publique, & tellement éclairés par les lumieres de la loi naturelle qu'il y fût reconnu & ſtatué à jamais.

1°. Que le droit de propriété & de sûreté personnelle doit servir de base à toute société.

2°. Que la liberté des échanges & des travaux est une suite naturelle du droit de propriété & de la liberté personnelle.

3°. Que la simplification des frais de production particuliere & d'administration publique est la regle fondamentale de l'économie, & le moyen le plus propre à accroître la population & la force nationale par l'aisance & la richesse.

4°. Que les formalités de justice civile doivent être simplifiées & doivent tendre, non pas à donner de la splendeur à des corps & à des officiers de judicature, mais à régler promptement les intérêts des citoyens.

5°. Que les loix criminelles doivent avoir pour objet de servir d'exemple & de frein aux hommes qui sont portés, par de mauvaises inclinations, à nuire à leurs semblables contre les droits civils & personnels, & non la vengeance publique.

6°. Que les revenus publics doivent être perçus de la maniere la plus simple en raison des facultés des citoyens, & en raison des portions de richesses dont ils peuvent disposer au-delà des frais de production.

7°. Que le rapport général de la contribution ordinaire au revenu doit être réglé d'après un état des besoins publics & des dépenses royales & publiques.

8°. Que l'impôt extraordinaire ou la crue d'imposition ne peut être perçue sans le consentement du peuple ou de ses députés.

9°. Que le public ne peut anticiper sur les revenus futurs, si ce n'est dans des besoins pressans, extraordinaires & imprévus; & que dans ce cas il doit être réglé de quelle maniere l'emprunt sera remboursé le plus promptement qu'il soit possible.

10°. Que les engagemens du souverain ne peuvent être hypothéqués que sur l'engagement du public, & que l'homme qui propose de manquer à des engagemens pris par le souverain ou le public est coupable envers le souverain & envers le public, & doit être jugé comme tel.

11°. Que l'intérêt du public & l'intérêt du souverain sont les mêmes, puisqu'indépendamment de l'intérêt qu'a le souverain à la prospérité de ses états, la richesse du souverain étant réglée par un rapport constant avec le revenu de l'état, la richesse publique & celle du souverain augmentent en même raison.

12°. Enfin qu'excepté dans les actes d'autorité qui pourroient être contraires à ces principes, le roi doit avoir une puissance générale & indéfinie.

Ces principes établis & publiés d'une maniere autentique serviroient de base à la rédaction des loix, à l'établissement des formes & à la direction des frais, contribueroient à accroître les richesses & la population, & diminueroient beaucoup l'importance du renouvellement des états généraux, qui n'auroient plus à statuer que sur des affaires accidentelles; ces principes, en constatant les intérêts réciproques du souverain, des peuples, des classes de citoyens & des particuliers, banniroient à jamais les inquiétudes du souverain sur de telles assemblées populaires & sur les dissensions civiles. La liberté particuliere des personnes, la liberté des travaux & des entreprises, la réduction des frais à leur *minimum*, & la confiance générale établie sur la solennité des principes de la nation, produiroient une aisance générale & une félicité qui porteroient la population, la force & la puissance de l'état au plus haut degré. Cet ensemble de principes est nécessaire à produire la prospérité que l'on peut attendre d'un grand empire, quelques-uns d'entr'eux pourroient produire de grands biens, mais leurs effets seroient contrariés par l'inobservation des autres.

Ce qui distingue essentiellement la monarchie du despotisme, c'est la conservation des droits de propriété & la sûreté personnelle. L'état qui seroit gouverné par un seul prince suivant les loix fondées sur cette conservation & cette sûreté auroit les caracteres essentiels de la monarchie; mais on sait que les rois, dont les états ont le titre de monarchie, ont des moyens d'attenter aux droits de propriété & d'éluder l'exécution des loix en faveur des courtisans qui tendent à rompre continuellement l'équilibre des propriétés, même lorsque le peuple conserve des assemblées pour le maintien de ses droits : on sait combien le monarque qui distribue des graces & qui se prête à la destruction de l'ordre des propriétés a d'empire sur les esprits des concurrens qui ambitionnent les faveurs souveraines, & combien cet empire a d'influence sur les décisions nationales ou sur la conduite des peuples. Cet empire est d'autant plus considérable que les faveurs& les graces croissent par les effets des décisions contraires aux intérêts du peuple. Le pouvoir du souverain sur l'esprit des courtisans, le pouvoir des courtisans sur l'esprit du souverain, & le pouvoir des uns sur l'esprit des autres sont réciproques & se soutiennent mutellement. Le pouvoir que les grands ont sur l'esprit du prince, & qu'ils ont les uns sur l'esprit des autres, constitue ce que l'on appelle le crédit des grands. Ce crédit tend à obtenir les grandes graces, & il tend à faire accorder des graces inférieures à ceux qui placés dans une classe inférieure contribuent à soutenir ce crédit & à dicter les décisions contraires aux intérêts du peuple.

Les puissances intermédiaires entre le souverain & le peuple tendent à détruire l'ordre des propriétés par les effets de ce crédit. Les grands qui ont intérêt d'accroître les faveurs & d'obtenir la préférence, d'un côté persuadent au souverain que l'intérêt du monarque est d'étendre son autorité, & de l'autre se font un mérite auprès du monarque des moyens qu'ils emploient pour soutenir & étendre l'autorité royale au préjudice des propriétés particulieres.

C'est une mauvaise maxime en politique de mettre des bornes à l'étendue de l'autorité du monarque par l'autorité des puissances intermédiaires. La loi qui maintient les peuples dans leurs droits de sûreté personnelle & de propriété donne au roi la puissance la plus étendue. La propriété & la puissance souveraine n'ont rien de plus à craindre que le crédit & l'ambition des puissances intermédiaires qui tendent à accroître l'effet des faveurs souveraines au préjudice du peuple, & qui tendent à diminuer l'autorité souveraine au préjudice du souverain, ou qui tendent à ces deux buts au préjudice du peuple & du souverain, dont l'intérêt est le même pour la conservation des droits de propriété & le maintien de l'autorité souveraine. Il faut, pour l'intérêt national, mettre un frein au crédit des grands & des puissances intermédiaires. Ce crédit est un obstacle vivant auquel le souverain & le peuple doivent s'opposer pour empêcher la destruction de l'ordre des propriétés &

la diminution de l'autorité souveraine; c'est l'hydre contre laquelle le souverain & le peuple doivent réunir leurs efforts pour l'intérêt de la monarchie.

Les effets du crédit des grands mandataires sont d'autant plus à craindre que le désordre de la monarchie est plus grand; car le désordre en accroissant l'inégalité des richesses, en multipliant à l'excès le nombre des officiers du souverain, & faisant une distinction plus sensible entre la classe des grands & celle des moindres propriétaires, augmente les effets du crédit des grands. Si l'ordre de la monarchie étoit rétabli, si les loix naturelles étoient connues & observées, ce crédit seroit moindre, parce que les richesses seroient réparties avec plus d'égalité, parce que l'autorité des puissances intermédiaires émaneroit du roi & s'y rapporteroit, & parce que l'autorité du monarque ne seroit plus dépendante de la multiplicité des graces dont il est le distributeur; d'ailleurs les manœuvres de l'intrigue seroient livrées au mépris de la nation qui seroit beaucoup plus efficace que dans les temps où la corruption est presque générale & provient de la constitution.

Il est surprenant que dans une nation à laquelle l'honneur dicte un code de loix dont la délicatesse & la sévérité maintiennent sur certains objets les mœurs des premiers ordres de l'état dans leur pureté primitive, ces loix ne s'étendent pas avec la même sévérité sur les actes de l'intrigue qui corrompent les protecteurs du peuple, sur les sollicitations qui corrompent l'intégrité des juges, qui engagent les mandataires du souverain dans des démarches contraires aux intérêts publics & favorables aux intérêts particuliers, & sur celles qui placent les créatures de la protection en donnant l'exclusion au mérite.

Si les limites naturelles entre l'autorité souveraine & les droits du peuple étoient reconnues & n'étoient plus sujettes à discussion & à contestation, on ne pourroit plus dire aux peuples que l'autorité des puissances intermédiaires est nécessaire pour défendre les droits du peuple contre l'autorité royale, & l'on ne pourroit plus dire aux souverains que le crédit des grands est nécessaire pour soutenir son autorité contre les prétentions des peuples. Les monarques seroient moins jaloux d'accroître les graces dont ils croient que la distribution leur est favorable pour soutenir leur autorité; & cette distribution, bornée au nécessaire, auroit moins d'influence sur le sort des peuples.

L'Angleterre est un exemple remarquable d'une monarchie républicaine qui tend au despotisme par l'intrigue & les effets du crédit des mandataires du souverain. Il y a de mauvaises loix en Angleterre, & l'effet des loix favorables aux droits de propriété est souvent éludé par l'influence du parti ministériel & de tous les aspirans aux graces ministérielles. Les courtisans soutiennent les ministres, les ministres élevent les courtisans, & le peuple plie sous le joug de ces puissances intermédiaires. Les Anglois seront encore soumis à cette influence & aux vicissitudes des débats dans leur assemblée populaire, jusqu'à ce que les connoissances nécessaires à la législation & à la conservation invariable des droits de propriété aient fait des progrès dans cet état monarchique, jusqu'à ce que les principes naturels de la justice intérieure & de la justice générale des nations y soient les principes de l'esprit national. La majorité dans le parlement est encore composée de gens dénués de principes, & qui, peu instruits des maximes fondamentales d'une société monarchique, ont une espece d'éloquence & de raisonnement fondée sur les préjugés généraux, ou qui se laissent entraîner par les tentations de la fortune & vendent au poids de l'or les droits de leurs constituans & de la nation ; mais l'influence de la corruption est moindre que celle des préjugés, & l'éloquence vénale ne pourroit résister longtemps aux traits de l'éloquence fondée sur les principes naturels & les loix de la propriété, si le code de ces loix étoit rédigé & représenté continuellement aux rois & aux assemblées nationales pour leur servir de guide & de regle immuable.

On prétend que les états-généraux en France n'avoient que le droit d'aviser, de remontrer, de supplier & de présenter leurs doléances ; que les rois avoient conservé l'autorité législative, & qu'ils déféroient aux demandes des états, suivant les régles de leur prudence & de leur justice (*a*). Les états-généraux doivent être bien distingués d'un sénat démocratique ; *si le roi étoit obligé de leur accorder toutes leurs demandes*, le roi ne seroit que le général d'une république & *cesseroit d'être roi.* Lorsque les factions s'introduisent dans les assemblées nationales, ces assemblées sont très-nuisibles ; elles sont destinées, en matiere de législation, à produire l'instruction qui naît du débat des différens intérêts. Mais si l'on ne s'y entend pas, si les débats engendrent des querelles ou des ligues, si les partisans d'une opinion deviennent des parti-

(*a*) Ab. chr. de l'hist. de France du prés. Hénault. Hist. de Charl. V. de Robertson, introd. not. 38.

ſans d'oppoſition, ſi au lieu de déterminer les loix néceſſaires à l'adminiſtration les députés de la nation veulent participer à l'adminiſtration, s'ils veulent qu'on y publie les formes d'adminiſtration & les vues qui, pour l'intérêt de la nation, doivent être renfermées dans le ſecret du cabinet, ces aſſemblées produiſent de grands maux.

Nous avons déja parlé de l'autorité légiſlative; il y a des loix qu'il n'eſt ni dans la puiſſance du roi, ni dans la puiſſance du peuple, de rédiger pour l'intérêt public; c'eſt à l'inſtruction à les produire, & aux ſages à en faire connoître la néceſſité & l'utilité. Mais le conſentement du roi & le conſentement du peuple ſont néceſſaires à la ſanction des loix.

Lorſque les loix de la propriété ſeront conſtamment, invariablement & inconteſtablement reconnues, & que les rois ou leurs miniſtres ne ſeront plus maîtres d'y apporter des loix contraires; lorſque la perception de l'impoſition ſera tellement ſimplifiée & uniforme qu'il n'y ait plus qu'à octroyer des crues proportionnelles pour les beſoins extraordinaires, il y aura peu de débats dans les aſſemblées populaires. Leur établiſſement eſt néceſſaire dans une monarchie, mais ces aſſemblées doivent tenir de l'unité ainſi que toutes les opérations de la monarchie, & les aſſemblées provinciales ſont contraires à l'établiſſement de l'unité de principes qui doit diriger toutes les opérations publiques d'une monarchie.

On ſe propoſe d'établir en France des adminiſtrations provinciales; déja l'enthouſiaſme de quelques provinces a fait éclater la joie qu'elles ont reſſentie de cet établiſſement, & elles ſe ſont émerveillées de la tranquillité & de l'ordre qui y ont régné jusqu'à présent. On ne se rappelle plus une anecdote du regne de Henri IV.

Les états-généraux assemblés à Rouen en 1596 demanderent entre autres choses de partager les revenus de l'état en deux portions, dont l'une fût administrée par les députés des états pour les dépenses publiques, & dont l'autre fût remise au roi pour sa dépense particuliere & pour les dépenses de la guerre. C'étoit une administration nationale que demandoient les états ; cette administration, subdivisée & répartie dans les provinces, auroit produit des administrations provinciales. Le conseil rejetta de telles propositions ; mais Sully plus prudent les regarda comme tellement chimériques qu'il conseilla au roi de les accepter, afin que la nation en reconnût bientôt elle-même l'absurdité ; il pensoit qu'un refus irriteroit le peuple sans le convaincre, & que l'expérience le soumettroit bientôt. Le roi accepta : les députés d'administration furent nommés ; mais bientôt le roi fut supplié de remettre l'administration au surintendant. Il y a quelques différences entre l'établissement actuel & celui que demandoient les états ; premiérement, les administrations provinciales n'ont pas été demandées par le peuple ; secondement, elles doivent être subordonnées au ministre. Cette opération est semblable à toutes les anciennes opérations de France. Le roi ou le peuple redoute-t-il un pouvoir ? on lui applique un contre-poids ; l'autorité des administrations provinciales sera le contre-poids de celle des intendans, le peuple aura des chefs de plus & n'en aura pas moins de charges.

TROISIEME ÉPOQUE.

Du renouvellement des impôts.

NOUS avons dit que les François payoient différens impôts dans l'origine de la monarchie; ils payoient un impôt sur les terres conformément au cadastre dressé par les conquérans Romains ou à ceux qui furent renouvellés par leurs successeurs & par les premiers monarques. Il y avoit des terres & des personnes tributaires, & les rois percevoient aux frontieres différens droits sur les marchandises. L'état monarchique ayant été subdivisé en souverainetés particulieres, ces douanes se multiplierent successivement sur les limites de ces souverainetés, & souvent sous le nom de péages. Les terres fiscales qui appartenoient aux premiers conquérans, & dont les monarques ont disposé en faveur de leurs soldats & des officiers publics, furent exemptes d'imposition sous l'empire romain & sous le regne des François; au moyen de ce privilege & des caracteres de noblesse attribués à ces terres & à leurs possesseurs, la plupart des propriétés particulieres furent assimilées à ces bénéfices; d'ailleurs le systême féodal s'étendit sur les personnes, ainsi que nous l'avons vu; presque toute la France devint un grand fief subdivisé en fiefs & arriere-fiefs, dès-lors l'impôt territorial s'éteignit; du moins cet impôt ne fut plus perçu que dans quelques cas extraordinaires, ainsi que les Romains en percevoient sous le nom de superindictions sur les bénéfices, ou il ne fut perçu que sur quelques cantons particuliers, dont les propriétaires n'eurent pas assez de crédit pour les faire annoblir & exempter des taxes locales ou des tributs auxquels ils étoient assujettis. Mais pendant l'établissement du systême féodal le clergé sut profiter de cette extinction de l'impôt territorial pour y substituer & pour établir & percevoir en nature, sous le nom de dixme, un impôt qui ne fut pas moins onéreux que l'impôt des souverains.

Lorsque les monarques François eurent repris les rênes de l'administration, & qu'ils eurent fait rendre à leur trône l'éclat qui avoit été obscurci pendant long-temps par la puissance des grands vassaux, les dépenses royales s'accrurent au-delà des revenus domaniaux, il fallut recourir aux peuples d'abord sous le prétexte de besoins extraordinaires; les taxes annuelles succéderent aux taxes accidentelles, & depuis cette époque jusqu'aux temps présens la progression des taxes a été si rapide, leur nature & leur perception ont été si onéreuses & ont tellement nui à la prospérité de la monarchie qu'il est de l'intérêt du monarque & de la nation de faire reconnoître aux administrateurs & aux propriétaires de tous les états les vices des impositions qui ont été établies, de mettre un frein à leur accroissement excessif dans des temps où le prince & les ministres de ses volontés seroient malheureusement aveuglés par des passions ambitieuses & dissipatrices, & d'entreprendre une réforme fondée sur les principes naturels des contributions du peuple aux dépenses publiques. Nous avons déja exposé ces principes dans le premier livre de cette seconde partie, nous allons terminer cet ouvrage par des observations sur la nature des différens impôts qui ont été établis dans la monarchie françoiſe depuis le renouvellement des impôts.

Les impôts extraordinaires ſous la fin de la ſeconde race & le commencement de la troiſieme avoient différens noms quoique de même nature; les impôts étoient appellés indifféremment ſubventions, tailles, aides, gabelles, maltotes; lorſque les taxes devinrent perpétuelles, elles conſerverent les noms ſous leſquelles elles avoient été établies en dernier lieu. Dans les anciennes ordonnances les taxes étoient toujours regardées comme des conceſſions du peuple: les impoſitions extraordinaires, ſubventions & aides, étoient perçues ou accordées dans des beſoins extraordinaires, comme lors du mariage de la fille aînée du ſouverain, pour l'appanage de ſon fils aîné dans les temps de guerre, ou pour la rançon du roi; ces impoſitions eurent, ſuivant les temps & les pays, les noms de *coutumes volontaires*, *tailles aux quatre cas*, *aides aux quatre cas*.

Louis le jeune impoſa extraordinairement un vingtieme ſur tous les biens; Philippe Auguſte perçut la dixme ſaladine ſur tous les biens quelconques; „ Saint Louis par ſon teſtament recom„ manda à ſon fils de ne lever tailles ſur ſon peuple, „ c'étoit ne lever deniers extraordinaires „ dit Paſquier (*b*), ce prince fit un réglement ſur la répartition & la collecte des tailles. Philippe le Bel mit différens impôts ſur ſes ſujets. En 1302 (*c*) il impoſa le cinquieme ſur tous les revenus des nobles & non nobles, ſous le nom de ſubvention; en 1303 le

---

(*b*) Rech. l. II. c. VII.

(*c*) Abrég. chr. de l'hiſt. de France du préſ. Hénault.

même prince obtint une aide ſur tous les ſujets nobles & non nobles, eccléſiaſtiques & laïcs; en 1309 il établit une ſubvention pour marier ſa fille avec le roi d'Angleterre; en 1313 il établit encore une aide générale ſur ſes ſujets en faiſant ſon fils aîné chevalier.

Mezerai rapporte que Philippe V leva un quinzieme du revenu des terres par lettres du 17 Novembre 1318.

Philippe de Valois obtint des états en 1345 un droit ſur le vin, les boiſſons fortes & le ſel.

L'ordonnance du roi Jean, du 28 Décemb. 1355, porte que par tout le pays coutumier *une gabelle ſoit miſe & impoſée ſur le ſel.*

Le roi Jean obtint, en 1356, une aide de 50000 livres ſur le ſel & les boiſſons, & une capitation générale, à laquelle furent aſſujetties les perſonnes exemptes & non exemptes en raiſon de leurs revenus.

Le Dauphin avoit aſſemblé les états pour demander conſeil & aide lorſque le roi Jean fut fait priſonnier.

Le 28 Décembre 1355, il fut perçu une aide ſur les nobles & roturiers en raiſon de leurs biens, meubles & immeubles. La cour des aides, établie par ordonnance du roi Jean du même jour, fut compoſée primitivement de députés généraux des états & des trois ordres, nommés par les états pour établir l'ordre dans la perception des impoſitions ou aides, & juger les différends qui pourroient naître concernant leur répartition & leur perception. Les cours des aides, ſuivant le projet primitif de leur inſtitution, avoient beaucoup de rapport avec les adminiſtrations provinciales.

Le 20 Juillet 1367, Charles V impoſa un droit

par feu qui ne fut point appellé *taille*; mais dans l'édit de Charles VI du 23 Mai 1388, le même droit fut appellé taille.

En 1369, Charles V obtint des états des droits ſur le ſel, ſur le vin & ſur d'autres marchandiſes; toutes ces impoſitions étoient octroyées par les peuples. Sous le regne de Louis Hutin, les états aſſemblés firent ſtatuer que les rois feroient ſerment à leur ſacre de n'établir aucune impoſition ſans le conſentement des trois ordres. La capitation perſonnelle établie ſous le regne de Charles VI, ſans conſulter les peuples, éleva de grands troubles & des ſéditions. Ces impoſitions étoient extraordinaires & n'étoient point annuelles. Nous allons examiner de quelle maniere les impôts devinrent annuels & ordinaires.

ARTICLE PREMIER.

De la taille, de la capitation, du dixieme & des vingtiemes.

Depuis l'établiſſement du ſyſtême féodal juſqu'au regne de Charles VII, les rois n'avoient de revenus ordinaires que les produits de leur domaine & de leurs fiefs, ainſi que tous les ſouverains particuliers des provinces démembrées de la monarchie; les rois retiroient les produits des juſtices, les droits ſeigneuriaux & les redevances ſeigneuriales, les droits de régale & de monnoyage, les biens des criminels confiſqués, & les droits d'entrée & de ſortie perçus aux frontieres. Les rois faiſoient de fréquentes opérations ſur les monnoies, & faiſoient contribuer les peuples par ces opérations (*d*). Sous Charles VII il avoit été impoſé pour les beſoins de la guerre une impoſition ſous le nom de taille; c'étoit la premiere impoſition que les rois percevoient dans les beſoins extraordinaires, les autres n'avoient lieu que lorſque les reſſources de celle-ci étoient épuiſées; la taille étoit due au monarque dans tout le royaume, ainſi qu'elle étoit due aux ſeigneurs dans l'étendue de leurs fiefs. Dans quelques-unes des ſouverainetés particulieres de la France, la taille avoit conſervé le caractere de l'ancien impôt ſur les terres, établi d'abord par les Romains, & perçu par les premiers rois de la monarchie; les terres nobles où les bénéfices conſerverent le droit d'exemptions qu'ils avoient en qualité de terres fiſcales, & le gentilhomme n'y annobliſſoit point les terres; mais dans les pays où nulle terre ne reſta ſans ſeigneur, où tous les alleux devinrent des fiefs, les nobles annoblirent leurs poſſeſſions; en ſe démettant de leurs droits naturels de propriété, ils recevoient, des mains de leur ſuzerain, des droits de poſſeſſion dépendante & les bienfaits attachés à cette nature de poſſeſſion (*e*).

Charles VII

(*d*) Les hauts juſticiers avoient uſurpé le droit de battre monnoie, mais Philippe le Bel recouvra ce droit, en gênant la fabrication il les y fit renoncer. (Abrég. ch. de l'hiſt. de Fr. du préſ. Hénault, ann. 1313).

(*e*) Pendant le régime féodal il en étoit des impôts en Angleterre ainſi qu'en France, les rois levoient extraordinairement trois eſpeces d'impôts, les ſcutages, les hydages & les taillages; le premier ſur les terres nobles lorſque le roi prenoit des troupes à ſa ſolde; le ſecond ſur les charues, le troiſieme ſur les bourgs & villages.

Charles VII, en établiſſant l'impôt dont il s'agit, diſtingua les pays de taille réelle & ceux de taille perſonnelle; dans les uns il fut établi ſur les biens ruraux, dans les autres il laiſſa la taille perſonnelle, *où elle l'avoit été de toute ancienneté*, c'eſt-à-dire, depuis pluſieurs ſiecles.

Cette impoſition a pris ſon nom de la maniere dont les contribuables en recevoient quittance; on faiſoit une inciſion ſur deux bois dont le percepteur conſervoit l'un, & le contribuable l'autre.

Il paroît difficile d'établir d'une maniere poſitive quelle eſt l'origine de la taille en France; il paroît difficile d'affirmer poſitivement que la taille tire ſa ſource du cens ou de la taxe générale des Romains, car ce cens étoit ordinaire; cependant la taille a du rapport à cette taxe, en ce que les bénéfices en étoient exempts. On ne peut affirmer que la taille tire ſa ſource des ſuperindictions ou impoſitions extraordinaires, car les bénéfices n'en étoient pas exempts. La taille tient des ſuperindictions, en ce qu'elle étoit extraordinaire, & n'en dérive point en ce que tous les biens quelconques étoient ſujets aux ſuperindictions; elle tient de l'indiction en ce que les bénéfices en étoient exempts, & n'en dérive point en ce qu'elle étoit extraordinaire: dans cette incertitude cherchons à découvrir quelque vérité.

Les impôts extraordinaires étoient auſſi arbi-

Ces droits devinrent ſi arbitraires que la nation y mit un frein en faiſant promettre au roi Jean dans ſa grande charte en 1215 de ne lever ces impôts que du conſentement de la nation. Les ſubſides furent ſubſtitués à ces droits ſous les regnes de Richard II & Henri IV. (Mém. ſur l'admin. des fin. d'Angleterre, introduction.)

traires que les prétextes ſur leſquels ils étoient établis, ſur-tout avant que les états aſſemblés y euſſent formé des oppoſitions. Les uns ont perçu ces impôts ſur les têtes ou ſur les feux; d'autres ſur tous les ſujets indiſtinctement; les autres par des droits ſur le ſel, ſur le vin, ou d'autres marchandiſes. Ainſi ce qui avoit été perçu autrefois extraordinairement ſous le nom de ſuperindictions n'avoit plus de loi conſtante. Depuis que les impôts ordinaires s'étoient éteints naturellement par la converſion des alleux en fiefs (*f*), il paroît qu'entre les différentes taxes que les princes choiſiſſoient pour ſubvenir aux beſoins publics, il y en avoit une dont l'uſage étoit plus fréquent, plus ancien, & s'étoit plus particuliérement conſervée, parce qu'elle étoit la premiere ſubvention en cas de guerre, & qui tenoit de la taxe primitive; il paroît que cette taxe étoit la taille.

La taille dérive du cens ou de la taxe connue ſous le nom d'indiction. Dans les provinces qui conſerverent plus particuliérement les principes des loix romaines, l'exemption étoit conforme à l'exemption des Romains; mais elle étoit plus étendue, parce que les bénéfices étoient plus multipliés qu'ils ne l'avoient été ſous l'empire romain. Dans les provinces où toutes les propriétés furent inféodées, l'exemption devint perſonnelle par la

---

(*f*) Dans les provinces où les alleux furent conſervés on ſent qu'il y eut des propriétaires d'alleux qui en ont ſous-inféodé des portions à charge de ſervices quelconques & qui furent aſſez puiſſans pour faire jouir leurs alleux des privileges des fiefs ſans les aſſujettir à la dépendance féodale.

raiſon que tout bénéficier (*g*) fit jouir toutes ſes terres des privileges de ſes bénéfices, en faiſant pour ſes terres les mêmes ſoumiſſions qui étoient exigées de droit pour les bénéfices.

Nous ſommes en état maintenant de juger quelles ſont les baſes des exemptions des tailles, c'eſt parce que les terres nobles dérivent des bénefices ou des terres fiſcales qu'elles ſont exemptes des tailles ; c'eſt parce que les biens propres des bénéficiers ont acquis les caracteres des bénéfices ; que les nobles eccléſiaſtiques & commenſaux ſont perſonnellement exempts de la taille. Tant que ces bénéfices étoient des terres publiques données en ſolde aux grands officiers, aux eccléſiaſtiques & aux officiers de la maiſon du prince, il étoit naturel qu'ils fuſſent exempts, ainſi que tous les ſalaires du ſouverain ou de la république ; mais depuis que ces bénéfices ont changé de nature, depuis que tous les alleux leur ont été aſſimilés, ainſi que tous les biens concédés aux égliſes, & qu'ils ne peuvent plus être conſidérés comme ſolde de la république, eſt-il équitable qu'ils ne participent point aux beſoins & aux dépenſes publiques ? & le droit d'exemption dont ſe prévalent les nobles, eccléſiaſtiques & commenſaux, differe-t-il beaucoup de l'uſurpation ?

D'ailleurs les exemptions ſont contraires à la production & à l'ordre naturel des beſoins, parce qu'elles changent & alterent les profits particuliers. Non-ſeulement elles ne ſont point légitimes, mais encore elles ſont contraires aux vrais principes

---

(*g*) Les militaires, les eccléſiaſtiques & les officiers de la maiſon du roi étoient des bénéficiers.

d'une bonne adminiſtration & à l'intérêt général d'une nation. De telles exemptions nuiſent même aux propriétaires qui en jouiſſent; elles ſont contraires à la proſpérité d'un état dont ils ſont les premiers membres après le ſouverain; ils ſont les premiers intéreſſés à cette proſpérité, 1°. ſi les cultivateurs en ſouffrent, la culture de leur patrimoine n'eſt point portée au dégré de perfection dont elle eſt ſuſceptible; 2°. l'état que de telles prétentions concourent à rendre financier trouve une multitude de moyens inſenſibles de faire contribuer les prétendus exempts par des voies détournées & indirectes dont ils payent les frais (*h*).

Les exemptions territoriales & les exemptions perſonnelles ont fait diſtinguer les tailles en réelles & perſonnelles. Cette diſtinction n'eſt relative qu'aux exemptions, car la taille dont les exemptions ſont perſonnelles n'eſt point un impôt perſonnel; cet impôt eſt relatif aux facultés & à l'induſtrie (*i*) dans les réglemens concernant les tailles, notamment dans ceux du 27 Décembre 1717, & du 7 Juillet 1733. Le premier porte que la répartition

---

(*h*) L'adminiſtration a mis quelques bornes à l'étendue des exemptions perſonnelles en limitant le nombre des charues, c'eſt-à-dire en n'accordant aux eccléſiaſtiques & aux nobles l'exemption qu'à raiſon de quatre charues, & aux commenſaux qu'à raiſon de deux charues lorſqu'ils font valoir par eux-mêmes; ainſi les nobles & eccléſiaſtiques ont le droit d'annoblir 500 arpens de terre d'une qualité moyenne en cultivant eux-mêmes, & de les exempter de la contribution du colon, & les commenſaux ont ce droit pour 250 arpens.

(*i*) L'art. 20 de l'édit de 1600 ſur les tailles porte que l'induſtrie ſera taxée.

ſera faite ſur les contribuables, par rapport à l'occupation des fonds, & par rapport à l'induſtrie, profeſſion ou qualité des perſonnes, & que les profeſſions, arts & métiers, ſeront cottiſés en gros chacun à une certaine ſomme, dont la répartition ſera faite ſur les contribuables de chaque profeſſion, art & métier, ſoit par rapport à la conſommation, fabrique ou débit qu'ils feront, ſoit ſuivant le nombre de compagnons employés par chaque maître, ſoit par tarif des qualités & conditions, le tout ſuivant la nature deſdites profeſſions, arts ou métiers. Dans le ſecond, il eſt enjoint aux collecteurs de ſpécifier dans leurs rôles les héritages que chaque taillable fait valoir en propriété ou à titre de ferme, les noms des propriétaires, la quantité des terres & le nombre des charues ; & par un chapitre ſéparé le nombre des exempts & privilégiés, afin que par la ſeule inſpection du rôle on pût juger *de la juſtice de la répartition des contribuables :* ce dernier réglement ordonne de diſtinguer la taxe du fermier ou colon pour raiſon de ſa ferme, par une cotte ſéparée de celle qui porte eû égard à ſes biens propres, & défend de confondre la taxe d'induſtrie avec celle qui a rapport à l'exploitation des fonds.

Cette taxe, telle qu'elle a été conſervée ſur les bourgeois, a beaucoup de rapport avec la taxe du cens des Romains ; mais elle auroit encore beaucoup plus de rapport avec ce cens, ſi les réglemens étoient ſuivis, ſi les rôles comprenoient la deſcription de toutes les richeſſes foncieres & mobiliaires ſuivant l'eſprit des réglemens, & ſi la répartition étoit faite en raiſon des revenus des contribuables. Dans les pays où le noble n'annoblit point ſa terre, la différence eſt encore moindre,

& la taille eſt perçue ſuivant les loix romaines relatives au cens & à l'indiction (*k*).

L'uſage du cens des Romains a été plus particuliérement conſervé en Languedoc ; on y fait des compoix ou cadaſtres ; le compoix eſt diſtingué en terrien & cabaliſte. Lorſque l'on veut procéder au compoix terrien dans une communauté, elle choiſit chez elle des indicateurs pour montrer & indiquer toutes les propriétés, & elle choiſit dans les communautés voiſines des arpenteurs & des prud'hommes pour meſurer, eſtimer & apprécier les terres en trois degrés bon, moyen & foible ; les prud'hommes ont égard à l'aſſiette, à la contenance, au profit, aux commodités & aux incommodités des terres qu'ils eſtiment.

Le compoix cabaliſte eſt la deſcription des cabaux ou meubles lucratifs ; une aſſemblée de la communauté nomme ſix prud'hommes qui avec le contrôleur des cabaux eſtiment les meubles ou marchandiſes, les rentes ou penſions & les beſtiaux. Les propriétaires font leurs déclarations, que les prud'hommes ont droit de vérifier par la viſite ou par l'inſpection des regiſtres & actes de notaires qu'ils ont droit de ſe faire repréſenter. L'impoſition eſt perçue au marc la livre de la valeur de ces biens.

En Dauphiné il a exiſté depuis long-temps des dénombremens que l'on regarde comme les imitations du cens inventé par Servius Tullius, ou

---

(*k*) En Languedoc & dans les pays de taille réelle les biens nobles ſont exempts des impôts extraordinaires ; c'eſt un abus qui s'eſt introduit contre le texte de la loi romaine.

du cens des Romains. Ces dénombremens étoient appellés péréquations ou pérécations ; il y en a dans le Graisivaudan qui sont de la plus haute antiquité, & dont on ne connoît pas de date (*l*). Il y avoit autant de dénombremens particuliers que de communautés ; ils comprenoient quatre classes, les ecclésiastiques, les nobles & privilégiés, ceux qui avoient de bien au moins dix francs d'or, & les pauvres ou mendians qui formoient une classe particuliere, parce que leur misere étoit une cause d'exemption.

Cette province a donné un exemple du peu de solidité sur laquelle sont fondées les exemptions de la taille. Les historiens & les jurisconsultes de cette province soutiennent qu'elle est de franc alleu, & que *les mêmes raisons dont s'est servi Cazeneuve pour la preuve de l'allodialité du Languedoc établissent celle de Dauphiné.* Le parlement de Grenoble l'a ainsi jugé par arrêt du 31 juillet 1652. Suivant cette maxime adoptée en Dauphiné, les tailles devroient y être réelles ainsi qu'en Languedoc ; car il n'y a qu'une conversion totale des alleux en fiefs qui ait pu assurer aux nobles habitans des pays coutumiers le privilege d'annoblir leurs terres ; cependant il a existé depuis long-

(*l*) Chorier (Etat politique du Dauphiné) cite outre les dénombremens sans date des lettres de lieutenant général du dauphin Humbert II du 6 Août 1335 pour procéder à une revision de feux, adressées au bailli ou gouverneur du Graisivaudan, qui portent que chaque chef de famille sera distingué suivant sa qualité & suivant ses biens ; le même auteur cite encore plusieurs revisions différentes pour les autres bailliages. Il y eut une revision de feux à Grenoble en 1447.

temps des altercations en Dauphiné entre les deux premiers & le troisieme ordres sur l'exemption des deux premiers.

Il est certain que cette province a joui pendant long-temps de l'exemption des taxes ordinaires (*m*), les dauphins ont reconnu ces exemptions dans leurs lettres patentes; ils obtenoient seulement des états des secours extraordinaires qui étoient perçus en vertu des péréquations dont nous avons parlé, & alors ils reconnoissoient qu'ils les tenoient *de la grace spéciale* de leurs sujets. Il est aisé de confondre les terres nobles & les terres des nobles; d'ailleurs les gentilshommes n'ont eu rien tant à cœur dans toutes les provinces que de masquer la différence de leurs possessions relativement aux contributions; & quoique ce principe de l'exemption territoriale se soit conservé de notoriété publique dans cette province, cependant le dauphin Louis reconnut, dans une déclaration de 1447, que les clercs & les nobles étoient exempts (*n*). Les

---

(*m*) Il étoit dû au dauphin des tailles comtales, mais c'étoit le produit des terres vectigales de quelques parties de cette province, & il n'y avoit que quelques communautés qui les devoient. Il y a en France beaucoup de tailles seigneuriales qui proviennent des abonnemens des pays qui ont cherché à se redimer d'une multitude de servitudes ou de perceptions arbitraires, ou qui dérivent des tributs des cantons conquis dans les guerres générales & particulieres.

(*n*) La même chose est arrivée en Franche-comté, où l'on conserve dans une bibliotheque de bénédictins une lettre d'un ministre d'un ancien souverain qui reconnoit l'exemption des ecclésiastiques & des nobles. Cependant l'exemption est réelle & non personnelle dans cette province.

officiers du ſacré conſiſtoire ou du parlement obtinrent du ſouverain l'exemption ſur les terres roturieres, ainſi que ſur les biens nobles.

François I établit en Dauphiné ſur tous les ordres une impoſition qui fut l'origine de la querelle dont il a réſulté pendant long-temps beaucoup de tumulte & de diviſions dans cette province; les réclamations réciproques ont été alternativement portées au pied du trône, & le conſeil a alternativement jugé en faveur des deux partis; enfin un réglement général de 1639 porte que les tailles de Dauphiné ſeront ordinaires & réelles.

Dans les pays d'élections la taille eſt beaucoup plus arbitraire & répartie avec moins d'équité que dans les pays où la taille eſt réelle, parce que dans ceux-ci l'uſage des deſcriptions s'y eſt mieux conſervé. Dans les uns il n'y avoit que les cultivateurs aſſervis qui euſſent intérêt à cette conſervation; dans les autres tous les ordres de l'état y étoient intéreſſés. Dans les pays d'élections les peuples ſont encore ſoumis à l'arbitre des collecteurs, des bureaux d'élections & des finances, des intendans & du conſeil du roi.

Louis XVI a mis lui-même des bornes aux extenſions qui ont porté la taille d'un million huit

---

Les comtes de Bourgogne ne levoient point d'impôts ſans le conſentement de leurs ſujets, ainſi qu'en France & dans les ſouverainetés démembrées de la monarchie. Un édit de Philippe comte de Bourgogne du 8 Mars 1581 reconnoit le droit compétent au dit comté de n'être taillé, impoſé, ni collecté, ſinon par les députés des états. Les miniſtres reconnoiſſoient avec facilité des exemptions en faveur de ceux dont ils pouvoient redouter l'influence dans l'établiſſement des taxes.

cent mille livres (*o*) à plus de cent millions, y compris la capitation qui ne doit être considérée que comme une crue de la taille de moitié en sus, en assujettissant les décisions de son conseil aux enregistremens de ses cours souveraines. Un monarque qui soumet à des formes légales sa pleine puissance & ses volontés est digne de la vénération des peuples & de servir de modele à ses successeurs. Les François peuvent espérer que les actes de bienfaisance & de loyauté de ce prince & ses réformes, ne sont que les premiers pas d'une administration économique qui immortalisera le regne de ce monarque.

La capitation, les droits d'étapes, d'ustensiles, de ponts & chaussées, de milices, & les dixiemes & vingtiemes peuvent être considérés comme des crues de l'imposition sur les biens fonds, & n'en different que par les noms ou par les moyens de perception & les exemptions.

La capitation est un impôt extraordinaire établi en 1695 pour subvenir aux nécessités des guerres que Louis XIV entreprit & qu'il eut à soutenir; cet impôt est devenu ordinaire depuis le commencement de ce siecle.

Les étapes, milices, ustensiles, ponts & chaussées, excédens de fourages, sont différentes crues dont les prétextes sont désignés par leurs dénominations.

En 1710 le royaume étoit si obéré & l'état tellement exposé aux horreurs de la guerre, à l'ini-

---

(*o*) La taille sous Charles VII étoit de 180000 livres, en 1581 elle montoit à plus de 31,000,000 livres; Henri IV la réduisit à 16,000,000 livres.

mitié & à la vengeance des nations de l'Europe, que le roi fut obligé d'exiger le dixieme de tous les biens de ses sujets. Les ennemis virent dans cette imposition, dont ils doutoient d'abord de la réussite, une telle ressource qu'ils craignirent encore le pouvoir de la France, & qu'ils se déterminerent à la paix. Cependant il s'en faut de beaucoup que Louis XIV en ait tiré le dixieme, car nous avons démontré qu'une telle imposition, perçue avec soin & sur une description générale de toutes les richesses disponibles des sujets, équivaudroit à presque toutes les autres impositions. Ce droit fut remis au peuple en 1717 par Louis XV, qui l'a rétabli & porté jusqu'à trois vingtiemes (*p*); cet impôt subsiste actuellement au dixieme ou à deux vingtiemes, & au dixieme du dixieme ou aux deux sols pour livre des vingtiemes; mais le roi n'en retire, y compris les vingtiemes de l'industrie & des maîtrises & les vingtiemes imposés sur les juifs, qu'environ soixante-deux millions.

(*p*) Le premier dixieme a été établi le 1 Octobre 1710, & a été supprimé le 31 Décembre 1717.

Le cinquantieme a été établi le 1 Août 1725, & a duré jusqu'au 31 Décembre 1727.

Le dixieme a été établi le 1 Janvier 1734, & a cessé le 1 Janvier 1737; il a été rétabli le 1 Octobre 1741, & a duré jusqu'au 31 Octobre 1749.

Le premier vingtieme a été établi le 1 Janvier 1750, il subsiste encore.

Le second vingtieme a été établi le 1 Octobre 1756, & il subsiste encore.

Le troisieme vingtieme a été établi le 1 Octobre 1759, & a duré jusqu'au 31 Décembre 1763.

La crue de deux sols pour livre des vingtiemes a été établie le 1 Janvier 1764, & dure encore.

Les nobles ne ſont point perſonnellement exempts des vingtiemes. Cette eſpece d'impoſition eſt une de celles qui portent le plus d'ombrage aux puiſſances intermédiaires. Les nobles ne ſont pas encore bien convaincus qu'ils payent les impôts de leurs fermiers, & que leur exemption n'eſt abſolument réelle que lorſqu'ils font valoir eux-mêmes.

ARTICLE SECOND.

Des douanes frontieres & intérieures, ou des droits perçus ſur les denrées & conſommations aux frontieres & dans l'intérieur du royaume.

Il y a en France des douanes très-anciennes, ſoit aux limites de la monarchie primitive, ſoit aux limites des ſouverainetés particulieres (*q*).

Les traites & impoſitions foraines, le rêve ou domaine forain & le haut paſſage ſont des impoſitions de pluſieurs deniers pour livre qui ſont perçues, l'une ſur toutes les marchandiſes qui ſortent du royaume, les autres ſur celles qui ſortent du royaume en partant des provinces où les aides n'ont pas cours.

Il y a encore différens droits perçus ſur le paſſage des marchandiſes de quelques provinces dans d'autres, tels que ceux d'entrée & de ſortie des provinces de Normandie, de Maine, d'Anjou, de Poitou, de Berri, de Bourbonnois, de Cham-

---

(*q*) Deux déclarations de Charles V de 1369 & 1376 prouvent que le rêve ou domaine forain & l'impoſition ou traite foraine ſont des droits très-anciens.

pagne, de Soissonnois, de Picardie & de Flandres; les droits de sortie de la Brétagne, les droits de ports & hâvres de cette province & ceux de la prévôté de Nantes; les droits de charente sur les vins qui passent de Saintonge en Poitou, les droits de comptablie ou les droits d'entrée & de sortie de la sénéchaussée de Bordeaux, les droits de la coutume de Bayonne qui se perçoivent dans le ressort de la jurisdiction de Bayonne, les droits de la patente de Languedoc & traite d'Arzac; le denier St. André, le liard du baron qui se perçoivent sur les marchandises du commerce entre la province de Languedoc & celles qui l'environnent, les droits sur le commerce entre la Provence & le Dauphiné, entre le duché & le comté de Bourgogne; enfin les droits des douanes de Lyon, le tiers & quatrieme sur taux qui sont perçus sur les soies & soieries passant dans le Comtat & dans la ville de Lyon, ou passant du Roussillon en Languedoc, & les droits de la douane de Valence qui se levent sur toutes les marchandises qui entrent dans le Dauphiné, qui en sortent ou le traversent.

Quoique toutes les douanes puissent être considérées comme des péages & qu'elles aient été ainsi considérées anciennement, on n'a conservé le nom de péages qu'à ceux qui sont domaniaux ou seigneuriaux, qui ne sont point d'aides & de subsides, & qui, suivant l'article V du titre des péages de l'ordonnance des eaux & forêts, ne peuvent être réservés s'ils ne sont chargés de quelques réparations ou entretien public.

Colbert mit, par un tarif de 1669, un certain ordre dans la perception des droits du commerce des provinces intérieures, & il laissoit aux provinces frontieres *réputées étrangeres* leurs tarifs particuliers; cependant en 1667 il fit un autre tarif sur le commerce de certaines marchandises; il assujettit à ce tarif les provinces *réputées étrangeres* à cause de l'intérêt général de l'état à la perception de ces droits. Ce ministre supprima toutes les augmentations de droit établies depuis 1645, & qui montoient à près de 10 sols pour livre.

On dit (*r*) que *Colbert avoit formé le projet d'affranchir l'intérieur du royaume de tous les droits locaux qui donnent des entraves à la circulation, & de porter sur les frontieres ce qui devoit charger, favoriser, étendre ou restreindre, accélérer ou retarder le commerce avec l'étranger.* Ce projet étoit conforme à l'esprit de Colbert, qui le portoit à diminuer les charges de l'état, & aux mauvais principes qui le guidoient dans les réglemens du commerce.

Les douanes & les impôts sur les consommations sont les premieres sources de la richesse des traitans. On prétend que c'est Catherine de Médicis qui a introduit la premiere en France l'usage des traitans, en faisant accueillir les offres des Italiens de sa cour, qui, pour favoriser le goût de cette princesse pour la magnificence, la profusion & le luxe, avançoient de l'argent sur les impôts, & parvinrent à faire eux-mêmes la perception des impôts qui servoient d'hypotheques à leurs avances. M. de Sully dit que le grand duc de Toscane, parent de cette reine, avoit part dans le produit des fermes de France.

Nous n'entrerons pas dans une longue discussion sur la comparaison de la ferme & de la régie,

---

(*r*) Dictionnaire encyclopédique.

puiſque nous proſcrivons la nature des impôts qui en ſont la baſe ; nous nous contenterons de reconnoître que les fermiers généraux ont établi dans la perception de ces droits onéreux une ſimplification de frais qui ſera auſſi utile à leurs intérêts particuliers qu'à l'état tant que ces impôts ſubſiſteront ; mais ces frais, quelque ſimplifiés qu'ils ſoient, ſont onéreux à l'état.

ARTICLE TROISIEME.

Des gabelles, de la ferme du tabac & des poudres & ſalpêtres, ou des conſommations dont les fermiers & régiſſeurs du roi ſont vendeurs.

Il eſt contraire à la dignité d'un monarque d'être marchand & pourvoyeur, ou du moins de faire vendre des marchandiſes & approviſionner ſes ſujets ſous ſon nom ; & il eſt contraire à l'intérêt général de faire un trafic qui porte les conſommations à des prix quarante ou cinquante fois plus conſidérables (*ſ*) que les prix naturels, pour tirer

(*ſ*) Si le ſel étoit libre il ne vaudroit pas plus de trois ou ſix deniers la livre, on en peut juger par le prix naturel qu'il a aux marais ſalans où la vente en eſt libre, tels que ceux des Sables d'Olonne, & par le prix que les fermiers généraux en payent dans les ſalines de Franche-comté.

A Salins il leur revient à trente ſols le quintal, à la ſaline de Chaux il leur revient à trois livres le quintal a cauſe des dépenſes conſidérables qui ont été faites pour établir cette ſaline.

La Franche-comté, la Lorraine, les trois évéchés &

par ce moyen un revenu qui tient d'autant plus de l'impôt personnel que l'objet de consommation dont il s'agit est plus nécessaire, & que les quantités dont chaque consommateur a besoin sont moins différentes. Un garçon & une famille qui gagnent également pour la main-d'œuvre payent les impôts sur les consommations personnelles dans le rapport d'un au nombre des têtes de la famille.

De tous les impôts de cette espece qui existent ou que l'on peut imaginer, c'est celui sur le sel qui porte le plus grand préjudice à une nation, parce que c'est une denrée très-utile aux hommes & qui pourroit être employée pour la production d'une maniere infiniment avantageuse & profitable, si cette denrée étoit à son prix naturel.

Les préjugés sur la vente du sel ont pris leur source à Rome; les empereurs, maîtres du monde, étoient dans l'état les premiers marchands de sel; les rois de France en regardant la vente du sel comme un droit de régale (*t*), & en faisant exercer ce commerce par des fermiers sous leur nom, n'ont fait que suivre l'exemple des empereurs Romains, dont les fermiers seuls avoient le droit de vendre le sel (*u*).

Les

---

l'Alsace consomment du sel formé par l'eau des fontaines salées de Salins, Lons-le-Saunier, Dieuse & Rosieres. Les fermiers généraux font distribuer du sel aux habitans en raison composée des têtes d'un ménage & de la cotte d'imposition, & vendent le reste à un prix plus considérable. Les fermiers généraux en approvisionnent les Suisses à un prix convenu par les traités.

(*t*) Feud. l. II. t. LVI.

(*u*) C. l. IV. t. XLI.

Les uns rapportent à Philippe le Bel, d'autres à Philippe le Long, d'autres à Philippe de Valois l'établissement de la gabelle. Avant Philippe de Valois les rois ont obtenu des impôts sur le sel ainsi que sur d'autres consommations; cet impôt portoit plus particuliérement le nom de gabelle, quoique ce nom fût générique & convînt à toute sorte d'imposition (x): mais Philippe de Valois fut le prince qui renouvella le régime des loix romaines sur la vente du sel, & qui pour cette raison fut nommé par Edouard III, roi d'Angleterre (y), *l'auteur de la loi salique*. Avant ce prince le commerce & la vente du sel étoient libres. François I & Henri II affermerent la vente du sel & établirent un grénetier dans chaque ville (z).

Le cardinal de Richelieu qui s'occupoit plus des moyens d'enrichir le prince que la nation, & qui voyoit dans la production du sel en France une source inépuisable de richesses, vouloit asseoir toutes les contributions du peuple sur le sel & les convertir en un impôt unique sur cette denrée (a). Il se proposoit d'abolir l'administration des gabelles & de percevoir l'impôt à la production; tous les hommes auroient contribué en raison du sel qu'ils

(x) En Italie le nom de gabelle s'entend de l'imposition sur les meubles & marchandises.

(y) Abrég. chron. de l'hist. de France du prés. Henault, ann. 1344.

(z) Il y a des pays exempts de gabelles & des pays de grande & de petite gabelle.

(a) Ce ministre pensoit d'après tous les surintendans intelligens que l'impôt sur le sel égaloit le produit que le roi d'Espagne tire des mines de l'Amérique. (Test. pol.)

auroient consommé, & non en raison de leurs richesses. L'impôt sur le sel, tel qu'il existe, est très-onéreux, en ce qu'il restreint la consommation, & en ce qu'il arrête les progrès de la production; sa cherté est contraire à l'emploi que l'on en pourroit faire pour les dépenses de production, soit en l'employant comme engrais, soit en le mêlant à la nourriture des bestiaux; cette cherté est contraire à la conservation des viandes & des poissons, à la salaison des fromages, à la diminution des frais du commerce & au débit étranger de cette espece de richesses. Si la somme des impositions portoit entiérement sur cette production, cette source de richesses seroit presque anéantie.

D'ailleurs un tel projet eût été impossible à exécuter sans employer les vexations les plus iniques, parce que l'impôt sur les consommations dont on peut se priver cesse de produire s'il passe de certaines bornes, & que quelle que soit l'utilité de cette denrée, la consommation en est d'autant plus restreinte que le prix en croît encore par une surcharge d'imposition. Il auroit donc fallu forcer les particuliers à en acheter beaucoup au-delà de leur consommation. La répartition eût-elle été personnelle ou relative aux richesses? Dans le premier cas elle eût été de la plus grande injustice par l'inégalité de la contribution & par la quantité surabondante dont la plus grande partie auroit été pourvue. On n'eût pu se défaire de ce surabondant par le commerce que d'une maniere très-désavantageuse pour ceux qui en eussent eu trop, & pour ceux qui n'en eussent pas eu assez, parce que l'administration chargée de la délivrance du sel ne l'eût pas transporté dans les lieux où il eût été le plus néceſſaire, & que ces augmentations de frais euſſent augmenté le prix du commerce libre qui eût pu ſe faire du ſel poſtérieurement à la diſtribution. Dans le ſecond cas, ſi l'on ſuppoſe que le rapport des richeſſes eſt connu, il eſt bien plus ſimple d'établir une contribution proportionnelle.

Non-ſeulement l'impôt ſur le ſel eſt contraire à la production générale des richeſſes & au commerce, mais il eſt onéreux encore par ſa perception, par les loix qu'il a fallu rendre pour en aſſurer la perception contre le cours naturel de la circulation de cette denrée & contre les entrepriſes des marchands naturels que l'on appelle *contrebandiers*, & par l'exécution tyrannique de ces loix (*b*).

Un prince tranquille au ſein des plaiſirs de ſa cour, des éloges de ſes courtiſans & du témoignage intérieur de ſes ſentimens de bienfaiſance & d'humanité, ne ſait pas combien de petits tyrans répandus dans le royaume exercent les plus grandes cruautés, & rendent les jugemens les plus contraires à l'équité naturelle en vertu des loix dictées

(*b*) On a défendu dans quelques provinces aux habitans des côtes de la mer de ſe ſervir pour leur uſage d'eau ſalée ou du ſel formé dans les marais ſalans; il a été défendu d'extraire du ſel marin du ſalpetre & des plantes marines; il a été défendu de ſe ſervir de ſel d'Eſpagne; on a ordonné & ſoutenu les viſites les plus ſcrupuleuſes dans les maiſons pour découvrir les contraventions, & l'on a aſſujetti les cultivateurs, les payſans & les citoyens ſe pourvoir d'une quantité de ſel arbitraire.

La cour des aides de Montpellier a rendu le 11 Août 1618 un arrêt qui défend d'employer du ſel d'Eſpagne pour le ſervice des pauvres de l'hôpital. Les rois mettent des impôts juſques ſur les aumônes!

par l'ignorance, la mauvaiſe foi ou les préjugés des miniſtres de ſes prédéceſſeurs.

La vente du tabac au nom du roi eſt beaucoup moins ancienne que la vente du ſel, cette vente ne remonte qu'à l'année 1674 ſous le regne de Louis XIV. Antérieurement la vente du tabac étoit libre, & l'on percevoit un droit ſur cette eſpece de conſommation : mais les miniſtres de ce prince, preſſés par les beſoins, ſentirent l'avantage financier de percevoir des ſurcroîts d'impoſition ſur cette marchandiſe par de ſimples renchériſſemens, & de maſquer la variation des impoſitions par la variation des prix.

Le tabac n'eſt connu en France que depuis l'année 1560 (*c*); la conſommation de cette denrée ne devient néceſſaire que par l'habitude que l'on a contractée. L'impoſition eſt à très-peu de choſe près perſonnelle pour ceux qui ont contracté cette habitude, & beaucoup de perſonnes en ſont exemptes.

Pour aſſurer aux fermiers du roi la vente excluſive du tabac, il a fallu en défendre la culture en France par arrêt du conſeil du 29 Décembre 1719. Quoique le climat & le territoire françois ne ſoient pas très-propres à cette culture, il eſt contraire à l'économie de défendre une culture qui ne ſeroit entrepriſe que ſi elle rapportoit d'avantage que la culture des ſubſiſtances, & qui diminueroit, par la concurrence & par la diminution des frais de

---

(c) Le tabac croît en Perſe avec beaucoup de facilité & très peu de culture. Les monumens hiſtoriques de ces contrées font connoître que l'uſage des pipes & du tabac y eſt très ancien.

transport, le prix de cette production fournie par les étrangers.

Les entreprises royales des poudres & salpetres sont utiles au service de la guerre, & souvent très-nuisibles aux peuples. Dans le principe, le gouvernement a fondé les salpêtrieres afin de pourvoir à l'approvisionnement militaire & au service de l'état : mais l'esprit financier, qui a succédé à l'esprit de prévoyance , a converti ces fabrications en sources d'impositions. Le roi fait faire de la poudre de peur que ses magasins n'en manquent, & les particuliers ne peuvent s'en procurer à meilleurs frais chez l'étranger. D'ailleurs pour vendre cher & produire à bon marché, on a établi une inquisition asservissante dans les maisons des citoyens. Il faut espérer que les nouvelles instructions que l'on acquiert tous les jours sur la formation du nitre délivreront à jamais les citoyens d'une nation libre du joug de ces manœuvres inquisiteurs, & que lorsqu'il y aura assez d'ordre dans la perception des finances pour ne plus faire argent de tout, la poudre ne sera plus une contrebande d'importation.

ARTICLE QUATRIEME.

Des aides & des droits sur les boissons.

L'origine des aides ne peut être bien connue, parce que les états accordoient différens subsides extraordinaires, sous le nom d'aides, avant que l'impôt qui subsiste encore sous ce nom dans beaucoup de provinces fût devenu une contribution ordinaire. L'impôt sur les boissons a les inconvéniens de tous les impôts ſur les conſommations: il paye de doubles frais de perceptions par la main du vigneron ou du producteur, & par la main du buveur. Il a fallu en outre établir pour ſa perception une régie dont l'inquiſition inflige aux conſommateurs les peines de la ſervitude, & qui leur coute, en ſus des revenus du roi, des ſommes conſidérables.

ARTICLE CINQUIEME.

Des impôts ſur les ſervices publics.

Il en eſt des adminiſtrateurs d'un état obéré ainſi que des particuliers qui ſe ruinent: lorſqu'une fois le déſordre & la diſſipation ont fait les premiers pas vers la ruine de l'état ou des particuliers, les reſſources qu'ils inventent pour remettre le revenu au-deſſus de la dépenſe ſont de plus en plus ruineuſes. La France & l'Angleterre ſont deux exemples frappans du déſordre des finances, & de la multiplicité des reſſources inventées pour accroître les revenus de l'état.

Il ſemble que l'oppoſition même des parlemens & les obſtacles qu'ils ont préſentés à l'accroiſſement des impôts ſoient cauſes de toutes les tournures que les financiers ont recherchées pour établir des impôts ſans rencontrer d'obſtacles.

On a imaginé de tirer un produit des ſervices publics que le gouvernement ſeul peut entreprendre & faire adminiſtrer pour le bien général; outre le produit néceſſaire à payer ces entrepriſes, on a encore fait enſorte de tirer des revenus exceſſifs du payement de ces ſervices importans (*d*). Il paroît que le ſervice de la monnoie a été le premier exemple de cette nature d'impoſition; depuis longtemps les rois tirent un revenu de la fabrication des monnoies. Sous les regnes financiers les revenus de cette eſpece ont beaucoup contribué à accroître les finances de l'état. On a établi des impôts ſur les correſpondances de l'amitié, du commerce & des différentes entrepriſes de la production des richeſſes, ſur l'autenticité des actes & des conventions des particuliers, ſur les ſoins que l'adminiſtration prend de veiller aux titres des métaux précieux, à la qualité des ouvrages de fabrication, au jaugeage des vaiſſeaux, & à la quotité des meſures des marchés, à l'inſpection des boucheries &c.

Ces impôts ſont inſenſibles, dira-t-on: il eſt vrai que cette qualité doit leur donner beaucoup de prix aux yeux des miniſtres à reſſource, mais l'avidité qui les inſpire diminue le prix de la reconnoiſſance que les ſujets doivent attacher aux vues de l'adminiſtration dirigées vers le bien public & l'utilité des citoyens. Le peuple ne peut ſavoir ſi l'adminiſtrateur conſidere un établiſſement du côté de l'utilité publique ou du côté du profit du ſouverain. Entre ces ſervices publics, les uns ſont réellement de la plus grande utilité tels que le monnoyage, les poſtes, les meſſageries, l'autenticité des actes & le contrôle de ces actes conſigné dans un dépôt public, les précautions priſes pour conſtater les titres, les poids & les meſures, mais

(*d*) Il eſt ſouvent arrivé en créant des établiſſemens utiles de créer des droits pour ſubvenir aux frais de ces établiſſemens & de ſupprimer enſuite l'établiſſement en conſervant les droits; ce ſont des ruſes de finance.

il en est d'autres qui sont d'une utilité imaginaire, & qui tiennent plus à la ressource financiere qu'au bien public, telles sont les inspections des boucheries, les mesurages des halles &c.

En supposant que le roi renonçât à former des branches de revenu des établissemens utiles, on pourroit demander si les frais de ces établissemens doivent être perçus sur chaque citoyen qui jouit des fruits de cette utilité, ou si les frais doivent être pris sur la masse générale des contributions publiques. Si par exemple l'administration doit percevoir sur chaque lettre un droit de port pour payer les frais de régie, ou si les frais du service des postes doivent être payés sur les revenus de l'état, & si les lettres particulieres doivent être exemptes de rétribution ainsi que toutes celles qui sont censées avoir quelque rapport au service public.

Les établissemens de cette nature tiennent à la prévoyance tutélaire de la souveraineté qui doit s'étendre sur tous les sujets. Tous les hommes doivent jouir en raison de leurs travaux & de leurs richesses: mais lorsque l'intérêt général exige que des dépenses soient dirigées par l'administration, tous les hommes qui contribuent à ces dépenses en raison de leurs richesses ont droit de jouir de ces dépenses, & de participer à l'utilité commune de ces entreprises. Il y a quelques dépenses souveraines qui peuvent être payées plus particuliérement par ceux qui en profitent: mais les tarifs qui reglent le payement ne peuvent proportionner la contribution au profit. D'ailleurs il n'y a qu'une petite partie des dépenses souveraines dont on puisse faire payer l'utilité de cette maniere; la loi doit être générale pour toutes les dépenses,

& elles doivent être toutes payées ſur la contribution générale.

Outre les dépôts particuliers des notaires, il eſt très-utile pour les citoyens qu'il y ait un dépôt public des actes pour conſtater les droits de propriété de la maniere la plus autentique & la moins variable ; ce ſervice public doit être payé ſur les revenus de l'adminiſtration deſtinés à fonder tous les établiſſemens qui exigent une unité de commandement d'adminiſtration & de protection.

L'uſage des inſinuations & du contrôle des actes n'eſt pas fort ancien. François I l'a introduit en 1539, en ordonnant que toutes les donations fuſſent enregiſtrées ou inſinuées dans les juriſdictions ordinaires. Charles IX a confirmé ce réglement, & Louis XIV en le confirmant l'a étendu aux ſubſtitutions. Ce prince fit encore pour l'autenticité des actes deux réglemens dont il profita pour accroître ſes finances. En 1655 il ordonna que tous les actes obligatoires & judiciaires fuſſent écrits ſur des papiers ou parchemins timbrés. En 1693 il ordonna le contrôle de tous les actes quelconques paſſés devant notaire ou ſous ſeing privé (*e*).

Le bien public & la conſervation des droits des citoyens ont toujours été, pour les ruſés financiers, de puiſſans prétextes pour tirer de l'argent d'une maniere inſenſible. M. l'abbé Terray en a donné de fréquens exemples, & n'a pas été un des moins fertiles inventeurs des édits burſaux dont on eſt accablé ſur la fin des regnes diſſipateurs.

(*e*) Henri III & Henri IV avoient fait des réglemens ſemblables du 3 Juin 1581 & du 4 Juin 1606; mais ces réglemens n'eurent lieu qu'en Normandie.

La création des offices de conſervateurs des hypotheques établis par édit du 10 Juin 1771 eſt une de ces inventions par leſquelles le ſouverain paroît ſe faire payer, par ſes ſujets, des actes de protection qui émanent de ſon autorité. Le roi, par cet édit, a abrogé l'uſage des ſaiſines & nantiſſemens pour acquérir hypotheque & préférence, ainſi que l'uſage des décrets volontaires pour leſquels on percevoit deux deniers pour livre ſur le prix des ventes, & a établi différentes formalités pour aſſurer aux créanciers hypothécaires la ſûreté de leurs droits, & aux acquéreurs la ratification de leurs contrats, telle qu'ils n'aient point à craindre de déguerpir ou de payer deux fois le prix de l'acquiſition, ſi le vendeur devient inſolvable, & ſi le créancier recourt à ſon hypotheque. Ces formalités conſiſtent principalement, pour le créancier hypothécaire, à faire enregiſtrer tous les trois ans ſon droit d'hypotheque, en formant oppoſition à la ratification des contrats de vente des biens fonds grevés d'hypotheques, & pour l'acquéreur à dépoſer ſon contrat de vente au greffe de la juriſdiction royale dans le reſſort de laquelle eſt ſitué l'héritage vendu, & à prendre des lettres de ratification pour purger cet héritage d'hypotheque, à faire expoſer dans l'auditoire par le greffier de cette juriſdiction un extrait du contrat de vente pendant deux mois, au bout duquel temps on peut obtenir les lettres de ratification. On accorde ce délai afin que les créanciers légitimes puiſſent former leur oppoſition; enſuite de laquelle ils doivent faire recevoir des encheres d'abord au moins d'un dixieme, enſuite d'un vingtieme ſur le prix de l'acquiſition pour que l'héritage ſoit vendu en acquittement de leur dette, & que le prix ſerve à acquitter 1°. les privilégiés, en ſecond lieu les hypothécaires, en troiſieme lieu les chirographaires qui auroient formé leur oppoſition, préférablement aux créanciers privilégiés ou hypothécaires qui auroient négligé de faire leur oppoſition. Les conſervateurs des hypotheques (*f*) ſont tenus de faire mention ſur le repli des lettres de ratification des oppoſitions qu'ils ont enregiſtrées depuis trois ans, ou des hypotheques dont le bien fonds eſt grevé.

Pour raiſon de ce, le roi perçoit deux deniers pour livre ſur le prix des ventes pour leſquelles on prend des lettres de ratification, ainſi qu'il étoit perçu ſur les décrets volontaires; le roi prend en outre ſix ſols pour cent livres de ce prix. Le roi perçoit trois livres pour la reception des oppoſitions, & une livre quatre ſols pour extrait ou pour main levée de ces oppoſitions.

Sa majeſté réſerve deux deniers pour livre & trois ſols par cent livres ſur le prix des ventes, & un ſixieme du produit des oppoſitions, & a abandonné le reſte avec quelques droits particuliers en ſus pour les frais de régie, c'eſt-à-dire, pour les honoraires du garde des ſceaux des chancelleries établies dans les juriſdictions royales, du greffier, du conſervateur des hypotheques & du ſcelleur ou chauffe-cire.

Ce réglement ſpécieux ſemble devoir en impoſer par ſes vues favorables à la ſûreté des acquéreurs:

(*f*) Des lettres patentes du 7 Juillet & une déclaration du 24 Novembre de la même année ont ſurſis à la vente de ces offices; le roi s'eſt réſervé à ſon profit les droits de ces offices, & les employés du domaine ont été chargés de la régie de ces droits.

mais tout le monde y reconnoît l'esprit tyrannique & arbitraire qui l'a dicté. 1°. Il n'est pas dans l'ordre des loix naturelles de la propriété de demander au roi des lettres de ratification d'un contrat civil; c'est reconnoître dans le souverain une puissance qui tient beaucoup de l'investiture du système féodal; la propriété & la liberté des échanges sont fondées sur les loix sociales, & non sur la puissance souveraine. 2°. Le droit du quatre-vingt-huitieme denier de mutation en comprenant 2 deniers pour l. & 6 sols pour 100 livres, ainsi que les autres droits de mutation, nuisent à la facilité des échanges. 3°. Le renouvellement triennal des oppositions est une opération financiere qui gêne les créanciers, & expose à la perte d'un droit d'hypotheques des particuliers que des affaires importantes peuvent détourner de surveiller à ce renouvellement.

Il étoit important sans doute dans la législation de pourvoir à la sûreté des acquéreurs en même temps qu'à celle des hypothécaires, & de préserver les acquéreurs du danger de payer deux fois lorsqu'ils ont ignoré l'état de la fortune des vendeurs & de leurs créances: mais si l'on établissoit un dépôt public pour l'enregistrement des droits d'hypotheque spéciale dans le chef-lieu du ressort où les biens fonds sont situés, & pour l'enregistrement des droits d'hypotheque générale dans le chef-lieu du domicile du débiteur sur des registres dirigés annuellement par ordre alphabétique, les acquéreurs reconnoitroient à l'aide des tables des années écoulées si les biens fonds qu'ils achetent sont chargés d'hypotheque, ou si les vendeurs ont plus de créances qu'on ne peut lui connoître de fortune; ce dépôt joint à celui du contrôle des actes, les administrations de ces dépôts servant chacune d'aide &

de guide à celle de l'autre, & étant exercées au nom du roi sur la masse générale des revenus de la nation, seroient pour les peuples des monumens précieux, & des signes éclatans de la protection souveraine, & seroient des remparts contre l'usurpation des droits de propriété.

Henri III avoit établi en 1579 des droits sur les ouvrages d'orfévrerie, parce que les especes au moyen du droit de monnoyage étoient plus cheres que l'argenterie. Ces droits ayant encore été augmentés jusqu'au regne de Louis XIV, ce monarque nécessiteux créa des officiers contrôleurs des ouvrages d'or & d'argent sous le prétexte d'en constater le titre; c'est un service que les consommateurs payent bien cher. On connoît ce mot de milord Walpole à un ministre de France qui lui refusoit toute diminution pour le payement de six à sept mille livres de droits auxquels étoit taxée la sortie de deux oilles de Germain: „ que nous „ sommes heureux que vous sachiez si bien vous „ défendre, & que vous employiez avec tant de „ bonne foi d'aussi mauvais principes ”.

ARTICLE SIXIEME.

Des impôts sur les charges.

Les revenus que le roi tire des charges doivent être considérés sous deux points de vue différens. D'un côté, le roi crée des charges pour augmenter son trésor du prix des parcelles de son autorité qu'il confie à des mandataires, & des dignités qu'il y attache; de l'autre, il perçoit des tributs sur le produit que ses officiers tirent de leurs charges par des perceptions particulieres. Nous avons déja considéré l'abus de la vénalité des charges relativement aux fonctions utiles de la magistrature: mais les créations de charges sont souvent des inventions de toute espece que l'imagination produit pour acquérir des finances. Le nombre des officiers créés & placés dans des emplois inutiles ou préjudiciables au public est immense (*g*), les distinctions qui sont quelquefois unies à l'emploi sont des appâts qui en augmentent le prix & qui procurent au ministre des moyens faciles d'attirer de l'argent sans exciter les cris du peuple & de détourner les capitaux des entreprises de production. Le peuple ne se récrie que lorsqu'il sent les maux qui sont la suite de ces créations (*h*).

Le droit annuel sur les charges est un droit que Sully détermina, en 1608, Henri IV à imposer sur les titulaires d'office en leur accordant l'hérédité. Sully voyoit que les principaux officiers traitoient de leur emploi par résignation & les vendoient publiquement. Le roi n'exerçoit plus le droit de nomination, mais il homologuoit la résignation en exigeant le tiers du prix, ainsi qu'il avoit été statué sous Charles IX & Henri III. Le roi se réserva la confiscation de l'office & le droit de nomination, lorsque le titulaire auroit négligé de payer le droit annuel, qui fut connu alors sous le nom de *droit de paulette* ou *d'annuel* (*i*).

(*g*) C'est Louis XIV qui a étendu le plus loin la création des charges, c'étoit un des moyens par lesquels il attiroit les capitaux de ses sujets pour les dissiper.

(*h*) Les exemptions qui résultent quelquefois de la création des charges sont très-onéreuses au peuple.

(*i*) On prétend qu'un sieur Paulet suggéra à M. de Sully l'idée de ce droit.

Les peuples firent de vives réclamations contre l'hérédité des charges & contre la perception de ce droit qui en autorisoit la propriété patrimoniale; ces réclamations furent présentées au roi en 1615 par les états-généraux. Ce droit fut aboli pendant cinq ans; mais le parlement opposa ses sollicitations à celles du peuple, & parvint à le faire rétablir en 1620, moyennant une crue de cette imposition sous le titre de prêt. Le droit fut encore supprimé & l'hérédité abolie en 1641, & les offices furent déclarés casuels: de nouvelles suppliques du parlement firent rétablir l'hérédité & les droits de prêt & annuel. On changea en 1709 le nom d'hérédité en celui de survivance, & l'on fit payer aux titulaires seize fois le prêt & annuel, sous le prétexte du rachat de ce droit. L'hérédité & le droit de paulette furent rétablis en 1722, & cet édit a été renouvellé depuis de neuf ans en neuf ans.

M. l'abbé Terray a considérablement accru ce droit en le convertissant en un droit de centieme denier. On vient récemment d'affranchir les titulaires de la peine de confiscation au défaut de payement.

Les revenus provenant des créations d'office sont considérablement accrus sous un régime financier par les suppressions, remboursemens en contrats réductibles, & par de nouvelles créations avec nouvelles finances ou augmentations de finances. Dans les états où l'on vend le droit de travailler & de vendre (*k*), il n'est pas étonnant

(*k*) En Angleterre on a établi une imposition de vendre en détail de la biere, du vin &c.

que l'on tire de l'argent par les opérations financieres ; l'invention se permet tout lorsqu'elle ne rencontre pas de frein dans les loix fondamentales. S'il paroît un homme qui ait le courage de faire entendre les cris étouffés du peuple appesanti sous le joug, s'il dit à son maître que l'intérêt du peuple est le sien, & s'il lui propose de rendre à ses peuples la liberté qui convient à leur aisance & à la prospérité de l'état, tous les hommes mal intentionnés à qui ces lumieres peuvent nuire se présentent sous le masque imposant de la vertu & du génie, & crient *systême :* l'honnêteté, les principes & le courage sont relégués dans la région des systêmes. La ligue des méchans & des hommes qui profitent des erreurs publiques & populaires pour en tirer parti & s'enrichir fera encore long-temps trembler l'homme vertueux.

ARTICLE SEPTIEME.

Des droits sur la justice.

Le chancelier de l'Hôpital étoit très-partisan de la justice gratuite, il disoit : „ Si le roi pouvoit „ rendre en personne la justice à ses sujets, ce „ qui est le premier droit & le premier devoir du „ trône, oseroit-il faire payer ses jugemens ? pour„ quoi donc donneroit-il ce droit odieux aux magis„ trats qui le représentent ? „ Cependant ce ministre fit établir une imposition sur ceux qui *auroient plaidé témérairement.* Cette imposition rendoit les juges arbitres de la témérité. C'étoit une espece d'amende par laquelle on se proposoit de punir les chicaneurs

chicaneurs téméraires ; on sentit bientôt les vices de cette imposition, elle fut supprimée.

En supposant que les parties condamnées puissent être jugées coupables de mauvaises chicanes, elles sont assez punies par les frais énormes de droits de greffe, de sentences, d'épices, de procureurs, d'huissiers &c., qu'elles sont obligées de payer. Les rois perçoivent les honoraires des officiers des cours souveraines & royales sur les parties qui perdent les procès & qui sont condamnées, en réservant un droit de souveraineté à raison de deux sous pour livre sur les droits de greffe, de sentences & d'épices (*l*). Ainsi non-seulement le roi fait payer par les plaideurs les frais de l'administration de la justice, mais encore il les fait contribuer aux autres dépenses de l'état par un excédent de ces frais, de même qu'il fait payer des impositions sur les autres actes d'administration ou sur les services publics dont nous avons parlé.

C'est ainsi que les rois de France sont dans l'usage depuis long-temps de faire payer des droits pour faire mettre le sceau de leurs armes sur les sentences des juges & sur les actes judiciaires & notariés, que l'on appelle droits de scel & contrescel ou de petits scels ; les rois font encore payer des droits sur l'expédition des provisions de tous offices (*m*) que l'on appelle droits de marc d'or.

(*l*) Boisguillebert se plaignoit sur la fin du siecle précédent de ce qu'il y avoit plus de cent cinquante tributs sur la seule administration de la justice. Il parloit sans doute de tous les noms spéciaux inventés pour accroître & étendre les droits génériques. (Testam. pol. de M. de V.)

(*m*) M. l'abbé Terray a considérablement étendu le

Les droits de justice sont encore augmentés par ceux du contrôle des exploits, saisie mobiliaire, oppositions & main-levée, & par toutes les extensions que les inventeurs de sols pour livre & les créateurs d'offices ont produites.

ARTICLE HUITIEME.

Des droits de francs fiefs, de nouveaux acquêts & d'amortissement.

Tous les roturiers qui acquierent des terres ou biens nobles payent au roi, pour la permission de les posséder, des droits de francs fiefs. Les ecclésiastiques, communautés & gens de main-morte, qui achetent des biens nobles ou roturiers, payent au roi un droit de nouveaux acquêts pour indemniser le roi des droits de mutation; toutes les communautés ou gens de main-morte payent en outre un droit d'amortissement pour obtenir la permission d'acquérir des biens fonds. Ces droits sont très-anciens & dérivent des loix particulieres du systême féodal ou des craintes qu'a fait naître

---

droit de marc d'or sur les charges de la maison du roi, sur les fermiers, régisseurs & employés des fermes royales, sur toutes especes de lettres d'honoraires, d'avance de fonds ou de cautionnement, sur les lettres de noblesse & d'érection de terres en dignité &c.

M. l'abbé Terray avoit voulu étendre le droit de marc d'or jusques sur l'expédition des brevets des officiers militaires; mais il n'a pu y réussir à cause des oppositions du ministre de la guerre & du parti que prit ce ministre de faire exercer ces emplois sans brévet.

l'accroissement des biens ecclésiastiques. Nous ne nous arrêterons pas à considérer ces droits dont la suppression tient à l'extinction des loix féodales, contraires aux loix de la propriété, ou à des opérations importantes sur l'administration des biens ecclésiastiques.

ARTICLE NEUVIEME.

Des impôts sur les immeubles, sur les successions & sur les mutations.

Le roi de France perçoit un droit de centieme denier sur tous les contrats de vente ou d'échange, licitations, cessions, transports, subrogations, & généralement sur tous les actes translatifs ou retrocessifs de propriétés des immeubles & sur tous les biens immeubles échus par succession collatérale (*n*). Les finances de Louis XIV, anéanties par les dépenses de la guerre, ne pouvoient être réparées que par les moyens les plus violens. Non contens de percevoir annuellement sur le revenu annuel & périodique la part que la nature renou-

---

(*n*) Pour former la caisse d'amortissement sur laquelle devoient être remboursées les dettes de l'état, M. de l'Averdy avoit établi en 1764 un droit de m[illegible] sur les contrats de rente & un droit de quinzieme payable par les gens de main morte : pour équivaloir à ce droit M. l'abbé Terray a converti le droit de mutation en un droit de quinzieme annuel sur toutes les rentes réduites qui sont payées à l'hôtel de ville. Cependant la caisse d'amortissement ne rembourse plus.

velle continuellement, les miniſtres de ce regne ont voulu profiter des haſards de la mort des convenances qui reglent les ventes & les échanges, & de tous les ſentimens qui dictent les dons & les legs pour attirer au tréſor royal la valeur d'une partie des immeubles. De telles impoſitions ſont très-propres à ſatisfaire un génie financier; mais ils ſont contraires aux loix naturelles de la propriété & à l'équité naturelle de la répartition des impôts, qui défend de faire contribuer des familles & des particuliers à raiſon des variétés du ſort, & de vendre aux citoyens le droit de faire des conventions.

ARTICLE DIXIEME.

Des affaires extraordinaires.

Les traités ou affaires extraordinaires ſont les impôts du deſpotiſme, ce ſont des tributs extraordinaires ou des augmentations de finance que l'on fait payer, par exemple, à des particuliers pour leur permettre d'acquérir les terres d'une communauté & leur aſſurer la faculté de jouir du bien qu'ils ont acquis, ou à des poſſeſſeurs d'offices dont les droits ſont honorifiques, ſous prétexte que leurs ancêtres ont acheté à trop bon marché. Le miniſtre livre ces propriétaires à la merci & aux inquiſitions des traitans, qui tirent d'autant plus d'argent qu'ils rencontrent plus de foibleſſe & moins de réſiſtance.

Quelquefois le roi ordonne des emprunts forcés ſur quelques claſſes particulieres ſous des prétextes imaginaires, l'intérêt eſt enſuite mal payé, réduit ou ſupprimé. On invente différentes raiſons pour tirer de l'argent des villes ; on leur demande des dons gratuits ; on rembourſe en papier, & l'on tire de l'argent alternativement du prix des offices municipaux (*o*) ; on s'empare des octrois particuliers des villes ou l'on en rogne une partie par des ſols pour livre (*p*).

On rançonne les propriétaires de charges ou de privileges & les nouveaux nobles, à qui on fait payer pluſieurs fois la nobleſſe.

Quelquefois le traitant décompoſe un office ou une charge en trois ou quatre droits honorifiques, on en compoſe trois ou quatre corps d'office, & on accorde la faculté de les réunir moyennant de certaines ſommes.

Le montant des affaires extraordinaires ſeroit bien moins onéreux s'il étoit perçu ſur toutes les claſſes en augmentation d'un impôt relatif aux facultés ; cette crue ſeroit équitable & beaucoup moins onéreuſe que des opérations qui livrent des propriétaires particuliers à la rapacité des traitans. Les beſoins de l'état ne peuvent pallier de tels abus d'autorité.

On a comblé d'éloges M. de Sully ſur ſon adminiſtration, cependant ce miniſtre n'étoit pas exempt de préjugés ſur les reſſources financieres.

(*o*) M. l'abbé Terray a tiré des ſommes conſidérables des villes en recreant au mois de Novemb[illegible] 1771 les offices municipaux qui avoient été ſupprimés par des édits d'Août 1764 & Mai 1765.

(*p*) La France gémit encore de la multiplicité des quatre, ſix & huit ſols pour livre, que M. l'abbé Terray a étendus & appliqués à des objets quelconques par des arrêts du conſeil en vertu de l'édit de Décembre 1771.

Outre ses opérations sur les monnoies dont nous avons déja parlé, il proposa au conseil différens expédiens, afin de trouver de l'argent pour la reprise d'Amiens; la plupart de ces expédiens sont contraires à la sévérité des principes qui doit guider un administrateur.

Ce ministre proposa, 1°. un don gratuit sur le clergé; 2°. une nouvelle création d'offices dans les cours souveraines, bureaux de finances, présidiaux, sieges royaux & élections; 3°. d'ajouter à tous les officiers des finances un triennal; 4°. de retarder d'une demi année le payement des rentiers; 5°. de demander un quartier de tous les engagemens du domaine; 6°. d'augmenter de quinze sous le minot de sel; 7°. de tiercer les entrées & droits de riviere; 8°. un emprunt en augmentant, pour le rembourser en deux ans, les gabelles & les cinq grosses fermes; 9°. de taxer par forme d'emprunt les riches financiers; 10°. de demander à quelques provinces des régimens & les frais de leur entretien pendant trois mois à compter du jour de leur arrivée au siége.

ARTICLE ONZIEME.

Des impôts du clergé.

Le clergé de France a beaucoup de prétentions à la franchise des impôts, mais elles sont mal fondées; ces prétentions, qui sont communes au clergé & à la noblesse, ont la même source & proviennent non-seulement de l'asservissement auquel ont été réduits pendant long-temps les roturiers, mais encore de la possession des bénéfices qui étoient exempts d'imposition. Les biens ecclésiastiques ont contribué aux charges publiques dans tous les temps de la monarchie, & il y a plusieurs exemples de subsides extraordinaires auxquels tous les ordres de l'état ont contribué en raison de leurs richesses. Les prêtres sentirent bien qu'ils ne pouvoient être exempts; mais ils firent ensorte de payer les contributions à part dès l'an 844, où ils firent cette demande dans un concile tenu à Thionville. Les prétentions & les droits d'exemption retarderont pendant long-temps la suppression des droits de toute espece qui sont onéreux à l'état. Il faut définitivement faire contribuer d'une maniere ou d'une autre; outre les impôts que le clergé paye, ainsi que la noblesse, par toutes les voies indirectes & subreptices que produit le génie financier, le clergé a été assujetti ou s'est soumis à des contributions ordinaires & extraordinaires sur les revenus de leurs biens fonds.

Le roi perçoit sur le clergé des décimes; cette imposition devenue ordinaire depuis le regne de François I, qui l'a établie sous le nom de taxe pascaline, a pris divers accroissemens depuis cette époque. Lorsque Louis XIV établit la capitation générale en 1695, le clergé fut taxé à une crue de décimes d'un cinquieme en sus, laquelle prit le nom de capitation. Lorsque l'on fut obligé d'accroître les droits des fermes de quatre sous pour livre en 1710, le clergé fournit une subvention égale aux trois cinquiemes de la capitation.

Outre ces contributions ordinaires, le clergé octroie dans ses assemblées générales des dons gratuits relativement aux besoins extraordinaires de l'état.

Les impositions ordinaires & extraordinaires du

clergé ont été ou ſont réglées d'une maniere auſſi arbitraire que toutes les autres impoſitions, & perſonne ne peut aſſurer s'il contribue en raiſon de ſes richeſſes foncieres, & dans le même rapport que les autres claſſes.

CONCLUSION.

Nous pouvons voir par les principes que nous avons établis ſur la propriété, ſur la circulation, ſur la liberté des échanges, ſur l'équité & ſur la ſimplification de l'impôt, par les recherches que nous avons faites ſur les différens états de la propriété, & ſur les révolutions que la propriété & l'autorité ont éprouvées, enfin par les réflexions générales que nous avons faites ſur les différentes eſpeces d'impoſition qui ſubſiſtent, que le rétabliſſement de l'ordre naturel des droits de propriété eſt un ouvrage immenſe. Un ſeul homme peut entreprendre une telle tâche, ſans doute, dans la carriere ordinaire de la vie, mais ſon entrepriſe ſeroit vaine ſi l'inſtruction générale n'avoit recouvré ſes droits naturels ſur les préjugés & la mauvaiſe foi. Le légiſlateur ne peut vouloir s'il ne ſait perſuader, l'autorité a contre elle des obſtacles inſurmontables lorſque ſes opérations ne ſont point conformes aux préjugés ainſi qu'aux principes nationaux.

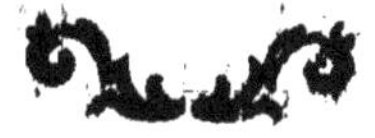

ADDITION

AU TRAITÉ DES RICHESSES.

PENDANT l'impreſſion de cet ouvrage, il en a paru deux; l'un intitulé *Compte rendu au Roi par M. Necker*; l'autre, *Mémoire de M. Necker au Roi ſur les adminiſtrations provinciales.* Ces ouvrages contenant des principes contraires à ceux que nous avons établis, nous avons cru devoir nous permettre quelques réflexions ſur les principes de ce miniſtre des finances. Ce qui eſt le plus propre à nous déterminer, c'eſt qu'en faiſant paroître des opinions contraires à celles de M. Necker, il eſt impoſſible de lui nuire & d'altérer ſa tranquillité ni même ſa gloire (*a*). Il a exécuté des choſes ſi utiles à la nation, & il avoit des intentions ſi nobles & ſi déſintéreſſées, que ſon nom ſera toujours cité au nombre des hommes vertueux qui auront fait les premiers pas pour faire renaître la proſpérité de la France abbattue ſous le joug des uſages arbitraires: mais nous avons penſé que les ouvrages de M. Necker ont acquis dans l'opinion publique une telle célébrité qu'il eſt néceſſaire de réfuter ſes principes en préſentant un ſyſtême différent.

Nous avons déja réfuté quelques opinions de M.

(*a*) Sully & Colbert ont erré ſur les principes d'adminiſtration, l'un donnoit dans les formes d'impoſitions financieres, l'autre a tari les ſources de l'agriculture par les prohibitions. On peut être grand miniſtre & commettre des erreurs en matiere de légiſlation.

Necker dans le cours de cet ouvrage. Nous réfutions alors les principes d'un auteur économique. Nous attaquons aujourd'hui les fondemens sur lesquels un grand ministre se proposoit d'établir des réformes de la premiere importance.

M. Necker proposoit au roi de France d'établir des administrations provinciales, ou d'établir dans les provinces des assemblées de propriétaires *chargés de répartir les impositions, de proposer au roi les formes les plus favorables à sa justice, de prêter une oreille attentive aux plaintes des contribuables, de diriger la confection des routes, & de chercher tous les moyens nouveaux de prospérité qu'une province peut développer pour les présenter au roi.*

M. Necker proposoit d'assembler la nation, mais il ôtoit aux citoyens le droit *de consentir les impôts.* Il leur accordoit simplement la faculté de les répartir & *le pouvoir de faire des observations en cas de demandes nouvelles, de maniere que la volonté du roi soit toujours éclairée & jamais arrêtée.*

M. Necker avançoit que *c'est le pouvoir d'imposer ou d'ordonner des impôts qui constitue essentiellement la grandeur souveraine*; que la France est *un pays monarchique où la seule volonté du prince fait la loi*; que *le pouvoir légal d'imposer* ne seroit point affoibli par l'introduction d'une administration municipale.

M. Necker convient que les embarras que pourroient occasionner quelques pays d'états dans les changemens de pays d'états en pays d'administration, tiennent à d'anciennes conventions vis-à-vis des provinces qui ont eu le droit de traiter en s'unissant à la France. Malgré ces conventions & ces droits, M. Necker dit que *la seule bienfaisance de sa majesté seroit dans le cas de dicter des loix.*

M. Necker en ôtant aux assemblées le droit de consentir les impôts propose d'interdire aux parlemens le soin qu'ils se donnent de prendre la défense de la propriété contre les établissemens d'impôt dans un temps où la nation a perdu ses droits, & ce ministre dit que *l'unique moyen de prévenir les secousses, c'est d'attacher essentiellement les parlemens aux fonctions honorables & tranquilles de la magistrature; c'est de soustraire à leurs regards continuels les grands objets d'administration, surtout dès qu'on peut y parvenir par une institution qui remplissant le vœu national conviendroit également au gouvernement.* D'où il résulte que, suivant M. Necker, le roi de France resteroit maître absolu d'ordonner des impôts, & que les François n'auroient d'espoir pour la conservation de leurs droits que dans la bienfaisance de leur souverain.

C'est ainsi qu'un républicain venoit sapper les fondemens déja ébranlés de la monarchie françoise pour établir sur leurs ruines les bases du despotisme. C'est ainsi que M. Necker, avec les intentions les plus pures de porter atteinte au pouvoir arbitraire des administrateurs des provinces, remettoit lui-même entre les mains de ses successeurs les armes du pouvoir arbitraire. Il semble que ce ministre, ébloui par les sentimens naturels de bienfaisance de son maître, n'ait pas apperçu au-delà de son regne. Il est surprenant qu'il n'ait pas remarqué combien il est dangereux de ne soumettre les ministres à d'autres loix qu'à celles qui peuvent émaner de la volonté des souverains.

Le monarque est un prince qui gouverne seul suivant les loix, le despote est celui qui gouverne seul suivant sa volonté. Si la volonté du monarque fait la loi, le monarque gouverne suivant sa volonté,

& il devient despote. Un despote bienfaisant peut passer pour un monarque ; mais un despote foible & méchant doit devenir un tyran.

L'établissement que proposoit M. Necker péchoit donc par les premiers principes : on ne peut supposer dans une monarchie une assemblée nationale qui doit céder à la volonté du souverain en matiere de propriété & de législation. Ce seroit un grand mal pour la France que les parlemens perdissent l'usage de faire des représentations avant que ce royaume eût recouvré le pouvoir des assemblées nationales pour reconnoître les loix & consentir l'impôt.

Le projet de M. Necker a beaucoup de rapport avec l'établissement des cours des aides & élections fait en 1355, & la proposition faite par les états de Rouen, en 1596, de faire administrer les dépenses publiques (celles de la maison du roi & de la guerre exceptées) par les députés des états. Les cours des aides & élections ont été originairement des surintendans généraux & des élus choisis dans les provinces & nommés par les états pour veiller à la répartition des aides ou impôts & chargés de juger les contestations relatives aux impôts. Les députés de 1596 devoient être choisis par les états dans les provinces pour l'administration des dépenses locales (*b*).

L'établissement des administrations provinciales & la conservation des cours des aides & élections seroit donc un double emploi. Pourquoi faire de

(*b*) M. de Sully remarquoit déja que *ce projet avoit une très-grande disproportion avec la forme d'un état monarchique.*

nouvelles créations lorſqu'il y a d'anciens établiſſemens pour le même but ? Il convient mieux, ce me ſemble, de prendre des meſures pour que les anciens établiſſemens rempliſſent efficacement leur but. C'eſt la répétition de ces doubles emplois qui a ſurchargé la monarchie d'une multitude exceſſive de juriſdictions.

M. Necker regarde comme deſpotique *la méthode de ſoumettre la répartition des impôts aux déciſions d'un ſeul commiſſaire.* La répartition des impôts tient en effet au deſpotiſme lorſqu'elle eſt arbitraire ; mais les répartitions ſeront toujours arbitraires, ſoit qu'elles ſoient ſoumiſes aux déciſions d'un ſeul homme, ſoit qu'elles ſoient ſoumiſes aux déciſions de quelques députés provinciaux, ſi elles ne ſont pas faites ſur un bon cadaſtre. Il n'y a qu'un cadaſtre auſſi parfait qu'il ſoit poſſible qui puiſſe ôter aux répartitions la qualité d'arbitraire. L'injuſtice des répartitions n'eſt préſumable que dans le cas où les cadaſtres ſont imparfaits & dans le cas où les répartitions ſont cachées aux yeux du public. Le cadaſtre doit être fait non pas par des députés provinciaux qui ordinairement ne ſavent pas faire des cadaſtres, mais par des experts-arpenteurs & par des prudhommes eſtimateurs, ou ſur des déclarations ordonnées de maniere qu'elles ne ſoient pas ſuſpectes ; les répartitions doivent être faites par des calculateurs quelconques. La perfection des cadaſtres doit être ſurveillée, & les répartitions doivent être vérifiées par des commiſſaires de l'adminiſtration. Or je demande s'il ne ſuffit pas pour établir la confiance publique dans la perfection des cadaſtres & dans les répartitions que les rôles des cadaſtres & des répartitions ſoient dépoſés de maniere qu'ils puiſſent être vérifiés publiquement par tous les propriétaires. Eſt-il néceſſaire d'établir périodiquement des aſſemblées nationales pour cette vérification ? Chaque propriétaire ayant la liberté de vérifier les rôles généraux de la nation, & les rôles particuliers des provinces, des villes, des villages & des particuliers, n'aura-t-il pas plus de confiance dans ſon propre examen que dans la vérification d'une aſſemblée où les intérêts particuliers & le crédit des hommes puiſſans ou intriguans peuvent avoir fait pancher la balance contre l'équité.

Les adminiſtrations provinciales ſeroient-elles pour toujours à l'abri des imputations du public ſur les répartitions ? Le peuple ne pourra-t-il pas craindre que les gros propriétaires en obtenant des places dans ces adminiſtrations n'uſent de leur crédit pour faire diminuer leurs contributions, & que les grands n'accordent leur appui aux adminiſtrations dans les débats qui peuvent ſurvenir qu'en ſollicitant pour eux & pour leurs créatures, ou pour leurs protégés, des diminutions contraires à l'équité ? N'eſt-il pas à craindre que les répartiteurs nommés par l'adminiſtration ne s'empreſſent à favoriſer ceux dont le crédit ou la conſidération peuvent leur être utiles ?

Que dirons-nous de la direction des grandes routes, des canaux navigables, des ports de commerce & des autres conſtructions publiques, confiées à une aſſemblée provinciale ? Ces aſſemblées, dit-on, avec beaucoup plus de connoiſſances locales ſeroient beaucoup plus à portée de juger des convenances ſur leſquelles on doit admettre des projets de conſtruction publique & de les faire adopter ou rejetter.

Il eſt des grands projets dont l'utilité concerne

toute une province, & dont un homme inſtruit doit ſentir les avantages longtemps avant qu'on ait pu les faire comprendre à toute une aſſemblée provinciale dont les membres ont pour la plupart des connoiſſances étrangeres à ces eſpeces de projet. Il n'eſt perſonne qui ne ſente tous les inconvéniens qu'il y auroit à préſenter un projet conſidérable au jugement d'une aſſemblée non inſtruite. Outre que tous les membres n'auroient pas des vues aſſez étendues pour comparer les avantages futurs aux dépenſes à faire, il y en auroit beaucoup qui ne connoîtroient ni la nature des plans & deſſeins, ni la validité des calculs qui leur ſeroient préſentés, il y en auroit d'autres qui ſe laiſſeroient ſéduire par l'éclat du deſſein & la vivacité des couleurs, & non par la combinaiſon des formes les plus heureuſes.

Il eſt des projets dont les avantages ne paroiſſant relatifs qu'à quelques cantons particuliers ont cependant des rapports avec le bien général. Ces projets particuliers peuvent en même temps nuire à quelques particuliers ou à d'autres cantons. Or ſi ces derniers ont plus de crédit ou d'influence par leurs députés dans l'adminiſtration provinciale, ils peuvent faire échouer le projet au préjudice du bien général.

Ce n'eſt pas à des aſſemblées compoſées d'évêques, de guerriers, de magiſtrats, de curés, de légiſtes & de cultivateurs, ou d'artiſans, qu'il faut confier la direction des projets utiles à la proſpérité publique. C'eſt à des hommes qui aient reçu une inſtruction propre à les concevoir & à les faire exécuter, & qui n'aient aucun intérêt particulier pour les déterminer. Plus ces hommes inſtruits & déſintéreſſés ſont rares, plus il faut réduire le nombre des hommes chargés de cette direction.

Pour que les administrations provinciales fussent plus utiles que les intendans pour proposer des moyens de prospérité, il faudroit que la majorité au moins fût aussi instruite qu'on suppose que devroient l'être des intendans. Le provincial qui a les connoissances locales doit avoir, ainsi que l'administrateur, des lumieres & des principes d'administration pour former de bons projets de prospérité. Il est à présumer que dans une administration provinciale il se rencontreroit quelques hommes ingénieux, qui animés du bien public & du desir de se faire connoître & considérer dans leur patrie proposeroient des moyens de prospérité. Mais il faut avoir des connoissances dans les sciences & dans les arts pour concevoir des projets de maniere à les faire exécuter. La facilité qu'a l'administration de diriger les études nécessaires à produire des projets utiles est au dessous du besoin, parce que les facultés des provinces mettent bientôt des bornes à l'imagination & au génie inventif (c).

M. Necker convient qu'*un homme seul, s'il est doué de grandes qualités, peut au bout d'une longue expérience avoir quelque avantage sur une administration collective, le choix des délibérations, le combat des opinions n'arrêtant point sa marche, l'unité de pensée & d'exécution rend les succès plus rapides*; mais en même temps que ce ministre *croit autant qu'un autre*

(c) L'instruction nécessaire à l'invention & à l'exécution des projets utiles, fait des progrès plus rapides que l'accroissement des richesses, & M. Necker avoit des principes contraires à l'accroissement des richesses nationales.

autre à la puissance active d'un seul homme qui réunit à l'intelligence la fermeté, la sagesse & la vertu. Il sait aussi que *de tels hommes sont épars dans le monde & qu'on ne peut se flatter d'en trouver un assez grand nombre dans l'ordre de citoyens qu'un ancien usage appelle aux places* d'intendans.

J'ai toujours été étonné, en lisant & relisant *le compte rendu* & le *mémoire sur les administrations provinciales*, qu'un homme qui s'est attaché fréquemment à faire remarquer que *les hommes capables d'une grande administration sont rares & très-rares, & que les hommes doués d'intelligence, de fermeté, de sagesse & de vertu, sont épars dans le monde*, ait espéré de rassembler un assez grand nombre d'hommes supérieurs dans les assemblées provinciales pour que le bien soit produit par la majorité dans les délibérations de ces assemblées.

M. Necker effrayé de l'incapacité de quelques intendans de province, & partageant avec le public l'indignation que produit l'autorité arbitraire, auroit pu remédier à ces maux sans employer des innovations contraires à la simplicité qui est une des qualités essentielles d'une bonne administration. Il est aisé de pourvoir à l'instruction des intendans & de mettre un frein à leur ambition ou à la cupidité des sous-administrateurs.

On peut établir des écoles publiques d'administration où les jeunes gentilshommes destinés à remplir les grandes places de l'administration civile & à mériter la confiance du roi & des peuples puissent prendre dans leur jeunesse les instructions nécessaires à l'administrateur. La rareté de bons administrateurs vient du défaut d'instruction sur l'administration.

Ces connoissances ne sont pas peu étendues pour

les intendans qui doivent ne pas se contenter de signer sur un simple apperçu ou sur un jugement superficiel les projets qui leur sont présentés, la rédaction des cadastres, les répartitions, les mémoires qu'ils ont à envoyer au conseil sur les circonstances locales & sur les moyens locaux de prospérité, enfin les ordonnances qu'ils ont à rendre sur les contestations & sur les contraventions.

Un intendant qui veut approfondir les objets qui sont confiés à son administration doit savoir le calcul, il doit avoir des notions étendues dans les mathématiques. Il doit avoir des connoissances dans les beaux arts & surtout dans l'architecture; il doit connoître les loix & les ordonnances, mais surtout il doit faire une étude particuliere de l'économie politique, des loix & des principes naturels de la circulation, du crédit, du commerce & de l'impôt. Il est inutile d'ajouter qu'on doit exiger des intendans des mœurs & l'étude des principes naturels de la morale sociale. Les mœurs & cette étude doivent être communes à tous les hommes, & sur-tout à ceux à qui le souverain doit confier des branches de son autorité.

Les gentilshommes qui aspirent à ces places, après avoir été instruits dans la capitale, peuvent être tirés des écoles dans l'âge où l'on médite sur les connoissances théoriques que l'on a acquises, & sur les expériences qui se présentent, dans l'âge où l'on concilie la théorie avec la pratique, & être envoyés dans les provinces pour y exercer en second, & sous l'inspection des intendans expérimentés, les grandes fonctions auxquelles ils aspirent.

Lorsqu'un intendant arrive dans une province avec des principes, des mœurs, & le goût du travail, c'eſt peu pour lui d'acquérir les connoiſſances locales.

Les écoles d'inſtruction dont nous venons de parler pourroient former des pépinieres d'adminiſtrateurs où le génie ſe développeroit & où l'on diſtingueroit de bonne heure les hommes propres à remplir les premieres places dans les différens départemens, & à compoſer le conſeil du roi. Il y a des écoles établies pour la plupart des états où l'inſtruction eſt néceſſaire; pourquoi néglige-t-on l'inſtruction importante des adminiſtrateurs (*d*)?

Donnez aux intendans l'inſtruction, exigez d'eux la publicité des motifs, des répartitions & des comptes, & aſſujettiſſez leur autorité à des loix fixes, tous les maux dont la voix publique ſe plaint ſeront réparés & les intendans ſeront réhabilités dans la confiance des provinces.

On ſe plaint ſur-tout de l'adminiſtration des intendans & des miniſtres des finances, parce que ces adminiſtrateurs jouiſſent des prérogatives & exercent des fonctions qui tiennent à la puiſſance légiſlative; les aſſemblées nationales ſeront toujours

(*d*) La ſouveraineté a toujours mis des bornes à l'inſtruction générale ſur les principes d'adminiſtration; regardant les regles de l'adminiſtrateur comme des myſteres dont il falloit voiler la connoiſſance au peuple de peur de diminuer ſa ſoumiſſion, l'adminiſtration a toujours eu pour principe d'ôter aux écrivains le droit d'éclairer les peuples, d'où il a résulté ſur ces principes une ignorance dont peu de perſonnes ſont parvenues à ſe dégager. Il ſuffiſoit aux adminiſtrateurs répandus dans les provinces de ſaiſir l'eſprit du miniſtre, & de gouverner les peuples d'après ſes idées particulieres.

contraires au bien public, lorſque des parties de la puiſſance exécutrice leur ſeront confiées. La loi ne peut être ſoumiſe à la volonté d'un adminiſtrateur, & les délibérations populaires ne conviennent point à l'adminiſtration, les diſcuſſions des membres d'un conſeil doivent éclairer l'adminiſtrateur, mais la pluralité des voix ne doit jamais le déterminer. On peut choiſir pour l'adminiſtration des finances des hommes qui aient les connoiſſances néceſſaires, & l'on ne peut être aſſuré que des membres d'une aſſemblée choiſie dans tous les états auront les connoiſſances néceſſaires à l'adminiſtrateur.

Il faut beaucoup de connoiſſances pour l'exécution de l'adminiſtration, il ne faut aux membres d'une aſſemblée nationale que la connoiſſance ſimple des premiers principes que les hommes ont dans tous les états, pour reconnoître que le roi ne peut avoir la puiſſance d'attenter aux propriétés & à la liberté perſonnelle, pour fixer d'une maniere irrévocable la proportion de l'impôt ordinaire en temps de paix & extraordinaire en temps de guerre, laquelle proportion établie l'impôt ainſi que les émolumens des adminiſtrateurs doivent croître en proportion de la proſpérité générale; pour reconnoître enfin que le roi doit avoir une pleine puiſſance dans l'exécution des loix reconnues par la nation & pour la protection de ſes états. Il ne faut avoir que les principes les plus ſimples pour reconnoître que l'impôt, conſidéré relativement aux producteurs ou aux propriétaires quelconques, doit être une part proportionnée au revenu que perçoivent les producteurs & propriétaires de leurs fonds ou capitaux productifs, déduction faite des frais ou des dépenſes, & que l'impôt conſidéré relativement aux productions, denrées ou consommations, doit être pris sur la quantité de ces productions, denrées ou consommations, dont les hommes peuvent jouir & user librement après avoir déduit les quantités nécessaires aux frais de production. Cette idée est si simple qu'elle viendroit à tout le monde si les systêmes que l'usage a introduits dans les impositions n'avoient été en même temps surchargés de notions embrouillées, telles que celles contre lesquelles la vérité a toujours à lutter pour détruire les erreurs.

Il est bien facile de déterminer les loix de la propriété; quant aux loix propres à régler les contestations, aux loix criminelles & aux loix de police, il est évident que le code de ces loix doit être rédigé par des jurisconsultes philosophes & approuvé par l'assemblée de la nation.

Il faut dans une monarchie que le peuple consente la loi que le souverain exécute & que la loi juge.

La monarchie change de nature lorsqu'elle perd le droit d'assemblée nationale. Mais les fonctions des assemblées nationales doivent être déterminées par les loix fondamentales, de même que l'étendue du pouvoir souverain. Les prétentions que les assemblées nationales forment sur la puissance exécutrice sont aussi nuisibles que les atteintes portées par le souverain aux loix fondamentales & aux droits de propriété. M. Necker renversoit donc les principes de la monarchie lorsqu'il chargeoit les assemblées provinciales de fonctions qui appartiennent à la souveraineté, & qu'il supposoit dans la souveraineté une puissance sur les propriétés qui n'appartient qu'aux assemblées nationales,

& à laquelle on ne peut porter atteinte que par le consentement des citoyens.

M. Necker a répondu à plusieurs objections dans le cours de son mémoire, mais il répondoit aux objections qui pourroient lui être faites au conseil du roi, & non à celles qui pourroient lui être faites par la nation & par les différens corps de l'état. Comment M. Necker a-t-il pu espérer que la nation entiere se soumettroit au joug qu'il vouloit lui imposer, en assujettissant (*e*) les propriétés à la volonté souveraine? Comment a-t-il pu espérer que les pays d'états, qui conservent seuls des restes d'assemblée législative propres à les reproduire & à les régénérer, consentiroient à résilier leurs conventions & à abandonner leurs droits?

Quelques personnes ont dit en faveur du projet des administrations provinciales que M. Necker n'auroit pu parvenir, dans les circonstances actuelles, à rendre aux assemblées nationales leurs droits naturels, mais qu'elles les auroient recouvré successivement. Pourquoi ce ministre changeoit-il donc les pays d'état en pays d'administration? Pourquoi abandonner au temps & au hasard des circonstances l'établissement des principes fondamentaux? Ces assemblées auroient donc eu une existence aussi vague, & des prétentions aussi indéterminées que les corps dont les droits sont en suspens. Lorsque les droits ne sont pas dès l'ori-

(*e*) *Dans une assemblée*, dit M. Necker, *qui ne consent pas les impôts, mais qui simplement les répartit, ce n'est pas la plus grande énergie de propriété qui est la qualité essentielle.*

Il est certain que dans une assemblée telle que M. Necker la proposoit, il n'eût pas fallu que l'ame eût conçu avec beaucoup d'énergie le sentiment de la propriété.

gine fixés d'une maniere irrévocable, il y a toujours des débats entre les puissances opposées. Les administrations provinciales seroient toujours rappellées aux principes de leur établissement, aux loix & aux conditions qui leur auroient été imposées. Des assemblées qui auroient reçu leur existence sous les conditions d'abandonner les propriétés des citoyens à la merci de la volonté des ministres du souverain subiroient long-temps le joug de leur institution.

Les cours souveraines proposoient, il y a environ vingt ans (*f*), au roi de France des administrations municipales qui devoient pourvoir chacune en particulier à l'acquittement de la portion des charges publiques qui lui seroit échue. Suivant ce projet, les délibérations concernant la maniere de lever, de répartir & de percevoir les impositions, devoient être prises sous l'autorité & sous l'inspection des magistrats. Les cours supérieures devoient avoir la prééminence dans ces opérations, & devoient homologuer les délibérations. Si nous pensions que la maniere de percevoir l'impôt dût varier suivant les lieux & suivant les circonstances, ainsi que les partisans des administrations provinciales, nous donnerions au projet proposé par les cours supérieures la préférence sur celui de M. Necker, parce que l'on ne proposoit pas à la nation d'abandonner ses droits naturels; les impositions extraordinaires devoient conserver *le nom honorable de dons gratuits* (*g*).

(*f*) Voyez les remontrances de la cour des aides de Normandie du 26 Juillet 1760, & du 30 Juillet 1763.

(*g*) Selon M. Necker le *mot de don gratuit doit être absolument interdit.* (Mém. sur les adm. prov.)

Pour parvenir à rétablir en France la prospérité dont ce royaume est susceptible, ce n'est pas par faire des changemens dans les formes d'administration qu'il faut commencer. Il faut rechercher les causes des maux contraires à la prospérité jusques dans les principes. Ces maux résultent principalement du défaut de législation, de la perte que les peuples ont faite de la puissance législative, & des entraves que la succession des temps a mis aux droits naturels de propriété.

Les monarques François, dira-t-on, se décideront difficilement à rendre au peuple les assemblées connues sous le nom d'états généraux, non seulement à cause de la triste expérience que la France a faite de l'inutilité, de la confusion, & même des dangers de leurs débats, mais encore parce que les rois craindroient de perdre les prérogatives qu'a acquises la grandeur souveraine depuis la suppression de ces états.

Les débats des états-généraux & les oppositions des parlemens d'Angleterre ont eu la même source; ils dérivent de l'incertitude qui a toujours existé dans la limitation de la puissance souveraine, & des droits du peuple ou de la nation.

C'est par cette limitation qu'il faut commencer; il faut déterminer les droits des citoyens & l'étendue de la puissance souveraine; il faut fixer la proportion de l'impôt ordinaire & extraordinaire; il faut que la loi mette un frein à l'ambition des ministres & favoris du souverain en fixant les proportions qui doivent subsister entre les graces du souverain & les dépenses de protection ou les dépenses productives (h); il faut que la loi rende

(h) Ces proportions établies d'une maniere irrévocable,

aux citoyens la puissance naturelle de travailler & de commercer sans aucune prohibition ; il faut, en accordant des dédommagemens quelconques aux seigneurs & propriétaires de droits seigneuriaux, rendre aux propriétaires la plénitude des droits que l'agriculture réclame en leur faveur pour l'accroissement des richesses ; il faut que la nation, en remboursant la dette énorme qu'elle a contractée par la vénalité des charges, rende à la souveraineté la puissance de juger dont quelques familles sont par le fait propriétaires ; il faut que la loi, en se simplifiant relativement aux propriétés, en diminuant & réduisant les tribunaux & les jurisdictions, simplifie aussi les formes, afin que les plaideurs obtiennent un jugement prompt & gratuit, enfin pour que les peuples soient autentiquement convaincus qu'ils sont jugés & gouvernés suivant les loix ; il faut que les mandataires du souverain juges & administrateurs rendent publics leurs motifs, leur conduite & leurs comptes (*i*) ; ils en obtiendront plus de confiance & de considération, & ils seront contenus dans les bornes que la justice, l'équité & la probité prescrivent.

Les rois, les administrateurs, les juges, les propriétaires, les commerçans & les artisans sont in-

---

les souverains & leurs ministres n'auront d'autres moyens d'accroître les revenus publics & la part ministérielle de ces revenus que par la bonne administration de ces revenus, & par la direction des dépenses productives la plus propre à augmenter le revenu de la souveraineté en augmentant le revenu national.

(*i*) Il est des comptes qui ne peuvent être rendus publics que lorsque leur publicité ne peut plus nuire à l'intérêt de l'état, tels que ceux de la guerre & des affaires étrangeres.

téressés à ces réformes & à ces changemens; mais l'homme est aveuglé long-temps par les préjugés généraux sur ses intérêts avant de les découvrir.

Tous les philosophes prêchent aux rois que l'intérêt de la grandeur souveraine est de sacrifier les brigues des ambitieux à l'intérêt national, parce que la grandeur souveraine & la prospérité de l'état doivent croître dans la même proportion; ils prêchent que le moyen d'accroître la prospérité nationale, c'est la conservation des droits des citoyens, ainsi que la protection interne & externe de ces droits: mais ils sont rarement entendus.

Il est de l'intérêt sans doute de quelques membres de l'administration de perpétuer le désordre, si l'on convient que l'homme est intéressé à sacrifier la satisfaction intérieure & les jouissances que la vertu & l'estime publique répandent avec profusion dans l'ame du sage, aux vaines grandeurs & aux plaisirs désordonnés que l'homme vicieux rencontre quelquefois à travers les tourmens, les soucis & les disgraces des passions.

Personne ne doute de l'intérêt des propriétaires au rétablissement de l'ordre relativement à la propriété. Les grands seuls considérés comme propriétaires de droits seigneuriaux sembleroient intéressés à la conservation des droits & des privileges dont ils jouissent contre la loi naturelle & contre l'intérêt général de la société: mais j'en appelle aux grands eux-mêmes & aux seigneurs; quelques réflexions qu'ils peuvent faire en bannissant tous préjugés doivent facilement les convaincre des raisons qui les engagent à favoriser eux-mêmes l'établissement des loix favorables à l'agriculture & l'abolition des loix destructives & pernicieuses.

Les propriétaires des terres ont le plus grand intérêt à faire enforte que les terrains dont ils jouiffent & les capitaux productifs qu'ils emploient rapportent le plus qu'il foit poffible. Or il eft conftant qu'un terrain dont le revenu eft partagé entre plufieurs copropriétaires, dont l'un fait feul les dépenfes productives, doit profpérer beaucoup plus lentement qu'un fonds poffédé par un feul propriétaire ; ce partage diminue, ainfi que nous l'avons dit, les dépenfes productives, parce que le revenu détermine la diftribution des fonds productifs, & que le propriétaire qui fait feul des dépenfes productives, tandis que le revenu eft partagé, eft moins intéreffé à employer des fonds productifs dans fes propres fonds, d'où il réfulte que dans la diftribution des fonds productifs entre l'agriculture & l'induftrie cette derniere emporte la balance, & par ce moyen fatisfait la confommation au préjudice de la production la plus avantageufe & de l'accroiffement des richeffes.

Les grands auroient donc plus d'intérêt à recevoir des dédommagemens, qu'ils emploieroient de maniere à les faire participer à la profpérité générale, qu'à jouir de la co-propriété d'un fond qui profpere très-peu, & dont la reproduction eft fujette à toutes les viciffitudes des loix arbitraires.

Les grands, outre les droits feigneuriaux, ont eux-mêmes des terres libres qui doivent profiter de la profpérité des terres délivrées de fervitude & de l'abolition des loix prohibitives : mais comment les feigneurs peuvent-ils efpérer de faire abolir d'une maniere irrévocable les entraves que l'autorité arbitraire eft dans l'ufage de mettre à l'agriculture, s'ils ne cedent pas eux-mêmes les prétentions dont l'abolition eft comprife dans le fyftême général de profpérité ? Il faut que chacun concoure à cette proſpérité ; il faut que chacun cede ſes prétentions illégitimes pour que tous les états les cedent à la fois ; ce ſont des avances que chaque claſſe de la ſociété fera pour l'accroiſſement général du revenu de toutes les claſſes.

Si l'on jette les yeux avec attention ſur l'accroiſſement du ſyſtème général des richeſſes, on verra que toutes les claſſes ſont intéreſſées chacune à la proſpérité des autres ; tous les propriétaires, conſidérés comme conſommateurs, ſont intéreſſés à la proſpérité des productions dont ils attirent la conſommation ; tous les producteurs ſont intéreſſés à la proſpérité des productions néceſſaires aux frais de reproduction.

Les grands ſeigneurs ſont donc intéreſſés non ſeulement à la proſpérité de l'agriculture, mais encore à la proſpérité du commerce & de l'induſtrie ; ils y ſont intéreſſés comme producteurs & comme conſommateurs. Le commerçant & l'artiſan ſont intéreſſés ſans doute à l'établiſſement des loix favorables au commerce & à l'induſtrie : mais ils n'en ſont pas moins intéreſſés à l'accroiſſement de l'agriculture qui ſatisfait à leur conſommation, & dont ils tirent les matieres premieres : tous les états doivent donc concourir dans une aſſemblée nationale au rétabliſſement général de l'ordre.

Il y a deux inconvéniens qu'il faut faire enſorte d'éviter dans les aſſemblées nationales, ſavoir les débats confus dont l'état ne tire aucun avantage, & la corruption des membres qui vendent aux miniſtres l'intérêt national : mais les débats & cette eſpece de corruption ne ſeroient point à craindre dans les aſſemblées établies ſur des loix fondamentales & invariables. Les débats dangereux tirent le plus communément leur ſource de la corruption & des intérêts de l'ambition. Si l'on ſuppoſe que les miniſtres du monarque ne peuvent tranſgreſſer les loix fondamentales ni en établir de nouvelles, ni même en faire rendre qui ſoient contraires aux loix naturelles de la propriété, la corruption des membres de l'aſſemblée devient chimérique. S'il eſt poſſible de prouver qu'un miniſtre a tranſgreſſé ces loix, les débats qui peuvent naître à cette occaſion ne peuvent que tourner à l'avantage de la nation, des loix & de la juſtice. Si l'on ſuppoſe que les débats peuvent naître dans les aſſemblés nationales du deſir de cenſurer la conduite des miniſtres, cette ſuppoſition eſt contraire aux loix fondamentales; car ſi l'on reconnoît que le ſouverain doit avoir une pleine puiſſance dans l'exécution, & ſi les miniſtres ne contreviennent pas aux loix, leur conduite doit être à l'abri de tout reproche. Les miniſtres ne doivent pas être reſponſables à la nation de leurs fautes: il en eſt à cet égard des miniſtres ainſi que des généraux lorſqu'ils commettent des erreurs, les uns en ſe conformant aux loix, les autres en ſe conformant aux ordres qu'ils ont reçus. On ne peut ſuppoſer qu'un homme qui eſt tellement retenu par les loix qu'il ne peut agir de maniere à ſatisfaire ſes paſſions perſonnelles, qui d'ailleurs a intérêt d'acquérir de la gloire, de plaire à ſon maître, & d'obtenir l'eſtime & la confiance publique, & dont la conduite eſt éclairée, puiſſe faire le mal par mauvaiſe intention, ni même par vice de caractere. Si le miniſtre tranſgreſſe les loix, il eſt coupable & doit être puni; ſi ſans déroger aux loix il fait des fautes, il eſt malheureux & il eſt à plaindre.

L'ambition des miniſtres peut ſe propoſer pour

but d'accroître leur fortune ; mais s'ils sont dans l'heureuse impuissance de le faire en attaquant les propriétés, leurs vues d'intérêt se tournent vers la prospérité publique dont l'accroissement augmente les facultés du souverain, & multiplie les graces auxquelles ils peuvent prétendre. Les ministres ne peuvent faire de brigues pour accroître les impôts, si l'impôt est fixé irrévocablement pour les besoins ordinaires & extraordinaires.

Lorsqu'une fois une assemblée nationale auroit établi les loix fondamentales de la monarchie, les occupations des assemblées périodiques seroient peu étendues ; c'est pourquoi elles devroient être rares, & leur durée très-courte, afin d'éviter les dépenses qu'elles entraînent. Le but principal du renouvellement de ces assemblées seroit la conservation des loix fondamentales ; c'est pourquoi ces loix devroient y être lues en présence du roi, des ministres & de la nation, à chaque renouvellement. Les assemblées pourroient encore avoir d'autres buts utiles ; la nation assemblée pourroit donner l'essor aux passions qui menent aux grandes actions par des récompenses & des encouragemens publics. Après avoir remercié le roi de ses soins protectifs, & lui avoir témoigné la reconnoissance publique de ses bienfaits, il faudroit célébrer les actions mémorables des généraux, des ministres ou des grands hommes, & les consigner dans les fastes de la nation : enfin c'est dans ces assemblées que les mandataires du souverain qui auroient transgressé les loix auroient à craindre d'être dénoncés à la nation.

Mais, dira-t-on, les ministres chercheront à corrompre les membres de l'assemblée législative pour faire promulguer des loix favorables à leurs deſſeins. Oui, ſi l'on convient que les états nationaux peuvent altérer les loix naturelles & conſtitutionnelles de la monarchie. Si la nation reconnoît une fois ces loix pour ne jamais y porter atteinte, la nation proſpérera à jamais; ſi la nation s'arroge la puiſſance ou permet de les altérer, le venin de la décadence coule dans ſes veines.

Les miniſtres auroient à craindre la dénonciation publique dans le cas où ils auroient agi contre les loix, & ils auroient à eſpérer les témoignages publics de reconnoiſſance lorſqu'ils auroient réuſſi dans quelques projets de proſpérité. Le ſilence de la nation les puniroit aſſez lorſque par des erreurs ils n'auroient pas réuſſi. Les miniſtres redouteroient ſans doute une telle dénonciation; mais l'obligation de gouverner ſuivant les loix n'empêcheroit pas les hommes de mérite d'aſpirer à ces poſtes élevés. Il eſt quelques eſprits indépendans qui préferent l'autorité abſolue, la puiſſance de faire des loix, de les abroger, d'établir des impôts; mais ces facultés tiennent à la nature du deſpotiſme: or toute la nation convient en France que la nature du gouvernement doit être monarchique, & qu'un royaume qui tient au deſpotiſme eſt dans ſa décadence & tend vers ſa chûte.

Quels abus ne peut-il pas réſulter, me dira-t-on, du pouvoir que vous ſuppoſez aux états nationaux de juger les miniſtres? Il en réſulteroit un grand abus ſans doute ſi l'on ſuppoſoit qu'il n'y eût p[illegible]n de loix fondamentales, parce que les jugemens que l'on pourroit porter contre les miniſtres pourroient être auſſi arbitraires que la conduite qu'on leur reprocheroit. Il en réſulteroit encore des abus ſi l'on ſuppoſoit que les états puſſent reprocher aux miniſtres les fautes qu'ils euſſent faites & les juger ſur leurs erreurs ; c'eſt à l'opinion publique à juger les miniſtres ſur leurs erreurs, & non pas à la nation qui ne les doit juger que ſur l'obſervation des loix.

Après avoir fait voir que les aſſemblées provinciales, telles que M. Necker les a propoſées, ſont contraires à la nature du gouvernement monarchique & peu propres à remplir le but qu'il s'eſt propoſé, après avoir examiné quelles ſont les aſſemblées nationales qui conviennent au gouvernement françois & monarchique, il ne nous reſte qu'à réfuter une propoſition de ce miniſtre ſur les impoſitions & à faire quelques obſervations ſur ce que M. Necker a dit dans ſon *compte rendu* du commerce des grains.

„ Le partage de l'impôt ſur la production & „ ſur la conſommation eſt très-bien imaginé, dit „ M. Necker, dans un grand état pour tempérer „ l'effet des grandes variétés dans le produit des „ récoltes. Qu'une grande abondance faſſe baiſſer „ ſenſiblement le prix des denrées dont le débit eſt „ circonſcrit, les propriétaires ne payent qu'avec „ peine, & les conſommateurs le font alors plus „ facilement ; ſi au contraire les denrées ſont à „ haut prix, les moyens des propriétaires augmentent & les conſommateurs ſouffrent ; ainſi „ la diſtribution des impoſitions entre ces deux „ claſſes de citoyens rendent les contributions „ moins pénibles & les revenus publics plus certains „.

M. Necker en comparant collectivement les propriétaires aux conſommateurs, ou les productions aux conſommations, a commis une erreur remarquable ; ce miniſtre ſuppoſe une année où toutes les productions ſont abondantes, & il croit que les

les consommateurs payeront l'impôt plus facilement ; mais qu'est-ce qui donne des richesses aux consommateurs, si ce n'est des especes particulieres de production ; & les propriétaires de productions ne sont-ils pas eux-mêmes consommateurs relativement à d'autres ? Si l'on suppose que toutes les productions quelconques sont abondantes dans une année, les producteurs ne sont pas plus riches relativement aux consommateurs que les consommateurs relativement aux producteurs. M. Necker auroit pu supposer qu'une partie des productions est abondante, tandis que l'autre a subi quelques diminutions par l'intempérie des saisons ; mais le raisonnement de ce ministre tombe à faux dans cette supposition, parce qu'il ne porte que sur deux classes distinctes, l'une de producteurs, l'autre de consommateurs.

Pour raisonner avec principes sur cette matiere, il ne faut pas faire une classe de productions & une classe de consommations, toutes les denrées & choses quelconques doivent être considérées dans la circulation comme ayant été produites & comme devant être échangées pour la consommation contre d'autres productions consommables. En ne faisant pas deux classes, l'une de productions, l'autre de consommations, on reconnoîtra facilement que l'impôt le plus simple, le moins coûteux & le moins onéreux, est celui que les productions-consommations ne payent qu'une fois.

M. Necker ne comprenoit peut-être sous le nom de consommateurs que les salariés de l'administration ou des propriétaires ; mais la proposition n'en est pas plus fondée, car il faut considérer que l'impôt perçu sur les productions est payé par les consommations, de même que l'impôt perçu sur les consommations est payé par les productions.

M. Necker dit, en parlant du commerce des grains, *que l'expérience l'a confirmé dans la pensée qu'il ne falloit donner dans aucun extrême, ni soumettre le commerce des grains à une loi fixe & générale.* Nous avons déja refuté cette proposition. „ Il faut, dit-il, autoriser & protéger la plus grande „ liberté dans l'intérieur ; mais l'exportation ne „ peut jamais être permise en tout temps & sans „ limites. Il ne faut pas perdre de vue que c'est „ le seul commerce dont les écarts influent sur la „ subsistance du peuple & sur la tranquillité publi„ que ; ainsi en même temps que le gouvernement „ doit permettre & favoriser la libre exportation „ dans les temps d'abondance, il ne doit pas crain„ dre de l'arrêter ou de la suspendre lorsqu'il y „ voit du danger. Ce n'est que dans les livres de „ doctrine, ajoute ce ministre, que la controverse „ à cet égard peut subsister encore ; car les in„ quiétudes qui naissent des alarmes d'une province „ sur sa subsistance sont d'une telle nature que „ le ministre des finances, qui seroit le plus déter„ miné par systême à se reposer sur les effets de „ la liberté, ne tarderoit pas à recourir aux pré„ cautions lorsqu'il auroit à répondre des évène„ mens. "

Un homme d'un génie supérieur au raisonnement peut voir avec dédain les ouvrages de doctrine & de controverse ; mais la nation ne doit pas voir avec indifférence les loix qui doivent être fixes & invariables, & les raisonnemens qui en démontrent la nécessité indispensable. Nous avons démontré que les prohibitions du commerce des grains & même la crainte des prohibitions étoient contraires à l'accroissement des richesses & à la prospérité de l'agriculture, la plus propre à ramener l'abondance; nous avons fait voir qu'il n'y auroit eu qu'une liberté indéfinie qui eût pu préserver la nation des terreurs auxquelles elle a été exposée; nous avons fait voir qu'il n'y a que la liberté invariable qui puisse faire, dans un royaume agricole, du commerce des grains un commerce de productions territoriales propres à attirer les denrées étrangeres & à nourrir les pays stériles en échange de leur industrie. Après des siecles de prohibitions, & tant que le désordre subsiste dans toutes les parties de l'administration & sur-tout dans la maniere de percevoir les impositions, il y a peut-être des momens de terreurs & d'allarmes où il faut réparer par les effets du pouvoir arbitraire les maux causés par l'autorité arbitraire; mais en supposant même la nécessité de ces actes momentanés lorsque la législation est imparfaite, il n'en faut rien conclure contre les effets de la loi fondamentale.

M. Necker n'avoit pas assez aprofondi les loix de la propriété pour se former un systême d'administration propre à seconder ses grandes vues & ses intentions de bienfaisance: il n'avoit pas apperçu qu'il ne peut y avoir de prospérité stable que lorsqu'elle est fondée sur les loix de la propriété & de la liberté civile. Plus le gouvernement a de respect pour ces loix, plus l'état approche de la grandeur réelle. Ces loix sont les sources d'où les richesses tirent leur accroissement.

Il est facile d'observer dans les différens états & dans les différens pays les effets de ces loix; on reconnoîtra leur influence sur l'accroissement ou sur le dépérissement des richesses.

Dans les pays qui gémissent sous le poids des

loix arbitraires, les branches de production les plus favorisées prennent un essor qu'elles ne peuvent soutenir au premier échec, parce que toutes les branches doivent croitre à la fois pour former un ensemble inaltérable. Le luxe éclate dans quelques genres de production, tandis que les genres principaux offrent le spectacle de la misere. Ici l'homme étale tous les attributs de la magnificence; là l'homme traine dans le besoin une pénible existence. Le premier s'énerve dans la mollesse que produit l'espece de luxe propre aux gouvernemens arbitraires; l'autre ne prend part à quelques plaisirs momentanés que pour reproduire une nouvelle race d'hommes qui doit dégénérer de plus en plus par les effets des mésalliances physiques, des maladies compagnes inséparables de la misere, & par les vices de l'éducation.

La population & les richesses dépérissent dans la même proportion par les effets des loix arbitraires. L'aisance influe sur les tempéramens, sur les mœurs, sur le caractere & sur la force d'une nation, & ne peut se distribuer dans tous les atteliers de la culture & de l'industrie que par le libre exercice du droit de propriété. Il est donc nécessaire de rendre à la propriété ses droits, & de les établir par des loix tellement fixes & invariables que les ministres des souverains ne puissent jamais y porter aucune atteinte. Il est même nécessaire que les assemblées législatives reconnoissent tellement l'empire de ces loix naturelles & fondamentales qu'elles s'interdisent pour toujours la faculté de les violer.

FIN.

TABLE.

SECONDE PARTIE.

Fin de la Table.

www.ingramcontent.com/pod-product-compliance
Ingram Content Group UK Ltd.
Pitfield, Milton Keynes, MK11 3LW, UK
UKHW020307230726
13925UKWH00001B/270

9 782013 584807